刑法中的悔罪问题研究

陈娜 著

中国政法大学出版社

2019·北京

校庆筹备工作领导小组

组　长：夏小和　　刘晓红
副组长：潘牧天　　刘　刚　　关保英　　胡继灵　　姚建龙
成　员：高志刚　　韩同兰　　石其宝　　张　军　　郭玉生
　　　　欧阳美和　王晓宇　　周　毅　　赵运锋　　王明华
　　　　赵　俊　　叶　玮　　祝耀明　　蒋存耀

总序 GENERAL PREFACE

三十五年的峥嵘岁月,三十五载的春华秋实,转眼间,上海政法学院已经走过三十五个年头。三十五载年华,寒来暑往,风雨阳光。三十五年征程,不忘初心,砥砺前行。三十五年中,上海政法学院坚持"立足政法、服务上海、面向全国、放眼世界",秉承"刻苦求实、开拓创新"的校训精神,走"以需育特、以特促强"的创新发展之路,努力培养德法兼修、全面发展,具有宽厚基础、实践能力、创新思维和全球视野的高素质复合型应用型人才,在中国特色社会主义法治建设征程中留下了浓墨重彩的一笔。

学校主动对接国家和社会发展重大需求,积极服务国家战略。2013年9月13日,习近平主席在上海合作组织比什凯克峰会上宣布,中方将在上海政法学院设立"中国–上海合作组织国际司法交流合作培训基地",愿意利用这一平台为其他成员国培养司法人才。此后,2014年、2015年和2018年,习主席又分别在上合组织杜尚别峰会、乌法峰会、青岛峰会上强调了中方要依托中国–上合基地,为成员国培训司法人才。2017年,中国–上合基地被上海市人民政府列入《上海服务国家"一带一路"建设、发挥桥头堡作用行动方案》。五年来,学校充分发挥中国–上合基地的培训、智库和论坛三大功能,取得了一系列成果。

入选校庆系列丛书的三十五部作品印证了上海政法学院三十五周年的发展历程,也是中国–上海合作组织国际司法交流合作培训基地五周年的内涵提升。儒家经典《大学》开篇即倡导:"大学之道,在明明德,在亲民,在止于至善。"三十五年的刻苦,在有良田美池桑竹之属的野马浜,学校历经上海法律高等专科学校、上海政法管理干部学院、上海大学法学院和上海政法学院等办学阶段。三十五年的求实,上政人孜孜不倦地奋斗在中国法治建设的道路上,为推动中国的法治文明、政治进步、经济发展、文化繁荣与社会和谐而不懈努力。三十五年的开拓,上海政法学院学科门类经历了从单一性向多元性发展的过程,形成了以法学为主干,多学科协调发展的学科体系,学科布局日臻合理,学科交叉日趋完善。三十五年的创新,在我国社会主义法治建设进程中,上海政法学院学科建设与时俱进,为国家发展、社会进步、人民福祉献上累累硕果和片片赤诚之心!

所谓大学者,非谓有大楼之谓也,有大师之谓也。三十五部作品,是上海政法学院学术实力的一次整体亮相,是对上海政法学院学术成就的一次重要盘点,是上政方家指点江山、激扬文字的历史见证,也是上海政法学院学科发展的厚重回声和历史积淀。上海政法学院教师展示学术风采、呈现学术思想,如一川清流、一缕阳光,为我国法治事业发展注入新时代的理想与精神。三十五部校庆系列丛书,藏诸名山,传之其人,体现了上海政法学院教师学术思想的精粹、气魄和境界。

红日初升,其道大光。迎着佘山日出的朝阳,莘莘学子承载着上政的学术灵魂和创新精神,走向社会、扎根司法、面向政法、服务社会国家。在佘山脚下这座美丽的花园学府,他们一起看情人坡上夕阳抹上夜色,一起欣赏天鹅一家漫步在上合基地河畔,一起奋斗在落日余晖下的图书馆。这里记录着他们拼搏的青春,放飞着他们心中的梦想。

《礼记·大学》曰:"古之欲明明德于天下者,先治其国。"怀着修身、齐家、治国、平天下理想的上政师生,对国家和社会始终怀着强烈的责任心和使命感。他们积极践行,敢为人先,坚持奔走在法治实践第一线;他们秉持正义,传播法义,为社会进步摇旗呐喊。上政人有着同一份情怀,那就是校国情怀。无论岁月流逝,无论天南海北,他们情系母校,矢志不渝、和衷共济、奋力拼搏。"刻苦、求实、开拓、创新"的校训,既是办学理念的集中体现,也是学术精神的象征。

路漫漫其修远兮,吾将上下而求索。回顾三十五年的建校历程,我们有过成功,也经历过挫折;我们积累了宝贵的办学经验,也总结了深刻的教训。展望未来,学校在新的发展阶段,如何把握机会,实现新的跨越,将上海政法学院建设成一流的法学强校，是我们应当思考的问题，也是我们努力的方向。不断推进中国的法治建设，为国家的繁荣富强做出贡献，是上政人的光荣使命。我们有经世济民、福泽万邦的志向与情怀，未来我们依旧任重而道远。

天行健，君子以自强不息。著书立说，为往圣继绝学，推动学术传统的发展，是上政群英在学术发展上谱写的华丽篇章。

上海政法学院党委书记 夏小和 教授
上海政法学院校长 刘晓红 教授
2019 年 7 月 23 日

序 PREFACE

陈娜女士的学术专著《刑法中的悔罪问题研究》即将出版，该书作为其工作单位上海政法学院35周年校庆献礼作品之一，可喜可贺。作者邀我作序，当然因为我是她攻读博士学位时的导师，而眼前的这部专著正是在博士论文基础上修改而成。

诚如书中所言，纵观我国刑事司法实践，"悔罪"概念并不陌生且被频繁使用。然而，浏览我国刑事法学研究，却鲜有这方面的专门成果。记得她的博士论文选题之前，我曾专门搜索了"中国知网"数据库，海量成果中竟未发现一篇以"悔罪"为题的论著。时至今日，七八年过去了，我再次搜索"中国知网"数据库，以"悔罪"为篇名的文献只有陈娜的博士论文和她在期刊上发表的一篇相关文章。可见，该书是一部填补空白之作。刑法中的"悔罪"在本质上是犯罪人的一种心理状态，这种涉及主观的问题颇有难度。况且，尚无现成的专门资料可供参照，难上加难。博士论文开题答辩时，一些老师曾表示出对完成这个题目的担心。事实证明这种担心并不多余，写作过程的确十分曲折。我不知道作者本人在最纠结之时是否对这个选题有过类似于"悔罪"的追悔心情。但无论如何，她挺过去了并坚持下来，最终收获了博士学位和今天的这部专著。理论勇气可嘉，创新精神可赞。

作为我国目前仅有的一部系统研究"悔罪"问题的刑法专著，该书至少做出了以下贡献：第一，以问题为导向，紧密结合我国刑法的立法、司法、行刑实践，揭示了研究"悔罪"问题的重要意义，有助于引起学界对该问题的关注和重视。第二，全面梳理了我国法律（不止于刑事法律）中涉及"悔罪"的规定及其司法解释，并在缺乏现成专门资料的情况下"淘金"式地从学界的论著中捕捉和归纳出相关观点，为"悔罪"问题的进一步研究集中提供了一个基本而方便的资料平台。第三，对"悔罪"概念的界定及其相关理论根据的阐述，为这项研究提供了恰当的逻辑进路——包括"悔罪"的刑法含义及其表征，"悔罪"的时空因素，"悔罪"与"认罪"关系的辨析，"悔罪"与犯罪人刑法及人身危险性、刑罚功能和目的、罪责刑相适应等理论原则之间的关联交集，等等。第四，从司法角度考察了"悔罪"因素在定罪、量刑和行刑各个环节中的作用，其对有关现状的分析和提出的针对性主张及其说理，彰显了这项研究的实用价值，为解决有关问题提出了具体方案，具有积极的启发意义和参考作用。

由于该书具有"拓荒"性质，内容和表述上的不成熟之处在所难免。例如，"悔罪"作为犯罪人的主观心理状态，要对刑法的定罪、量刑和行刑发生影响，刑事司法必须把握其客观外在表现，该书虽然一般地论及了"悔罪"的言语和行为之"表征"，但对于各个司法环节中"悔罪"具体表征的归纳，还有待进一步细化和体系化。同时，该书完成的时间节点也使其来不及充分消化与"悔罪"问题相关的新情况。例如，2018 年我国刑事诉讼法修正案补充规定了认罪认罚从宽制度，之后出现了研究该制度的热潮和许多成果，实际上给"悔罪"研究提出了新课题——"认罪认罚"的含义究竟是什么？其与"悔罪"是什么关系？是否包含"悔罪"的成分？如果"认罪认罚"不包含"悔罪"，那么，犯罪嫌疑人出于功利目的，既承认罪行，也接受刑罚，却拒不"悔罪"，甚至表现出肯定犯罪行为的错误立场和嚣张气焰，能否属于"认罪认罚"？是否可以"从宽"处理？如果这种情况可以"从宽"，是否符合刑罚目的和设立认罪认罚从宽制度的初衷？如果"认罪认罚"包含"悔罪"，那么，该如何判断"悔罪"？总之，对"悔罪"的研究直接关系到如何把握认罪认罚从宽制度。显然，该书作者对新情况新问题一时研究不足，面对牵一发可能会动全身的修改需要，未敢"轻举妄动"，以至于在此留下了一些遗憾。不过，此类遗憾在任何成果中都会存在，而正是这种遗憾恰恰表明了研究课题的价值和继续深入的需要，从而唤起更多关注和研究，产生更多成果，在一次又一次的遗憾中不断解决问题。

夏 勇

于武昌南湖畔

摘 要 ABSTRACT

在我国刑事法律制度中悔罪占有重要地位,这一几乎每个刑事案件都涉及到的情节,引出了刑法实践中的诸多问题,需要刑法理论予以回答。本书尝试通过对刑法中悔罪情节的基本理论构建,以期对刑事立法确认悔罪情节,刑事司法认定悔罪情节以及相关理论的研究有些许裨益。本书认为,刑法中的悔罪是一种独立的情节,它与其他情节相比,有着不同的特点。虽然悔罪一词只在《中华人民共和国刑法》第67条中出现,在司法解释中也并不多见,但悔罪却是几乎每个刑事案件都会涉及到的情节。尽管,把它作为酌定从轻量刑的情节无法律依据,但在司法实践中,已把它作为从轻量刑的根据了。我国刑法只将自首、坦白、立功作为悔罪的形式明确规定,而对于自首、坦白、立功以外的悔罪情形都未明确规定。对其他悔罪表现的认定一般作为酌定量刑情节,由司法人员根据司法裁量权自行判断。这使得在各地对悔罪表现类型的认定不统一,例如,很多地方会忽略犯罪行为人向被害人悔罪这一情节。况且,悔罪本就是一种主观心理状态,司法人员只能通过犯罪行为人的行为、表现来认定其是否存在悔罪的心理,这是一个很难统一认识的判断。加之刑事法律又未对悔罪类型进行明确认定,这就使得这一认定更加困难。但是悔罪的其他形式与自首、坦白、立功一样,在量刑中同样运用广泛,意义重大。因此,本书对悔罪理论进行了系统解析,并在这些特点的基础上,提出了刑法中悔罪问题的立法模式和司法对策的具体完善方案。全文共分六章,各章主要内容如下:

第一章"刑法中悔罪问题的研究进路"。本章共分为四节。第一节先对刑法中悔罪问题进行了梳理,将我国刑事立法与司法中关于悔罪的显性体现与隐性存在一一列举。认为当前悔罪研究存在的几个问题,其一是悔罪界定的空白，其二是悔罪认定的模糊，其三是悔罪类型的不确定，通过图表与案例的方式直观呈现问题所在。第二节讲述了刑法中悔罪问题的研究现状。把过去与当下关于悔罪研究的理论学术观点和前沿问题进行整理，并指出争议的焦点。第三节则重点挖掘刑法中悔罪问题的研究意义。本书认为，悔罪在我国刑法中作为适用缓刑、减刑、假释的实质条件之一具有明确的规定，但其作为重要的从轻量刑情节，却未在我国刑法中得到全面、统一的规定，因此系统构建悔罪的基本理论十分必要。第四节是对本书关于悔罪研究的创新点进行分析。首先是研究视角上的创新，关于认罪认罚的研究如火如荼，而关于悔罪的研究却一直被束之高阁，尤其是悔罪在定罪阶段的作用也较少人有关注，本书尝试对这些理论研究的疏漏之处进行梳理和剖析；其次是研究范式上的创新，文章对所有涉及刑法中悔罪的法条、司法解释、地方规定进行了全面的整理，在分析悔罪在刑事司法中存在的问题时引入了典型案例以及最高人民法院的指导案例，通过司法实践反省立法中的疏漏。

第二章"刑法悔罪的基本概念"。本章共分为四节。第一节开门见山，先对悔罪进行定义及定位。根据刑法的规定，悔罪表现或悔改表现是决定缓刑、假释是否可以适用的实质条件之一；在司法实践中，悔罪表现是一个量刑的重要酌定情节。虽然悔罪在司法实践中如此重要，但是，其定义却较为模糊。如有研究者指出，对于何为悔罪，至今仍然没有一个明确的界定，也很难量化，这使得法官认定是否悔罪具有较大的裁量权，亟待进行深入研究。第二节对悔罪的表征进行分析，因为悔罪行为更多的时候是一种主观心态，因此本书通过语言表征和行为表征来确认和固定悔罪行为。第三节从时间与空间范围对悔罪行为进行界定，进一步确认悔罪的形态。第四节是对悔罪与认罪进行辨析。这是两个相似且容易混淆的概念，但它们对于刑法的意义和作用却完全不同，因此本书对其之间的关系进行梳理，以期解开刑事司法实践中的认识困局。

第三章"悔罪从宽的理论根据"。本章共分为三节。这章的重点是阐明相关的理论支撑。第一节和第二节是悔罪与刑罚目的论。说明悔罪从宽是出于刑罚的特殊预防目的的考量，在确认犯罪人悔罪之后给其改造机会，帮助其重新做人从而达到预防犯罪的目的。第三节是悔罪与刑罚功能论。提出了悔罪在刑罚的威慑、隔离、矫正功能中的存在，有益于我国刑法实践中对于悔罪从宽理论的接纳。同时提出悔罪是检验刑罚目的与功能实际效果的重要标准。司法实践证明,由于传统刑罚观念的缺陷,无论是报应、威慑、矫治还是它们的结合,所需的资源不仅巨大,而且效果并不明显,并没有达到人们预期的目的。严峻的现实迫使我们不得不对传统的刑罚观念进行反思。在现代社会中,刑罚不再是报应基础上的刑罚,不再是简单的惩罚工具或手段,而应以追求正义作为首选的价值目标并受制于正义的原则。也就是说,维护社会的正义观念应该成为刑罚观不可缺少的内容。

第四章"定罪阶段的悔罪问题"。本章共分为三节。按照惯常的理解,悔罪一般在量刑和行刑阶段发生作用,悔罪悔的是"已然之罪",所以悔罪是属于罪后情节。而刑法理论一般认为,定罪情节只限于罪中情节,而罪后情节出现在犯罪发生之后,本身脱离了犯罪构成要件,不可能属于定罪情节。所以原则上,罪后情节是作为量刑情节存在的,通过犯罪行为人的罪后行为影响犯罪行为危害及其程度,表现其对自身犯罪的态度,体现其主观恶性的程度,从而影响具体量刑。那么悔罪对于定罪的作用何在?本书发现但书条款是悔罪情节在定罪阶段起到的出罪效果,因此决定将其单独列一章来阐述。第一节将影响定罪的悔罪情节进行梳理,提出了悔罪从宽是根据人身危险性的判断来考量的。第二节讨论了犯罪构成中的情节问题,提出但书是悔罪在定罪阶段的法律源据。第三节分析了悔罪对定罪的作用,认为悔罪情节在定罪阶段的作用在于出罪或降低刑罚等级。

第五章"量刑阶段的悔罪问题"。本章共分为三节。第一节梳理了影响量刑的悔罪情节,分别从外国(俄罗斯、罗马尼亚、葡萄牙、德国等国)刑法以及我国(包括台湾地区)刑法两方面展开。第二节研究了悔罪影响量刑的方向。从积极悔罪态度、拒不悔罪态度对量刑的影响以及比例确定上分类细化,提出悔罪影响量刑的方向只能是对具有悔罪情节的犯罪行为人从轻处罚,即在量刑过程中悔罪只能作为从轻量刑情节适用,而不能对量刑产生从重或者减轻处罚的影响,并通过纵向分析悔罪在量刑过程中的位置和方向,以及横向比较自首、立功、赔偿被害人损失等相关情节的量刑比例,本书认为悔罪的量刑比例,对未成年人与老年人应规定在可以减少基准刑30%以下,而对成年人则应规定在可以减少基准刑的20%以下。第三节则是对于悔罪在量刑情节竞合情况下的适用展开分析。这里研究的悔罪仅适用于根据量刑情节对基准刑进行调整确定宣告刑阶段，而在此阶段调节基准刑的量刑情节主要是犯罪构成事实外的情节，比如悔罪、赔偿、自首、立功、累犯、前科、动机、犯罪的时空环境等，因此本节主要探讨的是在宣告刑确定阶段悔罪与犯罪构成事实以外的量刑情节竞合问题。

第六章"行刑阶段的悔罪问题"。本章共分为四节。第一节梳理了影响行刑的悔罪情节，对其进行分类与细化。第二、三、四节则将悔罪与缓刑考验、减刑前提以及假释前提等三个累进处遇制度结合研究，对于悔罪在这三个环节适用中的认定逐一分析，从而推断悔罪的刑法研究已经从理论走向具体司法实践的指导。

整体来看，刑法对悔罪情节乃至宽严相济刑事政策的贯彻落实仍然不够全面，党的十八届四中全会提出了认罪认罚从宽制度作为宽严相济刑事政策的制度化产物，仍未在刑法中得到全面、有效体现，仅有的类似表述也只体现在分则规定的贪污罪、受贿罪中。而悔罪情节作为比认罪情节更进一步的层次，所受关注却少之又少。虽然，关于悔罪的认定的确受较多主观因素的影响，不易界定，对其准确进行司法适用仍存在困难，但我们不能停滞不前。犯罪行为人对其犯罪行为是否悔罪不仅决定了刑事活动中控方证明责任的大小，而且对于整个刑事司法程序影响巨大，在定罪、量刑乃至行刑阶段都有着至关重要的作用。因此从功利性评价的角度，选择认罪认罚作为制度的切入点。但是对于刑法本身而言，从价值评估的角度而言，剖析悔罪之于刑法的意义，让更多人从认罪走向悔罪，才是应有之义。

目 录 CONTENTS

总　序 ·· 001
序 ··· 004
摘　要 ·· 006

第一章　刑法中悔罪问题的研究进路 ······················· 001
第一节　刑法中悔罪问题的提出 ··························· 002
一、我国刑事司法中的悔罪问题 ····························· 005
二、我国刑事立法中的悔罪问题 ····························· 010
第二节　刑法中悔罪问题的研究现状 ······················ 026
一、悔罪问题的理论研究 ····································· 026
二、悔罪问题的学术观点 ····································· 030
三、悔罪问题的争议及其焦点 ································ 033
第三节　刑法中悔罪问题的研究意义 ······················ 038
一、刑法的严肃性要求对"悔罪"作准确理解 ············· 038
二、刑法的体系性要求对"悔罪"作统一规定 ············· 039
三、刑法的准确性要求对"悔罪"作严格界定 ············· 041
第四节　刑法中悔罪研究的创新点 ·························· 043
一、研究视角上的创新 ·· 044
二、研究范式上的创新 ·· 045

第二章 刑法悔罪的基本概念 ········· 047
第一节 悔罪的含义及定位 ········· 050
一、悔罪的含义 ········· 050
二、悔罪的定位 ········· 055
第二节 悔罪的表征 ········· 064
一、悔罪的语言表征 ········· 065
二、悔罪的行为表征 ········· 068
第三节 悔罪的范围 ········· 070
一、悔罪的时间范围 ········· 070
二、悔罪的空间范围 ········· 071
第四节 悔罪与认罪的辨析 ········· 072
一、悔罪与认罪在刑事司法实践中的认识困局 ········· 073
二、悔罪与认罪关系梳理——包含、重合、相异 ········· 074
三、悔罪与认罪在刑法体系中的不同定位 ········· 077

第三章 悔罪从宽的理论根据 ········· 079
第一节 悔罪与刑罚特殊预防目的 ········· 079
一、特殊预防论的内容 ········· 081
二、特殊预防论对于悔罪从宽的理论支撑 ········· 082
第二节 悔罪与刑罚一般预防目的 ········· 083
一、一般预防论的内容 ········· 083
二、一般预防论对悔罪从宽的支撑 ········· 085
三、悔罪与刑罚目的的融合性 ········· 088
第三节 悔罪与刑罚功能 ········· 090
一、悔罪与刑罚的威慑功能 ········· 090
二、悔罪与刑罚的隔离功能 ········· 094
三、悔罪与刑罚的矫正功能 ········· 097

第四章　定罪阶段的悔罪问题 …………………………………… 101
第一节　犯罪构成与人身危险性 ………………………………… 101
一、人身危险性的发展脉络 ………………………………………… 102
二、人身危险性与社会危害性的区别 ……………………………… 105
三、从犯罪构成看人身危险性 ……………………………………… 106
第二节　犯罪构成中的情节问题 ………………………………… 108
一、犯罪与犯罪构成 ………………………………………………… 109
二、但书是悔罪在定罪阶段的法律源据 …………………………… 110
三、刑法中悔罪的情节因素 ………………………………………… 112
第三节　悔罪之于定罪的作用 …………………………………… 116
一、犯罪轻重的影响 ………………………………………………… 117
二、从犯罪构成看但书的出罪功能 ………………………………… 119
三、犯罪类别的影响 ………………………………………………… 122

第五章　量刑阶段的悔罪问题 …………………………………… 124
第一节　影响量刑的悔罪情节 …………………………………… 124
一、悔罪在我国刑法文件中的体现 ………………………………… 125
二、国外及我国台湾地区法律中对悔罪量刑情节的规定 ………… 127
第二节　悔罪影响量刑的方向 …………………………………… 129
一、积极悔罪态度对量刑的影响 …………………………………… 130
二、拒不悔罪态度对量刑的影响 …………………………………… 131
三、悔罪影响量刑的比例确定 ……………………………………… 132
第三节　悔罪在量刑情节竞合情况下的适用 …………………… 133
一、悔罪与从宽量刑情节竞合的适用 ……………………………… 134
二、悔罪与从严量刑情节竞合的适用 ……………………………… 135

第六章　行刑阶段的悔罪问题 …………………………………… 137
第一节　影响行刑的悔罪情节 …………………………………… 137
一、悔罪情节的分类 ………………………………………………… 138

二、悔罪情节的细化 …………………………………………… 140
　第二节　悔罪与缓刑考验 …………………………………………… 144
　　一、缓刑的内涵与内容 ……………………………………………… 144
　　二、悔罪在缓刑适用实质条件中的规定 …………………………… 145
　　三、缓刑适用程序 …………………………………………………… 146
　第三节　悔罪与减刑前提 …………………………………………… 147
　　一、减刑的内涵与内容 ……………………………………………… 147
　　二、悔罪在减刑认定中的情形 ……………………………………… 148
　第四节　悔罪与假释前提 …………………………………………… 150
　　一、假释的内涵与内容 ……………………………………………… 150
　　二、悔罪在假释适用中的评估 ……………………………………… 151

结　语 …………………………………………………………………… 152
　一、悔罪激励项目的立法考察 ……………………………………… 154
　二、悔罪激励项目的司法完善 ……………………………………… 156

附　录 …………………………………………………………………… 162

参考文献 ………………………………………………………………… 182

第一章 刑法中悔罪问题的研究进路

《中华人民共和国刑法》（以下简称《刑法》）自1997年全面修订至今已20余年。其间，为顺应时代发展，保持刑法的适应性，《中华人民共和国刑法修正案（八）》和《中华人民共和国刑法修正案（九）》对《刑法》予以实质修改、补充和完善的实体性条文已达100个，我国已经进入刑法立法的活性化阶段。其中，宽严相济刑事政策作为当前我国的基本刑事政策，全面指导我国刑事立法、刑事司法及刑罚执行。体现在刑事立法中，从《中华人民共和国刑法修正案（七）》开始，在《刑法》修订过程中逐渐贯彻宽严相济的刑事政策，如在一如既往坚持犯罪化方向的同时，《中华人民共和国刑法修正案（八）》将坦白从宽政策予以制度化，《中华人民共和国刑法修正案（九）》明确贪污贿赂犯罪的行为人在提起公诉前如实供述自己罪行、真诚悔罪、积极退赃，避免、减少损害结果发生的，可以从轻、减轻，甚至免除处罚。由此可见，刑法中的悔罪问题已经越来越受到重视。悔罪从宽的精神已经在刑事立法中得到了越来越充分的体现。

但是，目前司法实践中对于悔罪的认定与适用仍较为混乱，缺乏科学的方法作指导。虽然，悔罪的认定受较多主观因素的影响，对其准确进行司法适用仍存在困难，但我们的研究不能停滞不前。犯罪行为人对其犯罪行为是否真诚悔罪不仅决定了刑事活动中控方证明责任的大小，而且对于定罪、量刑乃至行刑等刑事司法程序影响巨大。

从整体来看，当前刑法对宽严相济刑事政策的贯彻仍然不够全面，党的十八届四中全会提出的认罪认罚从宽制度作为宽严相济刑事政策的制度化产物，仍未在刑法中得到全面、有效体现，仅有的类似表述也只体现在分则规定的贪污罪、受贿罪中。而悔罪情节作为比认罪情节更进一步的层次，所受关注却少之又少。主要是因为悔罪涉及到的行为人的主观心态等因素不易界定，因此从功利性评价的角度，选择认罪认罚作为制度的切入点；但是对于刑法本身而言，从价值评估的角度，剖析悔罪之于刑法的意义，让更多的人从认罪走向悔罪，才是应有之义。

第一节　刑法中悔罪问题的提出

在我国《刑法》中，悔罪的内容体现在定罪、量刑、行刑等诸环节。有些法条明确使用了"悔罪"的表述。其中，有些法条将其作为构成要件要素，有些法条将其作为从宽的量刑情节。有些法条在表述某一犯罪罪刑规范时虽未明确使用"悔罪"，但刑法理论和司法实践认为"悔罪"仍然是该罪定罪量刑的必备条件。因此，若要系统研究我国《刑法》中的悔罪问题，则有必要全面剖析"悔罪"在我国《刑法》中的存在形态。

我们先看一个案例[1]，从而体会"悔罪"对于法律和人性的意义吧。

根据日本法律的相关记载可知，日本的法律中对于公民成年的年龄限制在 20 周岁以上。其中有一个较为典型的案例即是：1999 年未满 20 周岁的福田孝行（实际年龄为 18 岁零 1 个月）由于强奸嫌疑被日本警方逮捕。福田孝行，供述在其欲强奸被害人而遭到反抗后将被害人杀死，而后对被害人的尸体进行尸奸。被害人当时是一个 11 个月婴儿的母亲，案发现场 11 个月大的婴儿也在场，看到此情形的婴儿一直哭闹不止，福田孝行见状试图制止婴儿的哭闹，但是没想到婴儿哭闹更加严重，福田孝行考虑到自己的罪行不能被邻居发现，于是便将婴儿用绳子勒死。从这个案件的整个过程来看，被告人福田孝行在实行罪行时只有 18 岁零 1 个月，并不符合日本法律中关于成年的年龄规定，但是考虑到其罪行极其恶劣，造成严重社会危害结果，因此当地的少年法庭决定将案件移交地检署进行审理。在案件庭审过程中，被害人的丈夫在悲痛之中向地检署请求携带被害人与婴儿遗照出庭但是主办法官考虑到被害人丈夫携带被害人与婴儿遗照出庭，可能会引发被告人的内心活动，造成被告人情绪上的不稳定，从而影响案件庭审的顺利进行，因而予以阻止。

---

[1] 参见"日本第一个被判死刑的未成年人"，载 https://m.sohu.com/a/147683012_160030/，最后访问日期：2019 年 7 月 9 日。

在被害人丈夫的一再请求下，主办法官才同意其携带被害人及婴儿的遗照出庭，但是附加一个条件，即遗照不能露出被害人及婴儿的面目。

值得一提的是，在庭审当天，被告人进入法庭之后，向被害人的家属表示了歉意，其中的一句"对不起"引来多方思考。在场的法官以及相关专业人士普遍认为，这一句"对不起"在一定程度上表明了犯罪嫌疑人有悔改的意思表示，在以后的定罪量刑中具有一定的参考意义。但是不容忽视的是，即使被告人在犯罪之后表现出悔改，但这仅仅限于表面的悔改表示，这种主观性极强的内心活动不具有外化性，是否真诚悔改很难进行判断。如果仅仅根据被告人犯罪之后的悔改意思表示，在之后的定罪量刑中减免刑事处罚，显然是不公平的，也是经受不住考验的。该案一审判决被告人无期徒刑，但是实际上在日本无期徒刑并不是严格意义上的无期徒刑，加上被告人在犯罪时未满20周岁，更是得到了日本少年法的有关保护，如果其在无期徒刑期间符合其他的减刑条件，则很有可能得到大幅度减刑。

案件进入二审程序后，二审法院根据检察官的上诉请求对案件进行了审理，最终裁定驳回检察官的上诉，维持一审判决。检察官作为公诉人认为被告人的罪行极其恶劣，应当受到法律的严惩。于是继续将案件上告至日本最高裁判所（法院）进行裁判。根据检察官的多方询问与调查得知，被告人在服刑期间曾经给其监狱以外的朋友书写信件，根据被告人在信件中的陈述可知，被告人对其罪行根本没有悔改的意思，还坚持认为自己的行为只是自然而然的本能反应，认为自己的行为并不构成犯罪，为何还会受到如此惩罚。

在案件的前期审判阶段，被告人对其所犯罪行的具体经过、手段等都是供认不讳的，也表示自己的罪行给被害人及其家属造成了严重的伤害，自己愿意接受法律的处罚。但是在案件提交日本最高裁判所（法院）进行裁判时，被告人的态度发生了实质性的改变，主要是被告人的辩护律师人数大幅增加，由原来的2位变成了21位，这样庞大的辩护团给法庭的审理活动带来了无形的压力。辩护团也对被告人一审、二审的供述进行了全盘否认，认为被告人的本意只是实行强奸行为，对两位被害人并没有杀害的意思。被告人之所以进入被害人的房间，只是由于被告人的母亲系自杀死亡，被告人缺少母亲的关爱，于是在看到被害人时出于本能反应想要抱住被害人以感受母爱的温暖，但是谁也没有想到，这个拥抱行为竟然会造成被害人的死亡，这是任何一个人都不愿意看到的结果，而被告人进入被害人的房间只是想通过拥抱被害人感受母爱的温暖，没有其他的犯罪意图，更没有强奸的意图。在被害人死亡后对其尸体进行奸淫的行为更是由于被告人的错误认知，只是被告人在看到被害人死亡后产生恐惧心理。加上其认为可以通过将精子送入被害人体内达到挽救生命之目的，于是被告人在极度害怕的情况下实施了行为，单纯的目的只是想挽救被害人的生命。关于婴儿死亡的辩解，辩护团更是公然违背了事件真相本身，辩护团坚持认为被告人之所以将婴儿勒死，是因为看到婴儿不断哭闹，自己又不知所措，只是想哄哭闹的婴儿才在婴儿的脖子上绑上了一个漂亮的蝴蝶结，以达到制止其哭闹的目的。因此辩护团坚持认为被告人并非构成故意杀人罪而是在伤害过程中致人死亡。而作为公诉人的检察机关一方则站在辩护团的对立面，坚持认为被告人的罪行十分严重，应当受到法律的严惩，立即判处死刑才能给被害人的家属一个交代。检察机关手上握有被告人在监狱服刑期间与监狱外友人的通信，信件上直接表明了其犯罪的深重，以及被告人对自己的罪行完全没有悔改的意思，甚至认为自己并不构成犯罪，其所实施的一切行为只是出于本能的反应。信件中的内容与一审、二审中关于被告人主观悔改的说辞大相径庭。

最后，法官认为辩护团的观点根本不能采信，认为被告人的罪行极其恶劣，给被害人的家属带来了无法弥补的伤害，依照有关的法律规定判处其死刑。从这个案例中我们可以发现，就如木村检察官所言，被告人的罪行发生至被判处死刑时隔了9年的时间，其中付出的时间代价是巨大的，但是通过这样可以让被告人对自己所犯下的罪行进行反思，深刻认识到自己的行为给社会、给他人造成的伤害，也体现了刑事处罚的本质意义与精神。刑事处罚在一定程度上并不是单纯打击犯罪与维护社会秩序，更多的是让犯罪之人认识到犯罪的本质，以及完成对其罪行的思考。

从这一案例可以发现，在刑事案件中"真诚悔罪"才是犯罪预防的根本目标，但是何为悔罪表现，如何认定悔罪情节，是困扰司法工作者的难题。悔罪表现既没有明确的司法解释，也少为学术研究关注，既没有明确的规范，也没有清晰的定义，本书试图紧密结合刑法实践，从立法、司法全过程对刑法中的悔罪问题进行重新梳理。

司法实务一般认为悔罪表现就是认罪、悔罪，认罪是悔罪的前提，首先要认可自己的犯罪事实，才有可能对犯罪行为表示忏悔，但仅仅认罪并不能简单地等同于悔罪，也可以认而不悔，但不存在悔而不认的情况。具体到司法实务中，由于悔罪并无明确的法律标准，因此在认定标准上还存在一定的差异性。参考美国学者吉尔对道歉的构成做过的分析，[1]悔罪的话语内容包括以下几个完整的方面：从自己的行为出发；承认已经发生的行为构成犯罪；承认自己将对自身的犯罪行为承担责任；具有外在明显的悔改意思表示；承诺在未来将不再行此恶行。一个完整的悔罪表现，主要包括认罪与悔罪两个方面的内容。本书将对此进行详细阐述。

一、我国刑事司法中的悔罪问题

"悔罪"在我国刑事审判的结论中出现的频率颇高，虽然在罪刑规范上可能并没有"悔罪"的具体表述，但是，基于实质解释的立场，悔罪情节仍然是在定罪量刑乃至刑罚执行过程中都需要考量的情节。本书将其称之为悔罪的隐性存在。

从定罪来看，我国《刑法》第13条规定了情节显著轻微危害不大的，不认为是犯罪。这里的"情节"包括罪前情节、罪中情节和罪后情节，[2]悔罪则属于罪后情节。行为人犯罪后的表现、被害人的因素等，被相关司法解释视为影响情节的因素，作为判断情节是否严重的依据。从量刑来看，犯罪后的态度反映行为人再犯罪可能性的大小，因而是影响预防刑的情节。[3]犯罪后真诚悔罪、积极退赃、主动赔偿损失，理应在量刑上予以从宽对待。我国刑法中规定了自首和坦白制度。从行刑来看，刑罚关于缓刑、减刑、假释的适用条件的规定中，包括了"有悔罪表现""确实不致再危害社会""确有悔改表现"等要求。从裁量是否执行所判刑罚的意义上说，缓刑是量刑制度；从刑罚执行的意义上说，缓刑也可谓刑罚执行制度。[4]

我国刑法中规定了一系列的对犯罪行为人悔罪的奖励制度，悔罪因素对这些奖励制度的功能影响占据了相当大的一个比重。对于这种通行于刑法中的现象，我国刑法理论并未进行统一界定，各种与悔罪相关的规定呈现零散

---

[1] See Kathleen Gill, "The Moral Functions of an Apology", *Philosophical Forum*, Vol.31, 2000, pp.11–27.

[2] 参见储槐植、张永红："刑法第13条但书与刑法结构——以系统论为视角"，载《法学家》2002年第6期。

[3] 参见张明楷：《刑法学》，法律出版社2011年版，第507页。

[4] 参见张明楷：《刑法学》，法律出版社2011年版，第504页。

的分布状态、未成体系。不管是在刑法总则还是刑法分则当中都有相关的规定，这些规定镶嵌入当前的定罪、量刑之中。鉴于此，对悔罪在定罪、量刑、行刑等司法活动环节中的功能进行梳理分析是必要的。因此，正确地认识宽严相济刑事政策，在案件的定罪量刑过程中将被告人的悔罪表现作为其中的考量因素，则在一定程度上更加利于被告人自身的真诚悔过，让其意识到自身行为给社会、给他人造成的危害性后果，从而对社会冲突的解决本身也具有积极的作用与意义。

（一）王志才故意杀人案

【基本案情】被告人王志才与被害人赵某某（女，殁年26岁）在山东省潍坊市科技职业学院同学期间建立恋爱关系。2005年，王志才毕业后参加工作，赵某某考入山东省曲阜师范大学继续专升本学习。2007年赵某某毕业参加工作后，王志才与赵某某商议结婚事宜，因赵某某家人不同意，赵某某多次提出分手，但在王志才的坚持下二人继续保持联系。2008年10月9日中午，王志才在赵某某的集体宿舍再次谈及婚恋问题，因赵某某明确表示二人不可能在一起，王志才感到绝望，愤而产生杀死赵某某然后自杀的念头，即持赵某某宿舍内的一把单刃尖刀，朝赵某某的颈部、胸腹部、背部连续捅刺，致其失血性休克死亡。次日8时30分许，王志才服农药自杀未遂，被公安机关抓获归案。王志才平时表现较好，归案后如实供述自己罪行，并与其亲属积极赔偿，但未与被害人亲属达成赔偿协议。

【裁判要点】因恋爱、婚姻矛盾激化引发的故意杀人案件，被告人犯罪手段残忍，论罪应当判处死刑，但被告人具有坦白悔罪、积极赔偿等从轻处罚情节，同时被害人亲属要求严惩的，人民法院根据案件性质、犯罪情节、危害后果和被告人的主观恶性及人身危险性，可以依法判处被告人死刑，缓期2年执行，同时决定限制减刑，以有效化解社会矛盾，促进社会和谐。

【相关法条】《刑法》第50条第2款。

这个案例是在最高人民法院发布的指导性案例，从其中可以清晰看出被告人的坦白、积极赔偿损失的行为都被认定为悔罪的情节表现，并因此在通常认为是罪大恶极的故意杀人案件中，给予被告人从轻处罚的判决。这是法官采用了人身危险性及主观恶性的理论依据作出的判断。

（二）吴运涉嫌过失致人死亡罪，自首并获妻子谅解，检察机关酌定不起诉

【基本案情】 2016年2月19日下午，犯罪嫌疑人吴运在自己承包的报刊亭前发动车辆外出，开出一米后突然发觉右轮跳了一下，便立刻下车查看，发现自己的女儿躺在前后轮中间，腿在抽搐。吴运立刻抱起女儿送往医院抢救，但终因救治无效死亡。在料理完女儿后事之后，吴运报案自首。事发后，吴运寝食难安。他说："这就像一场醒不过来的噩梦，如果可以，我宁愿被压的人是自己。"

吴运的妻子称，吴运为家庭付出了很多："为了给女儿更好的生活条件，他一直很努力很勤奋，天不亮就出门送快递，很晚才回来，每天还要抽空给报亭送货，基本全年无休。一旦有空，也都会陪着孩子。"她也对检察机关表达了她的意见，"我愿意原谅他。我知道，他更不好过。"

证人郭某是小区的保安，事发时正在门岗亭值班。他称，门岗在报亭的对面，自己当时看到吴运上车后，突然一个小孩不知道从什么地方跑到了车头前，这时汽车正好刚启动，郭某在门岗内喊叫，却已经来不及了。同时郭某还证明，吴运一家人在门岗对面做生意，平日里吴运很疼爱自己的女儿。

公安机关以吴运涉嫌过失致人死亡罪移送至杨浦区人民检察院。日前，杨浦区人民检察院根据证据材料对吴运作出酌定不起诉决定。检察官称，本案中犯罪嫌疑人吴运的行为虽然已经符合了过失致人死亡罪的构成要件，但检察官考量其家庭的特殊情况，加之吴运自首以及积极救治的悔罪表现和家人的谅解，根据《刑法》第37条的规定：对于犯罪情节轻微不需要判处刑罚的，可以免予刑事处罚。因此对吴运作酌定不起诉决定。[1]

【相关法条】《刑法》第37条。

通常认为，悔罪情节只在量刑及行刑阶段发生作用，比如耳熟能详的"坦白从宽、抗拒从严"，又如"积极改造、早日出狱"等；但在侦查过程以及定罪阶段中的悔罪问题常常是刑事司法实践中容易忽略的刑法问题，本案

---

[1] 陈伊萍、朱珠："男子开车不慎碾死女儿自首，获妻子谅解检察机关酌定不起诉"，载 https://m.sohu.com/a/224380201_260616?_f=m-index_important_news_11&_once_=000022_shareback_wechatfriends_uc&strategyid=00009，最后访问日期：2018年3月5日。

就是很好的一个例证。这个案件充分说明了自首、积极止损、获得被害人家属谅解等悔罪情节都是可以影响定罪结果的，本案犯罪嫌疑人吴运正是因为这些悔罪情节而被检察院酌定不起诉。

（三）药家鑫"激情杀人"案

【基本案情】 被告人药家鑫，男，陕西人，出生日期：1989年11月7日，汉族，西安音乐学院学生。2010年10月23日，因犯故意杀人罪药家鑫被刑事拘留，于同年的11月24日被逮捕。2010年10月20日23时许，被告人药家鑫驾驶一辆雪佛兰红色小轿车（车牌号：陕A419NO）准备返回西安市区的家中，当其行驶到西北大学西侧的翰林南路时，由于车速过快与前方非机动车道上同向行驶的一辆电动车相撞，因此，骑电动车的张妙摔倒在地。随即药家鑫下车查看了一下，看到倒在地上的张妙，认为她看到了车牌号，就用随身带着的一把刀向张妙刺数刀，张妙多处主动脉、上腔静脉被刺伤，导致张妙失血过多当场死亡。之后药家鑫迅速驾车逃离案发现场，但是在经过翰林路郭南村口时再次撞伤行人石学鹏、马海娜并逃逸。被撞伤的二人立即报警，长安分局交警大队接到肇事逃逸报警后，迅速锁定肇事车辆并将其扣押等待处理。同月22日，民警对药家鑫进行了与案件相关的一些问题的询问，但是药家鑫不承认自己杀害了张妙。同月23日，经过父母的劝说，药家鑫主动到公安机关自首，承认其杀害了张妙，对其杀人事实供认不讳。

【裁判要点】 在交通事故发生后，药家鑫由于担心张妙看见其车牌号以后找其麻烦，因此想杀人灭口了事，导致张妙大出血死亡，其行为已构成故意杀人罪。根据相关法律规定，检察院指控被告人药家鑫故意杀人证据充分、线索清晰，其犯罪事实成立。但是药家鑫4天后主动到公安机关承认其犯罪事实的行为可以构成自首吗？在药家鑫主动承认其犯罪事实之前，公安机关还没有对他实行任何强制性的手段，而他作案后第4日，主动来到公安机关供述了他的犯罪经过，因是其主动投案，符合自首的相关条件，按照法律的规定该行为属于自首。辩护律师给出的辩护理由如下：①药家鑫的行为应被认定为是一种激情杀人的情况。但是，激情杀人通常是指因被害人言行过激导致被告人的情绪激愤而杀人的行为。在本案中，被害人张妙从被撞倒一直到被杀害，并没有言行上的不当，因此，被告人在交通事故发生后进行杀人灭口的行为，根本不符合激情杀人的定义，所以该项辩护理由不成立。②鉴于药家鑫的行为是初次犯罪，而且具有一定的偶然性，由此建议从轻处罚。经查，从轻处罚仅适用于未成年人的初犯、偶犯作为且犯罪情节较轻，故意杀人属于情节严重的刑事犯罪，并且本案的犯罪行为十分恶劣、手段更是残忍，明显不能因其是初犯、偶犯就对其从轻处罚，所以该项辩护理由不成立。案发后，被告人药家鑫主动到公安机关自首且认罪态度诚恳，但是在交通事故发生后，他对于张妙不仅没有施救，反而担心被害人看见车牌号而产生杀人的念头，犯罪动机十分卑劣，情节十分恶劣，手段十分残忍，罪行深重；本来是一桩很小的交通事故，被告人药家鑫却将其演变为杀人灭口，毫无人性可言，思想观念偏激，社会危险性较大，因此，应严惩不贷，故法院驳回其辩护律师所提从轻处罚的辩护意见。

【相关法条】《刑法》第36条以及第57条的第1款、第64条、第67条第1款、第232条以及最高人民法院《关于审理人身损害赔偿案件适用法律若干问题的解释》第27条、第28条的有关规定。

本案中庭审的焦点主要集中在"药家鑫自首情节是不是成立""其自首行为是不是会影响对其的量刑"。此外，在庭审过程中，被告人的辩护人向法庭提交了药家鑫从小学至大学获得的各种奖励（13份）、他的同学联名书写的请愿书等，目的是想通过他平日在校的优良表现，证明他并不是一个危险人物。对此，受害人家属并没有认可，公诉人同样认为这些证据与此案无关。

王新教授表示，大众不应该在不够理性以及心态不平和的状态下去评判一个年轻人的行为，即使是犯罪嫌疑人同样也是一个生命。案件发生后很多人都会觉得被告人的行为难以理解，甚至非常气愤地认为他应该以命抵命，当然这些都是大众正常的反应与想法，这些想法可以用朴素形容，但是仔细分析一下不难发现其中是缺乏理性的，而且也并不太符合法治精神相关方面的要求。案件对于大众来讲，并不是透明化的，案件中所涉及的诸多细节公众是无法看到的。有一些人为了得到公众舆论的支持会夸大案件事实，对案件进行大肆渲染，因而进入公众视野的往往是一些煽动性的内容，以便利用公众舆论来影响案件的发展。

2011年4月22日，陕西省西安市中级人民法院宣判，被告人药家鑫故意杀人罪证据确凿、罪名成立，判处其死刑并剥夺政治权利终身。在法院宣判后，药家鑫不服，遂提起上诉。但因案件事实清晰，证据充分，检察院建议二审驳回上诉，维持原判。陕西省高级人民法院经过再次依法审理后，在5

月 20 日依法作出裁定：驳回药家鑫的诉讼请求，维持原判，并按照法律相关规定报请最高人民法院核准死刑。最高人民法院经复核认为，在交通事故发生后，药家鑫对于张妙不仅没有施救，反而担心麻烦而产生杀人的念头，犯罪动机十分卑劣，情节十分恶劣，手段十分残忍，罪行深重不应从轻处罚。尽管药家鑫作案后主动到公安机关投案自首，但是并不足以作为对其从轻处罚的条件。根据一审对案件的判决以及二审的裁定，可以看出事实线索清晰，证据全面，量刑适当，审判程序合法，因此依法核准判处其死刑。

与之相类似的案例不胜枚举，本书以最高人民法院和最高人民检察院发布的指导性案例以及之前社会热议的案例作为探讨悔罪的研究切入点，展开对悔罪的相关分析。以上三例案件都涉及悔罪的认定，但是因此而衍生的定罪量刑结论却不尽相同。有些被告人就罪行本身而言属"罪大恶极"，却能因认定悔罪而减轻处罚，而有些被告人虽有悔罪情节，定罪量刑却未能因此有丝毫的变化，这其中的根据何在？目前我国的刑法对此仍未有系统的研究，这也是当前悔罪问题在刑事立法及刑事司法实践中正常运行最大的掣肘。带着这些问题，我们不禁要思考，刑法中的悔罪究竟指的是什么？何种行为才能被认定为悔罪？悔罪对于刑法的意义何在？

二、我国刑事立法中的悔罪问题

在中国知网（CKNI）法律知识资源总库案例库，输入"内容特征"为"全文"，含有"悔罪"词频，检索"案件范围"为"刑事诉讼案件"的案例。出来的结果是，涉及悔罪的有 5 部法律、4 个有关法律问题的决定、2 部行政法规及规范性文件、5 部地方性法规及文件、9 部部门规章及文件、37 部地方政府规章及文件、65 个司法解释及文件、4 部团体规定、40 部地方司法文件（见文末附表 1）。目前现行有效的相关规范性文件有 131 个，已被修订的 1 个，已被修正的 5 个，已失效的 33 个，部分失效的 1 个。由此可见，"悔罪"在刑事法律法规中的地位十分重要，但对其的规定却散落在刑法总则、分则甚至其他法规、司法解释中，零落不成体系。（见附录）

本书同时梳理了"悔罪"在我国刑事法律法规中的表述。其中《刑法》中的"悔罪"在法条中的表述（详见表 1），根据表述用词的差异，有若干种不同表述：其一，"具结悔过"（具体法条见第 37 条）；其二，"悔罪表现"

(具体法条见第72条);其三,"悔改"或"悔改表现"(具体法条见第78、79、81条);其四,"真诚悔罪"(具体法条见第383条)。

表1 《刑法》使用"悔罪"表述的法条

法条	法条内容
第37条	【非刑罚性处置措施】对于犯罪情节轻微不需要判处刑罚的,可以免予刑事处罚,但是可以根据案件的不同情况,予以训诫或者责令具结悔过、赔礼道歉、赔偿损失,或者由主管部门予以行政处罚或者行政处分。
第72条第1款	【缓刑适用条件】对于被判处拘役、3年以下有期徒刑的犯罪分子,同时符合下列条件的,可以宣告缓刑,对其中不满18周岁的人、怀孕的妇女和已满75周岁的人,应当宣告缓刑: (一)犯罪情节较轻; (二)有悔罪表现; (三)没有再犯罪的危险; (四)宣告缓刑对所居住社区没有重大不良影响。
第78条第1款	【减刑条件与限度】被判处管制、拘役、有期徒刑、无期徒刑的犯罪分子,在执行期间,如果认真遵守监规,接受教育改造,确有悔改表现的,或者有立功表现的,可以减刑;有下列重大立功表现之一的,应当减刑: (一)阻止他人重大犯罪活动的; (二)检举监狱内外重大犯罪活动,经查证属实的; (三)有发明创造或者重大技术革新的; (四)在日常生产、生活中舍己救人的; (五)在抗御自然灾害或者排除重大事故中,有突出表现的; (六)对国家和社会有其他重大贡献的。
第79条	【减刑程序】对于犯罪分子的减刑,由执行机关向中级以上人民法院提出减刑建议书。人民法院应当组成合议庭进行审理,对确有悔改或者立功事实的,裁定予以减刑。非经法定程序不得减刑。
第81条第1款	【假释的适用条件】被判处有期徒刑的犯罪分子,执行原判刑期1/2以上,被判处无期徒刑的犯罪分子,实际执行13年以上,如果认真遵守监规,接受教育改造,确有悔改表现,没有再犯罪的危险的,可以假释。如果有特殊情况,经最高人民法院核准,可以不受上述执行刑期的限制。

续表

法条	法条内容
第383条	【贪污罪的处罚规定】对犯贪污罪的，根据情节轻重，分别依照下列规定处罚： （一）贪污数额较大或者有其他较重情节的，处3年以下有期徒刑或者拘役，并处罚金。 （二）贪污数额巨大或者有其他严重情节的，处3年以上10年以下有期徒刑，并处罚金或者没收财产。 （三）贪污数额特别巨大或者有其他特别严重情节的，处10年以上有期徒刑或者无期徒刑，并处罚金或者没收财产；数额特别巨大，并使国家和人民利益遭受特别重大损失的，处无期徒刑或者死刑，并处没收财产。 对多次贪污未经处理的，按照累计贪污数额处罚。 犯第1款罪，在提起公诉前如实供述自己罪行、真诚悔罪、积极退赃，避免、减少损害结果的发生，有第1项规定情形的，可以从轻、减轻或者免除处罚；有第2项、第3项规定情形的，可以从轻处罚。 犯第1款罪，有第3项规定情形被判处死刑缓期执行的，人民法院根据犯罪情节等情况可以同时决定在其死刑缓期执行2年期满依法减为无期徒刑后，终身监禁，不得减刑、假释。

表2 最高人民法院、最高人民检察院《关于办理组织、利用邪教组织破坏法律实施等刑事案件适用法律若干问题的解释》使用"悔罪"表述的法条

法条	法条内容
第9条	组织、利用邪教组织破坏国家法律、行政法规实施，符合本解释第4条规定情形，但行为人能够真诚悔罪，明确表示退出邪教组织、不再从事邪教活动的，可以不起诉或者免予刑事处罚。其中，行为人系受蒙蔽、胁迫参加邪教组织的，可以不作为犯罪处理。 组织、利用邪教组织破坏国家法律、行政法规实施，行为人在一审判决前能够真诚悔罪，明确表示退出邪教组织、不再从事邪教活动的，分别依照下列规定处理： （一）符合本解释第2条规定情形的，可以认定为刑法第300条第1款规定的"情节较轻"； （二）符合本解释第3条规定情形的，可以不认定为刑法第300条第1款规定的"情节特别严重"，处3年以上7年以下有期徒刑，并处罚金。

表3 最高人民法院、最高人民检察院《关于办理环境污染刑事案件适用法律若干问题的解释》使用"悔罪"表述的法条

法条	法条内容
第5条	实施刑法第338条、第339条规定的行为,刚达到应当追究刑事责任的标准,但行为人及时采取措施,防止损失扩大、消除污染,全部赔偿损失,积极修复生态环境,且系初犯,确有悔罪表现的,可以认定为情节轻微,不起诉或者免予刑事处罚;确有必要判处刑罚的,应当从宽处罚。

表4 最高人民法院《关于办理减刑、假释案件具体应用法律的规定》使用"悔罪"表述的法条

法条	法条内容
第3条	"确有悔改表现"是指同时具备以下条件: (一)认罪悔罪; (二)遵守法律法规及监规,接受教育改造; (三)积极参加思想、文化、职业技术教育; (四)积极参加劳动,努力完成劳动任务。 对职务犯罪、破坏金融管理秩序和金融诈骗犯罪、组织(领导、参加、包庇、纵容)黑社会性质组织犯罪等罪犯,不积极退赃、协助追缴赃款赃物、赔偿损失,或者服刑期间利用个人影响力和社会关系等不正当手段意图获得减刑、假释的,不认定其"确有悔改表现"。 罪犯在刑罚执行期间的申诉权利应当依法保护,对其正当申诉不能不加分析地认为是不认罪悔罪。
第6条第1款、第2款	被判处有期徒刑的罪犯减刑起始时间为:不满5年有期徒刑的,应当执行1年以上方可减刑;5年以上不满10年有期徒刑的,应当执行1年6个月以上方可减刑;10年以上有期徒刑的,应当执行2年以上方可减刑。有期徒刑减刑的起始时间自判决执行之日起计算。 确有悔改表现或者有立功表现的,一次减刑不超过9个月有期徒刑;确有悔改表现并有立功表现的,一次减刑不超过1年有期徒刑;有重大立功表现的,一次减刑不超过1年6个月有期徒刑;确有悔改表现并有重大立功表现的,一次减刑不超过2年有期徒刑。
第8条第1款	被判处无期徒刑的罪犯在刑罚执行期间,符合减刑条件的,执行2年以上,可以减刑。减刑幅度为:确有悔改表现或者有立功表现的,可以减为22年有期徒刑;确有悔改表现并有立功表现的,可以减为21年以上22年以下有期徒刑;有重大立功表现的,可以减为20年以上21年以下有期徒刑;确有悔改表现并有重大立功表现的,可以减为19年以上20年以下有期徒刑。无期徒刑罪犯减为有期徒刑后再减刑时,减刑幅度依照本

续表

法条	法条内容
	规定第 6 条的规定执行。两次减刑间隔时间不得少于 2 年。
第 10 条第 1 款	被判处死刑缓期执行的罪犯减为无期徒刑后,符合减刑条件的,执行 3 年以上方可减刑。减刑幅度为:确有悔改表现或者有立功表现的,可以减为 25 年有期徒刑;确有悔改表现并有立功表现的,可以减为 24 年以上 25 年以下有期徒刑;有重大立功表现的,可以减为 23 年以上 24 年以下有期徒刑;确有悔改表现并有重大立功表现的,可以减为 22 年以上 23 年以下有期徒刑。
第 19 条第 1 款	对在报请减刑前的服刑期间不满 18 周岁,且所犯罪行不属于刑法第 81 条第 2 款规定情形的罪犯,认罪悔罪,遵守法律法规及监规,积极参加学习、劳动,应当视为确有悔改表现。
第 20 条	老年罪犯、患严重疾病罪犯或者身体残疾罪犯减刑时,应当主要考察其认罪悔罪的实际表现。

表 5 最高人民法院、最高人民检察院《关于办理贪污贿赂刑事案件适用法律若干问题的解释》使用"悔罪"表述的法条

法条	法条内容
第 4 条第 1 款、第 2 款	贪污、受贿数额特别巨大,犯罪情节特别严重、社会影响特别恶劣、给国家和人民利益造成特别重大损失的,可以判处死刑。符合前款规定的情形,但具有自首、立功,如实供述自己罪行、真诚悔罪、积极退赃,或者避免、减少损害结果的发生等情节,不是必须立即执行的,可以判处死刑缓期 2 年执行。

表 6 最高人民法院《关于审理毒品犯罪案件适用法律若干问题的解释》使用"悔罪"表述的法条

法条	法条内容
第 6 条	包庇走私、贩卖、运输、制造毒品的犯罪分子,具有下列情形之一的,应当认定为刑法第 349 条第 1 款规定的"情节严重": (一)被包庇的犯罪分子依法应当判处 15 年有期徒刑以上刑罚的; (二)包庇多名或者多次包庇走私、贩卖、运输、制造毒品的犯罪分子的; (三)严重妨害司法机关对被包庇的犯罪分子实施的毒品犯罪进行追究的;

续表

法条	法条内容
	（四）其他情节严重的情形。 为走私、贩卖、运输、制造毒品的犯罪分子窝藏、转移、隐瞒毒品或者毒品犯罪所得的财物，具有下列情形之一的，应当认定为刑法第349条第1款规定的"情节严重"： （一）为犯罪分子窝藏、转移、隐瞒毒品达到刑法第347条第2款第1项或者本解释第1条第1款规定的"数量大"标准的； （二）为犯罪分子窝藏、转移、隐瞒毒品犯罪所得的财物价值达到5万元以上的； （三）为多人或者多次为他人窝藏、转移、隐瞒毒品或者毒品犯罪所得的财物的； （四）严重妨害司法机关对该犯罪分子实施的毒品犯罪进行追究的； （五）其他情节严重的情形。 包庇走私、贩卖、运输、制造毒品的近亲属，或者为其窝藏、转移、隐瞒毒品或者毒品犯罪所得的财物，不具有本条前两款规定的"情节严重"情形，归案后认罪、悔罪、积极退赃，且系初犯、偶犯，犯罪情节轻微不需要判处刑罚的，可以免予刑事处罚。

表7 《人民检察院办理羁押必要性审查案件规定（试行）》
使用"悔罪"表述的法条

法条	法条内容
第18条	经羁押必要性审查，发现犯罪嫌疑人、被告人具有下列情形之一，且具有悔罪表现，不予羁押不致发生社会危险性的，可以向办案机关提出释放或者变更强制措施的建议： （一）预备犯或者中止犯； （二）共同犯罪中的从犯或者胁从犯； （三）过失犯罪的； （四）防卫过当或者避险过当的； （五）主观恶性较小的初犯； （六）系未成年人或者年满75周岁的人； （七）与被害方依法自愿达成和解协议，且已经履行或者提供担保的； （八）患有严重疾病、生活不能自理的； （九）系怀孕或者正在哺乳自己婴儿的妇女； （十）系生活不能自理的人的唯一扶养人； （十一）可能被判处1年以下有期徒刑或者宣告缓刑的； （十二）其他不需要继续羁押犯罪嫌疑人、被告人的情形。

表 8　最高人民法院、最高人民检察院《关于办理妨害文物管理等刑事案件适用法律若干问题的解释》使用"悔罪"表述的法条

法条	法条内容
第 16 条	实施本解释第 1 条、第 2 条、第 6 条至第 9 条规定的行为，虽已达到应当追究刑事责任的标准，但行为人系初犯，积极退回或者协助追回文物，未造成文物损毁，并确有悔罪表现的，可以认定为犯罪情节轻微，不起诉或者免予刑事处罚。 实施本解释第 3 条至第 5 条规定的行为，虽已达到应当追究刑事责任的标准，但行为人系初犯，积极赔偿损失，并确有悔罪表现的，可以认定为犯罪情节轻微，不起诉或者免予刑事处罚。

表 9　最高人民法院《关于审理掩饰、隐瞒犯罪所得、犯罪收益所得刑事案件适用法律若干问题的解释》使用"悔罪"表述的法条

法条	法条内容
第 2 条	掩饰、隐瞒犯罪所得及其产生的收益行为符合本解释第 1 条的规定，认罪、悔罪并退赃、退赔，且具有下列情形之一的，可以认定为犯罪情节轻微，免予刑事处罚： （一）具有法定从宽处罚情节的； （二）为近亲属掩饰、隐瞒犯罪所得及其产生的收益，且系初犯、偶犯的； （三）有其他情节轻微情形的。 行为人为自用而掩饰、隐瞒犯罪所得，财物价值刚达到本解释第 1 条第 1 款第 1 项规定的标准，认罪、悔罪并退赃、退赔的，一般可不认为是犯罪；依法追究刑事责任的，应当酌情从宽。

表 10　《人民检察院办理未成年人刑事案件的规定》使用"悔罪"表述的法条

法条	法条内容
第 27 条	【不起诉】对于未成年人实施的轻伤害案件、初次犯罪、过失犯罪、犯罪未遂的案件以及被诱骗或者被教唆实施的犯罪案件等，情节轻微，犯罪嫌疑人确有悔罪表现，当事人双方自愿就民事赔偿达成协议并切实履行或者经被害人同意并提供有效担保，符合刑法第 37 条规定的，人民检察院可以依照刑事诉讼法第 173 条第 2 款的规定作出不起诉决定，并可以根据案件的不同情况，予以训诫或者责令具结悔过、赔礼道歉、赔偿损失，或者由主管部门予以行政处罚。

续表

法条	法条内容
第 29 条	【附条件不起诉】对于犯罪时已满 14 周岁不满 18 周岁的未成年人，同时符合下列条件的，人民检察院可以作出附条件不起诉决定： （一）涉嫌刑法分则第 4 章、第 5 章、第 6 章规定的犯罪； （二）根据具体犯罪事实、情节，可能被判处 1 年有期徒刑以下刑罚； （三）犯罪事实清楚，证据确实、充分，符合起诉条件； （四）具有悔罪表现。

表 11　最高人民法院、最高人民检察院、公安部《关于办理醉酒驾驶机动车刑事案件适用法律若干问题的意见》使用"悔罪"表述的法条

法条	法条内容
第 4 条	对醉酒驾驶机动车的被告人判处罚金，应当根据被告人的醉酒程度、是否造成实际损害、认罪悔罪态度等情况，确定与主刑相适应的罚金数额。

表 12　最高人民法院、最高人民检察院《关于办理抢夺刑事案件适用法律若干问题的解释》使用"悔罪"表述的法条

法条	法条内容
第 5 条	抢夺公私财物数额较大，但未造成他人轻伤以上伤害，行为人系初犯，认罪、悔罪、退赃、退赔，且具有下列情形之一的，可以认定为犯罪情节轻微，不起诉或者免予刑事处罚；必要时，由有关部门依法予以行政处罚……

表 13　最高人民法院、最高人民检察院《关于办理寻衅滋事刑事案件适用法律若干问题的解释》使用"悔罪"表述的法条

法条	法条内容
第 8 条	行为人认罪、悔罪，积极赔偿被害人损失或者取得被害人谅解的，可以从轻处罚；犯罪情节轻微的，可以不起诉或者免予刑事处罚。

表 14　最高人民法院、最高人民检察院《关于办理危害食品安全刑事案件适用法律若干问题的解释》使用"悔罪"表述的法条

法条	法条内容
第 18 条	对实施本解释规定之犯罪的犯罪分子，应当依照刑法规定的条件严格适用缓刑、免予刑事处罚。根据犯罪事实、情节和悔罪表现，对于符合刑法规定的缓刑适用条件的犯罪分子，可以适用缓刑，但是应当同时宣告禁止令，禁止其在缓刑考验期限内从事食品生产、销售及相关活动。

表 15　最高人民法院、最高人民检察院《关于办理敲诈勒索刑事案件适用法律若干问题的解释》使用"悔罪"表述的法条

法条	法条内容
第 5 条	敲诈勒索数额较大，行为人认罪、悔罪、退赃、退赔，并具有下列情形之一的，可以认定为犯罪情节轻微，不起诉或者免予刑事处罚，由有关部门依法予以行政处罚： （一）具有法定从宽处罚情节的； （二）没有参与分赃或者获赃较少且不是主犯的； （三）被害人谅解的； （四）其他情节轻微、危害不大的。

表 16　最高人民法院、最高人民检察院《关于办理盗窃刑事案件适用法律若干问题的解释》使用"悔罪"表述的法条

法条	法条内容
第 7 条	第 7 条 盗窃公私财物数额较大，行为人认罪、悔罪，退赃、退赔，且具有下列情形之一，情节轻微的，可以不起诉或者免予刑事处罚；必要时，由有关部门予以行政处罚： （一）具有法定从宽处罚情节的； （二）没有参与分赃或者获赃较少且不是主犯的； （三）被害人谅解的； （四）其他情节轻微、危害不大的。

表 17　最高人民法院《关于适用〈中华人民共和国刑事诉讼法〉的解释》使用"悔罪"表述的法条

法条	法条内容
第 157 条	审理刑事附带民事诉讼案件，人民法院应当结合被告人赔偿被害人物质损失的情况认定其悔罪表现，并在量刑时予以考虑。

续表

法条	法条内容
第 225 条	法庭审理过程中，对与量刑有关的事实、证据，应当进行调查。 人民法院除应当审查被告人是否具有法定量刑情节外，还应当根据案件情况审查以下影响量刑的情节： （一）案件起因； （二）被害人有无过错及过错程度，是否对矛盾激化负有责任及责任大小； （三）被告人的近亲属是否协助抓获被告人； （四）被告人平时表现，有无悔罪态度； （五）退赃、退赔及赔偿情况； （六）被告人是否取得被害人或者其近亲属谅解； （七）影响量刑的其他情节。
第 501 条	和解协议书应当包括以下内容： （一）被告人承认自己所犯罪行，对犯罪事实没有异议，并真诚悔罪； （二）被告人通过向被害人赔礼道歉、赔偿损失等方式获得被害人谅解；涉及赔偿损失的，应当写明赔偿的数额、方式等；提起附带民事诉讼的，由附带民事诉讼原告人撤回附带民事诉讼； （三）被害人自愿和解，请求或者同意对被告人依法从宽处罚。 和解协议书应当由双方当事人和审判人员签名，但不加盖人民法院印章。 和解协议书一式三份，双方当事人各持一份，另一份交人民法院附卷备查。 对和解协议中的赔偿损失内容，双方当事人要求保密的，人民法院应当准许，并采取相应的保密措施。

表 18 《人民检察院刑事诉讼规则》使用"悔罪"表述的法条

法条	法条内容
第 140 条	犯罪嫌疑人涉嫌的罪行较轻，且没有其他重大犯罪嫌疑，具有以下情形之一的，可以作出不批准逮捕或者不予逮捕的决定： （一）属于预备犯、中止犯，或者防卫过当、避险过当的； （二）主观恶性较小的初犯，共同犯罪中的从犯、胁从犯，犯罪后自首、有立功表现或者积极退赃、赔偿损失、确有悔罪表现的； （三）过失犯罪的犯罪嫌疑人，犯罪后有悔罪表现，有效控制损失或者积极赔偿损失的； （四）犯罪嫌疑人与被害人双方根据刑事诉讼法的有关规定达成和解

续表

法条	法条内容
	协议，经审查，认为和解系自愿、合法且已经履行或者提供担保的； （五）犯罪嫌疑人认罪认罚的； （六）犯罪嫌疑人系已满14周岁未满18周岁的未成年人或者在校学生，本人有悔罪表现，其家庭、学校或者所在社区、居民委员会、村民委员会具备监护、帮教条件的； （七）犯罪嫌疑人系已满75周岁的人。
第463条第1款、第2款	对于罪行较轻，具备有效监护条件或者社会帮教措施，没有社会危险性或者社会危险性较小的未成年犯罪嫌疑人，应当不批准逮捕。 对于罪行比较严重，但主观恶性不大，有悔罪表现，具备有效监护条件或者社会帮教措施，具有下列情形之一，不逮捕不致发生社会危险性的未成年犯罪嫌疑人，可以不批准逮捕： （一）初次犯罪、过失犯罪的； （二）犯罪预备、中止、未遂的； （三）防卫过当、避险过当的； （四）有自首或者立功表现的； （五）犯罪后认罪认罚，或者积极退赃，尽力减少和赔偿损失，被害人谅解的； （六）不属于共同犯罪的主犯或者集团犯罪中的首要分子的； （七）属于已满14周岁不满16周岁的未成年人或者系在校学生的； （八）其他可以不批准逮捕的情形。
第492条第1款、第2款	下列公诉案件，双方当事人可以和解： （一）因民间纠纷引起，涉嫌刑法分则第四章、第五章规定的犯罪案件，可能判处3年有期徒刑以下刑罚的； （二）除渎职犯罪以外的可能判处7年有期徒刑以下刑罚的过失犯罪案件。 当事人和解的公诉案件应当同时符合下列条件： （一）犯罪嫌疑人真诚悔罪，向被害人赔偿损失、赔礼道歉等； （二）被害人明确表示对犯罪嫌疑人予以谅解； （三）双方当事人自愿和解，符合有关法律规定； （四）属于侵害特定被害人的故意犯罪或者有直接被害人的过失犯罪； （五）案件事实清楚，证据确实、充分。
第497条第1款	人民检察院应当对和解的自愿性、合法性进行审查，重点审查以下内容： （一）双方当事人是否自愿和解； （二）犯罪嫌疑人是否真诚悔罪，是否向被害人赔礼道歉，赔偿数额与其所造成的损害和赔偿能力是否相适应； （三）被害人及其法定代理人或者近亲属是否明确表示对犯罪嫌疑人予以谅解；

法条	法条内容
	（四）是否符合法律规定； （五）是否损害国家、集体和社会公共利益或者他人的合法权益； （六）是否符合社会公德。
第498条第1款、第2款	经审查认为双方自愿和解，内容合法，且符合本规则第492条规定的范围和条件的，人民检察院应当主持制作和解协议书。 和解协议书的主要内容包括： （一）双方当事人的基本情况； （二）案件的主要事实； （三）犯罪嫌疑人真诚悔罪，承认自己所犯罪行，对指控的犯罪没有异议，向被害人赔偿损失、赔礼道歉等。赔偿损失的，应当写明赔偿的数额、履行的方式、期限等； （四）被害人及其法定代理人或者近亲属对犯罪嫌疑人予以谅解，并要求或者同意公安机关、人民检察院、人民法院对犯罪嫌疑人依法从宽处理。

表19 最高人民法院《关于办理减刑、假释案件具体应用法律若干问题的规定》使用"悔罪"表述的法条

法条	法条内容
第1条	根据刑法第78条第1款的规定，被判处管制、拘役、有期徒刑、无期徒刑的犯罪分子，在执行期间，认真遵守监规，接受教育改造，确有悔改表现的，或者有立功表现的，可以减刑；有重大立功表现的，应当减刑。
第2条	"确有悔改表现"是指同时具备以下4个方面情形：认罪悔罪；认真遵守法律法规及监规，接受教育改造；积极参加思想、文化、职业技术教育；积极参加劳动，努力完成劳动任务。 对罪犯在刑罚执行期间提出申诉的，要依法保护其申诉权利，对罪犯申诉不应不加分析地认为是不认罪悔罪。 罪犯积极执行财产刑和履行附带民事赔偿义务的，可视为有认罪悔罪表现，在减刑、假释时可以从宽掌握；确有执行、履行能力而不执行、不履行的，在减刑、假释时应当从严掌握。

续表

法条	法条内容
第5条	有期徒刑罪犯在刑罚执行期间，符合减刑条件的，减刑幅度为：确有悔改表现，或者有立功表现的，一次减刑一般不超过1年有期徒刑；确有悔改表现并有立功表现，或者有重大立功表现的，一次减刑一般不超过2年有期徒刑。
第7条	无期徒刑罪犯在刑罚执行期间，确有悔改表现，或者有立功表现的，服刑2年以后，可以减刑。减刑幅度为：确有悔改表现，或者有立功表现的，一般可以减为20年以上22年以下有期徒刑；有重大立功表现的，可以减为15年以上20年以下有期徒刑。
第9条第1款	死刑缓期执行罪犯减为无期徒刑后，确有悔改表现，或者有立功表现的，服刑2年以后可以减为25年有期徒刑；有重大立功表现的，服刑2年以后可以减为23年有期徒刑。
第19条	未成年罪犯的减刑、假释，可以比照成年罪犯依法适当从宽。 未成年罪犯能认罪悔罪，遵守法律法规及监规，积极参加学习、劳动的，应视为确有悔改表现，减刑的幅度可以适当放宽，起始时间、间隔时间可以相应缩短。符合刑法第81条第1款规定的，可以假释。 前两款所称未成年罪犯，是指减刑时不满18周岁的罪犯。
第20条第1款、第2款	老年、身体残疾（不含自伤致残）、患严重疾病罪犯的减刑、假释，应当主要注重悔罪的实际表现。 基本丧失劳动能力、生活难以自理的老年、身体残疾、患严重疾病的罪犯，能够认真遵守法律法规及监规，接受教育改造，应视为确有悔改表现，减刑的幅度可以适当放宽，起始时间、间隔时间可以相应缩短。假释后生活确有着落的，除法律和本解释规定不得假释的情形外，可以依法假释。

表20 最高人民法院、最高人民检察院、公安部、司法部《社区矫正实施办法》使用"悔罪"表述的法条

法条	法条内容
第9条	司法所应当为社区矫正人员制定矫正方案，在对社区矫正人员被判处的刑罚种类、犯罪情况、悔罪表现、个性特征和生活环境等情况进行综合评估的基础上，制定有针对性的监管、教育和帮助措施。根据矫正方案的实施效果，适时予以调整。

表 21　最高人民法院、最高人民检察院、公安部、司法部《关于对判处管制、宣告缓刑的犯罪分子适用禁止令有关问题的规定（试行）》使用"悔罪"表述的法条

法条	法条内容
第 2 条	人民法院宣告禁止令，应当根据犯罪分子的犯罪原因、犯罪性质、犯罪手段、犯罪后的悔罪表现、个人一贯表现等情况，充分考虑与犯罪分子所犯罪行的关联程度，有针对性地决定禁止其在管制执行期间、缓刑考验期限内"从事特定活动，进入特定区域、场所，接触特定的人"的一项或者几项内容。

表 22　最高人民法院、最高人民检察院《关于办理诈骗刑事案件具体应用法律若干问题的解释》使用"悔罪"表述的法条

法条	法条内容
第 3 条	诈骗公私财物虽已达到本解释第 1 条规定的"数额较大"的标准，但具有下列情形之一，且行为人认罪、悔罪的，可以根据刑法第 37 条、刑事诉讼法第 142 条的规定不起诉或者免予刑事处罚： （一）具有法定从宽处罚情节的； （二）一审宣判前全部退赃、退赔的； （三）没有参与分赃或者获赃较少且不是主犯的； （四）被害人谅解的； （五）其他情节轻微、危害不大的。

表 23　《人民检察院办理未成年人刑事案件的规定》使用"悔罪"表述的法条

法条	法条内容
第 7 条	人民检察院办理未成年人刑事案件，应当考虑未成年人的生理和心理特点，根据其在校表现、家庭情况、犯罪原因、悔罪态度等，实施针对性教育。

表 24　最高人民法院《关于审理未成年人刑事案件具体应用法律若干问题的解释》使用"悔罪"表述的法条

法条	法条内容
第 11 条	对未成年罪犯适用刑罚，应当充分考虑是否有利于未成年罪犯的教育和矫正。 对未成年罪犯量刑应当依照刑法第 61 条的规定，并充分考虑未成年人实施犯罪行为的动机和目的、犯罪时的年龄、是否初次犯罪、犯罪后的悔罪表现、个人成长经历和一贯表现等因素。对符合管制、缓刑、单处罚金

续表

法条	法条内容
	或者免予刑事处罚适用条件的未成年罪犯，应当依法适用管制、缓刑、单处罚金或者免予刑事处罚。
第 18 条	对未成年罪犯的减刑、假释，在掌握标准上可以比照成年罪犯依法适度放宽。 未成年罪犯能认罪服法，遵守监规，积极参加学习、劳动的，即可视为"确有悔改表现"予以减刑，其减刑的幅度可以适当放宽，间隔的时间可以相应缩短。符合刑法第 81 条第 1 款规定的，可以假释。 未成年罪犯在服刑期间已经成年的，对其减刑、假释可以适用上述规定。

纵观存在"悔罪"表述的这些法条与规定，可见立法者在我国刑事法律法规中关于"悔罪"的表述混乱而零散，没有使用统一的术语。我们如何准确界定或者区分这几者之间的区别？例如，"悔过"就是"悔罪"吗？"具结悔过"和"真诚悔罪"含义是否相同？从语言学的角度来看这几个词汇，一定是有不同之处的，但它们的意思表示应当都是在表述"悔罪或者悔过"这样一种犯罪行为人的主观心理状态，乃至这种主观心理状态的外露行为表现。从法律语言规范化的角度上来看，同一个概念在法律领域中，只能用同一个法律术语来表示。这不仅仅是法律语言明确性与准确性的要求。对于"悔罪"一词如果不能准确定义，将可能导致司法实践过程中的对于"悔罪"这一情节认定的随意性，也必将导致裁判或者刑罚结果的不同。

（一）悔罪界定的空白

从文末附录可见，涉及悔罪的条文在刑法体系中随处可见，在刑事司法实践中，悔罪表现是一个量刑的重要酌定情节；而在司法实践中关于犯罪嫌疑人悔罪的表述与规定都相对缺乏，即使有相关的规定，也是相对模糊不清，无法把握，更无法形成对司法实践的有效指导。何为悔罪，悔罪在法律上的定义是否与实践中的一致等问题，都缺乏统一的标准。因为悔罪作为人的主观心理状态，很难进行感知，不具有外化性，这样的状态给了法官一定的自由裁量权，法官在认定犯罪嫌疑人是否具有悔罪表现时，参照的标准可以根据实际情况予以变通，综合考量各方因素[1]。但是由于在司法实践中的认定标准不一，出现了很多问题，如何统一悔罪的认定标准成为当前亟待解决的问题。如果对悔罪进行概念上的界定，学者林红海将悔罪定义为犯罪分子在犯罪前后的思想变化过程，呈现出主观上的悔罪表现，认识到了自身的错误，并表示以后不再行此恶行的一种主观表示。通过犯罪分子的悔罪，可以初步将犯罪分子的人身危险性降低，对于后期的定罪量刑具有重要的参考意义[2]。上述定义在一定程度上客观地陈述了犯罪分子的悔罪状态，本书将以此概念作为研究的基础与重点。

(二) 悔罪认定的模糊

在我国现行的《刑法》中，有一条是关于悔罪的表现形式，直接体现在法条本身的表述上。其他的法律法规很少涉及悔罪的直接表示。但是不容忽视的一个客观情况是，悔罪作为刑事犯罪的常见情节之一，在对罪犯的定罪量刑方面具有重要的参考意义。司法实践中很多法官在最后的定罪量刑中都综合考量了被告人的悔罪表现，将悔罪作为定罪量刑的考量因素之一。虽然法律上并未将悔罪作为从轻处罚的依据，但司法实践中已经初步形成了相对统一的考量标准。当然，我国现行《刑法》中已有的关于被告人的一些主观行为作为定罪量刑的参考依据的规定，如自首、坦白、立功等，这实际上就是被告人悔罪的具体体现，但是这种穷尽式的表述模式存在诸多弊端，也给司法实践中的相关认定带来不必要的麻烦。例如：规定了上述三种行为作为被告人悔罪的表现，除了这三种以外的其他行为表现，在法律上能否被认定为悔罪，这就给法官充分的自由裁量权，但是法官的自由裁量权毕竟属于主观判断与自由心证范畴，导致了司法实践中认定标准不一。很多地方的法官只是严格地依照《刑法》规定的三种被告人的悔罪表现形式进行认定，凡是不属于自首、坦白、立功的，都不能认定为被告人具有悔罪情节，不能作为被告人量刑的参考依据。有些地方的法官则是根据被告人的其他行为与表现来认定被告人是否具有悔罪表现，而悔罪作为一种主观心理状态，法官很难对此进行认定，加上实践中的认定缺乏法律依据，更是加大了对悔罪的实际认定的难度。

---

[1] 参见胡铭、冯姣："认罪态度对法官判决影响的实证分析"，载《江苏行政学院学报》2014年第2期。

[2] 参见林红海："悔罪应作为法定从轻量刑情节"，载《法学》1993年第6期。

(三) 悔罪类型的不确定

自从 2011 年的《中华人民共和国刑法修正案（八）》开始公布实施，自首、坦白、立功作为了被告人悔罪的具体表现，成为法官量刑的重要参考依据。在 2011 年之前，坦白还未成为被告人悔罪的表现，更没有在刑法中明文规定，在其他的法规文件中也鲜有提及，导致了实践中出现认定不一的情形。立法者意识到了这个问题，认为坦白作为被告人悔罪的具体表现，在促进被告人积极悔改方面发挥着巨大作用，但立法上的缺失使得坦白难以真正确立与认定。很多被告人具有坦白情形，到最后的定罪量刑中却不能由于坦白而得到从轻处罚。这在一定程度上打击了被告人坦白的积极性，没有发挥坦白应有的功能与价值。同样，悔罪在立法上的缺失，也导致了司法实践中出现上述问题，因此立法者应当充分认识到上述问题，从鼓励被告人积极悔罪的角度以及节省司法活动本身的成本角度出发，将悔罪上升到法律层面，从而给司法机关的认定提供参考，为建设我国宽严相济的刑法体系奠定坚实的基础。

根据当前我国刑法的有关规定可知，悔罪作为量刑的情节缺乏统一的认定标准。根据上述可知，我国现行《刑法》中仅仅明确规定了三种悔罪的具体表现形式，即自首、坦白、立功，除了这三种形式以外的其他表现形式，在刑法上都不能认定为悔罪。在量刑情节方面的考虑则缺乏法律依据，即使有关于其他悔罪形式的规定，也都是在与刑法有关的司法解释中予以体现，且都不明确，较为零散，这种不明确不统一的立法模式给司法实践带来了诸多困扰，导致了司法实践中法官量刑时缺乏必要参考依据。

第二节　刑法中悔罪问题的研究现状

一、悔罪问题的理论研究

《关于对判处管制、宣告缓刑的犯罪分子适用禁止令有关问题的规定（试行）》《关于为构建社会主义和谐社会提供司法保障的若干意见》《关于贯彻宽严相济刑事政策的若干意见》等司法文件明确要求对具有悔罪表现的犯罪行为人应当从轻处罚。应当说，悔罪从宽的精神已经在刑事立法中得到了越来越充分的体现。但是，目前司法实践中对于悔罪的适用还比较混乱，缺乏科学的方法作指导。虽然，悔罪的认定受较多主观因素的影响，对其准确进行司法适用仍存在困难，但我们不能停滞不前。犯罪行为人对其犯罪行为是否悔罪不仅决定了刑事活动中控方证明责任的大小，而且对于刑事司法程序影响很大。从程序法的角度而言，悔罪行为使得控辩双方的对抗性大为减弱，甚至对抗已不存在，对事实进行调查的法庭调查程序也可以简化，有利于节约司法资源、提高司法效率。因此，我们应当认真研究其产生机理，明确悔罪的内涵与外延，并探索建立刑法的悔罪相关机制，予以一体化的审视，实现刑法规范化的目的。

（一）刑法中悔罪的实践困境

1. 立法困境

现代刑法与过去相比更加人性化、理性化，因而也就是更加科学的刑法，这就要求现代刑法应当更加重视案件的事实、逻辑，这样才能充分彰显其重要的价值成分。[1]在我国刑法中，对作为适用缓刑、减刑、假释实质条件之一的悔罪有较为明确的相关规定，但在从轻量刑情节中，对悔罪却没有系统全面的规定，因此悔罪在立法上需要更多的支持。在刑法总则中，只有对坦白、自首、立功这几个方面进行了非常明确的规定，对其他形式的悔罪则只是在司法解释等中进行了说明。关于悔罪，立法上没有具体的规定，但是在案件裁判中其却是从轻量刑的依据，这样一来，裁判从逻辑上讲就成为了无法律依据的裁判。

此外，应受惩罚性以及社会危害性是犯罪的两个非常重要的本质属性，二者相辅相成，共同决定了行为的刑事违法性。我国有关悔罪的刑事立法不仅未能完全涵盖涉及悔罪的各类情形，在悔罪本身的认定上也仍存疑。夏勇教授认为，"应受刑罚性总共包含七个价值因素，它们分别是：公平、责任、预防、权利、成本、手段、人道，其与社会危害性是一种矛盾的存在，二者成对立统一。"[2]对于悔罪之于刑事处罚的切入点，立法上也应当考量社会

---

[1] 参见夏勇：《和谐社会目标下"犯罪化"与"非犯罪化"的标准》，法律出版社2016年版，第4页。

[2] 夏勇：《和谐社会目标下"犯罪化"与"非犯罪化"的标准》，法律出版社2016年版，第4页。

危害性和应受惩罚性两者之间的关系。张明楷教授也提出,"刑事立法上应当从行为的性质、代替刑罚的手段、处罚规定对有利行为的影响、处罚的公正性、处罚的目的与效果等方面考虑将其某种行为作为犯罪处理的必要性。"〔1〕

2. 司法困境

法定的量刑情节主要包括主动坦白、主动自首以及戴罪立功,除此之外其他的悔罪情形都属于酌定的量刑情节。所谓的酌定量刑情节就是司法人员在案件审理过程中根据相似案例、有关司法解释及其积累的司法经验而得出的结论,因而其量刑幅度没有既定的标准,较难统一。此外,由于各地方、各法官在案件的审理过程中所依据标准也不尽相同,对一些案件的处罚显得有些放纵犯罪,也有一些案件的处罚又过重而显得缺乏人性化,此类情况对司法的公正性、合理性都存在十分不好的影响。正如著名法学家波斯纳所言:"法治不仅需要制度和信仰,还需要技术和程序。"〔2〕比如,就同一个危害行为,有人主张对之施以重刑,而有人则认为适用轻刑即可。那么,到底应该适用重刑还是轻刑?如果拘泥于传统的罪刑关系论,只着眼于从罪名到刑罚的司法路径,就很难得出令人满意的结论。"不过,社会并不是一成不变的而是处于一个动态变化的环境中,再加上人类行为也是不可控的具有多样性,并且即便是立法者在立法过程中可以保持应有的理性,但是这种理性也是有限的,这就直接导致了成文法不可避免地存在局限性。在实际的司法案件中,许多案件所涉及的情节并不在法律规范所规设的既定范围内,因而从事实出发到得出结论之间并不是一蹴而就,也不是完全有章可循的。但是,如果司法主体能够转变思维的方向,就可以作出相对合理的选择。"〔3〕

在我国刑法中,"确有悔改表现"构成了罪犯进行减刑或假释的实质条件,是悔罪认定中非常关键的因素。这是刑法人性化的体现,也是对生命的尊重,对真心悔过的罪犯给予新生,对其从宽处罚,以便他们能尽早回归社会,以实际行动证明他们依然可以为社会创造价值,作出他们的一份贡献。需要实施减刑、假释的案件,法院在审理过程中首要考虑的就是罪犯的悔罪表现,这一做法无疑对渴望回归社会的罪犯有很大的鼓励作用,进而激励他

---

〔1〕 张明楷:"论刑法的谦抑性",载《法商研究》1995年第4期。

〔2〕 [美]理查德·A. 波斯纳:《超越法律》,苏力译,中国政法大学出版社2001年版,第459页。

〔3〕 赵运锋:《以刑制罪基本问题研究》,法律出版社2017年版,第218页。

们积极表现、改过自新。但是，法官对减刑、假释案件审理结果的好坏，又会对罪犯的切身利益及其希望认真改过重获新生的积极性产生直接影响，因此，在我国减刑、假释案件审理过程中，要想切实保障具有悔罪表现的罪犯的权利，就必须保证司法的公平、公正，这才是最行之有效的方法。

（二）化解困境的实践探索

李斯特认为，在人类的文化历史发展过程中，刑罚是人类在蒙昧状态中的一种原始的认识形式，因而其具有一定的盲目性、冲动性，是人类本能的体现，也就不能简单的通过目的观对其进行定义。其实，它也是社会长期发展过程中对于个人以及集体生活条件受到外部妨碍的一种自然反应。不过，李斯特同样也认为，经过漫长的发展，刑罚的本质也出现了变化。刑罚变得客观化，即从一开始案件由当事人自己进行判定转变为由独立于案件当事人的裁判机构对案件进行处理，这一转变使得案件的审判结果更具公正性、合理性。这种转变包括对刑罚符合目的的理解。[1] 刑罚的功能才开始具有理性因素。刑罚从根本上决定着悔罪的适用。真正的悔罪并非只是言语上有所表达即可成立，悔罪的确定需要对诸种要素加以考虑，即那些能够影响悔罪行为是否成立及悔罪意识程度强弱的相关根据。为此，本书对影响悔罪行为确立的根据进行细化，并通过分析来构建悔罪评价的指标体系。如此一来，随着我国城市化进程的不断推进，怎样通过司法手段高效、公平、合理地处理犯罪问题，进而实现法律与人的和谐性，最终使得"鱼和熊掌兼得"的愿景得以实现，是目前急需解决的关键问题。

（三）从实践困境到理论困境：悔罪研究的理论难题

"为什么对悔罪者予以宽恕，因为犯罪人的悔罪具有惩罚所没有的功能。另外，法律对犯罪人悔罪的承认有助于犯罪人的改造，并体现出法律正义的强大力度，因为只有强者才有可能宽恕弱者。"[2] 有关认定悔罪表现而实现量刑减让的司法上的实践，在我国刑事改革大潮中得到了大众的肯定，正在有序地推进着；在理论方面，有关悔罪因素的研究分析已经进入了一个非常

---

[1] 参见[德]弗兰茨·冯·李斯特：《刑法的目的观念》，丁小春译，赵丹校，转引自邱兴隆：《比较刑法：第2卷》，中国检察出版社2004年版，第354页。

[2] 胡嘉金：《恢复性司法——以和谐社会为语境》，吉林大学出版社2009年版，第65页。

活跃的时期。理论上来讲,结合已有法律的规定不难发现悔罪与现代刑事实体法、程序法中所涉及的基本理念、原则等很多时候是非常矛盾的。鉴于此,首要任务是确立科学合理的悔罪理论体系,并在此基础上提出刑事制度构想。但是,我国刑法界一直以来,都是以犯罪理论价值为重点研究方面,有关于刑罚理论方面的探索比较匮乏。在相对较少的刑罚理论研究中,也主要是偏重刑罚目的、刑罚体系及刑罚制度研究,而对有关悔罪的研究则少之又少。有关研究文献,也多是在相关专题研究中对悔罪顺便作些简要探讨,而显得研究不够系统、全面与深入。使之与刑法学其他领域理论研究相比,明显呈现出其相当落后之窘境。本书将在以往研究成果的基础上,着力于"小题大做",试图挖掘、剖析和阐述悔罪的实质内涵、理论价值和现实意义,着眼于全景式的研究,力戒玄虚空疏,以期抛砖引玉,为我国刑事立法的完善作出相应的理论支持。这就是本书所要研究的"悔罪"。

二、悔罪问题的学术观点

(一)悔罪的概念界定

在我国刑法制度中,悔罪是不可或缺的一部分,几乎每个刑事案件中都或多或少会涉及这一情节。按照刑法的规定,案件是否可以适用缓刑、假释首先考虑的就是悔罪表现。对于司法实践来讲,量刑的酌定情节必不可少的就是悔罪表现。[1]在司法实践中,尽管悔罪有着非常重要的地位,不过它却没有清晰的定义。有研究者指出,悔罪没有被明确的进行界定,这导致法官在审理过程中对悔罪的认定与否存在较大的可操作空间,对这一问题需要展开进一步的研究。[2]也有研究者尝试对悔罪进行定义。如林红海认为,悔罪可以指犯罪分子犯罪后,对自己罪恶的悔恨表现;体现了犯罪分子犯罪后,相对犯罪前积极的思想变化,它是确认犯罪分子不再具有人身危险或社会危害性,或者人身危险或社会危害性较小的重要标志;是对犯罪分子从轻量刑的情节,它是一个重要的法律事实。[3]张明楷也提出,悔罪,就是犯罪人对

---

[1] 参见王立峰:"论悔罪",载《中国刑事法杂志》2006年第3期。
[2] 参见胡铭、冯姣:"认罪态度对法官判决影响的实证分析",载《江苏行政学院学报》2014年第2期。
[3] 参见林红海:"悔罪应作为法定从轻量刑情节",载《法学》1993年第6期。

其犯罪行为的悔恨，是其以后不会再一次进行同样的犯罪行为的重要信号。[1]笔者认为，林红海对悔罪概念的定义较为合理，能够作为本书研究的关键的参考依据。

(二) 悔罪研究与不足之处

国外关于悔罪研究中，中立化理论是较为有代表性的理论。它是由赛克斯与马茨阿（美国）两位学者提出，对于悔罪在实证研究方面具有十分深远的影响。中立化理论结合弗洛伊德心理分析防御机制指出了应关注犯罪对犯罪人所具有的意义，所以，被许多犯罪学者认定为犯罪心理学的一个分支。[2]中立化理论的中心思想是：对一个个体来讲，其对社会规范的遵守与否取决于他们是否有能力为其犯罪行为辩解。赛克斯认为，"个人会不自觉的为自己的罪行辩护，因此可能会歪曲事实，使真相变得模糊，这样一来自己形象就得到了保护，同时，也可以获得精神上的慰藉，让自己不再那么内疚"。[3] "很大一部分犯罪人的犯罪行为源于一个到目前为止都没被发现的、对防御犯罪机制的延伸。该种延伸形式，让犯罪人觉得其越轨行为是具备一定合理性的。"[4]赛克斯与马茨阿指出：按照中立化理论的相关内容，犯罪人一般会通过五种中立化技巧抵消来自于社会规范的束缚。五种中立化技巧指：①推卸责任，即我不是有意而为之的，我只是自制力太差没有忍不住而已；②不承认其为他人带来的伤害，即他们受到伤害并非因为我；③不承认被害人的存在，即他们是自找的，谁叫他们刚好在那个时间那个地点出现？谁叫他们穿着暴露？④责备掌权者，即大众仅仅盯着我的行为，想让我被判死刑，他们也是在间接杀人；⑤打感情牌或寻求权威，即我有不得已的苦衷，不单单是为了自己。而且实践表明，犯罪人的潜意识中对传统的规范与价值是表示认同的。但是，为了让自己犯罪后不那么自责与内疚，通过中立化的五种技巧让自己的认知发生了变化。[5]

---

[1] 参见张明楷："论犯罪后的态度对量刑的影响"，载《法学》2015年第2期。
[2] See Robert M. Bohm, *A Primer on Crime and Delinquency Theory*. Belmont, CA: Wadsworth, 2001.
[3] Gresham M. Sykes, *Grime and Society*, New York: Random House, 1956, p. 258.
[4] Gresham M. Sykes, "David Matza. Techniques of Neutralization: A Theory of Delinquency", *American Sociological Review*, Vol. 22, 1957, pp. 664-670.
[5] See Greshem M. Sykes, David Matza, "Techniques of Neutralization: A Theory of Delinquency", *American Sociological Review*, Vol. 22, 1957, pp. 664-670.

此外，因为悔罪其实更多的是一种主观心态，因此心理学领域中关于悔罪的研究相较法学界更为丰富。在心理学界，研究者们也对后悔做了大量的研究，并对它下了各种各样的定义。在这些众多定义中，Landman 和 Zeelenberg 的定义最流行。Landman 把后悔定义为是一种对自己或他人的不幸、局限、损失、罪过、不足、犯错，由于遗憾而或多或少令人痛苦的认知和情绪状态。这个定义看起来似乎与我们生活体验颇为吻合，但它包含的方面又似乎太广，未反映出后悔的真正实质。相对而言，Zeelenberg 的定义比较全面合理，认为当个体认识到或者想象出如果先前采取其他行为，其结果会更好时，后悔情绪就会产生了。在这里他特意强调了后悔产生的两种不同的情况：一种是个体了解到采取其他行为的结果；而另一种则是个体想象推测出其他行为的结果。"尽管对后悔的定义有所不同，但随着 20 世纪 80 年代以来心理学界对反事实思维（Counterfactual thinking）的研究深入，人们已经有一个普遍的共识：后悔是一种基于认知的情绪，更确切地说，后悔是基于对不利或相对不利行为结果的反事实思维而引起的一种复杂的负性情绪。"[1]

现在，国内在悔罪方面的研究依然停滞不前。如笔者在中国知网（CNKI）以"悔罪"为篇名关键词进行搜索，发现仅有 42 篇论文以及 72 份报纸报道，以此为专题的会议只有 2 个，硕博士论文中也只有 5 篇硕士论文有相关研究，目前还没有博士论文涉及该方面的研究。以"Repentance"进行检索，也只发现了 96 篇相关外文资料，其中还有很大一部分是关于宗教或心理学领域中悔罪的探讨，而非刑法中的悔罪问题研究。

虽然与悔罪直接或紧密相关的研究成果少见，但是相关研究者的探索依然是本书研究的重要基础。在这些研究中，具有典型意义的研究及研究内容如下：王立峰认为，悔罪从本质上讲，其实是犯罪人对其犯罪行为的一种反省程度的体现，是他们道德观念激发的内心的悔恨与自责，最终体现的是人的良知；通常情况下，话语是悔罪最重要的表现形式；悔罪主要包括强制悔罪、自愿悔罪两种形式，前者是必须向被害人表达，后者则不仅能向被害人表达，还能向司法机关表达。"悔罪的话语内容主要有：①承认犯罪行为已经发生；②承认自己的行为构成了犯罪；③承认自己对犯罪行为负有法律责任；

---

[1] 索涛等："后悔的认知机制和神经基础"，载《心理科学进展》2009 年第 2 期。

④表示悔过和悔恨;⑤保证将来不再犯罪。"[1]林海峰则尝试对悔罪的概念进行定义,研究了怎样才能更合理的认定悔罪,论证了悔罪作为法定从轻量刑情节其条件是否充分。相关最新的研究中,胡铭与冯姣在综合分析北大法宝数据库中涉及认罪态度的234个评析案例之后,得出结论:这些案例中被告人被认定为认罪态度较好的判决书中,认罪态度好的标准大致有以下几种情况:如实讲述犯罪经过、及时退回赃物、有悔罪表现、主动赔偿被害人损失等。如实讲述犯罪经过占比为34%,居于首位;悔罪占比33%,与如实讲述犯罪经过相差1%,位居第二;积极退赃与积极赔偿占比都是15%,其他情况合计大约占比2%。他们进一步提出,悔罪态度这一标准较为模糊,但其占比明显多于积极赔偿与积极退赃。因此,需要对司法实践中的案例进行更多的分析与探究,以便对悔罪态度展开更可靠的实证研究,从而慢慢找出更加明确、具体的参考标准。[2]

三、悔罪问题的争议及其焦点

(一)酌定情节与法定情节:悔罪的定位

在我国《刑法》第67条中有提及"悔罪"一词的表现形式,但是在其他司法解释中却非常罕见,不过在实际案件审理中,所有的刑事案件都或多或少的会涉及到悔罪情节。而且在司法实践中,它已经是从轻量刑的合理根据了。在我国刑法立法中,悔罪的形式只涉及到坦白、立功、自首,除此之外的悔罪情形,法律并没有进行具体的规定。其他悔罪表现是否能够最终作为酌定量刑情节,从而对犯罪者从轻处罚,通常是司法人员按照司法规定以及自身的审案经验进行合理判断,直接导致了悔罪表现类型的认定标准难以统一,如很大一部分地方法院在审理案件时不会考虑犯罪人向被害人表现出的悔恨。本身就是一种心理状态的悔罪,很难有完全统一的认定标准,因而司法人员也只有通过观察犯罪人的表现、行为来判断其悔罪的心理是否是真实存在的。在现有的刑事法律中,悔罪并没有明确、具体的分类、规定,这无

---

[1] 王立峰:"论悔罪",载《中国刑事法杂志》2006年第3期。
[2] 参见胡铭、冯姣:"认罪态度对法官判决影响的实证分析",载《江苏行政学院学报》2014年第2期。

疑进一步增加了悔罪的认定难度。在案件的量刑过程中,每一种悔罪形式的认定都对案件的审理意义非凡,不可缺少。

严格意义上坦白是于2011年被正式写入《刑法》的,此后其作为法定量刑情节,与自首、立功具有了同样的地位。此前,现行《刑法》并没有明确规定严格意义上的坦白行为,它也很少出现在司法文件中,只有相关的刑事政策中提到了对于有坦白情节的犯罪行为人给予从宽处理。在众多悔罪情节中坦白行为属于其中重要的一种,对于司法实践活动意义重大。由于对坦白行为没有进行明确的法律规定,因此在司法实践活动中即使想对有坦白情节的犯罪行为人从宽处理,也因没有相应的法律依据,从而使得行为人无法获得从宽处罚的机会,这对于鼓励犯罪人进行悔罪产生了不利影响,同时也妨碍了实现最佳司法效果。此外,还有一些其他悔罪情节刑法也未进行明确规定,但这些情节对鼓励犯罪人积极悔罪也能起到重要的促进作用,某些情况下还能起到减轻损害或安抚被害人的作用,从而维护社会的稳定与和谐,同时还能起到节约司法资源的作用,但依据这些情节如何从轻量刑,法律却没有明确规定,这在一定程度上阻碍了中国刑事法律建设的进程。

我国刑法明确规定了悔罪是适用缓刑、减刑、假释的实质条件,但却没有明确规定其可以作为从轻量刑情节。在刑法总则中明确有规定的只包括自首、坦白及立功等,至于其他有关悔罪表现的规定大多是出现在司法解释中。刑法没有规定的悔罪表现却经常会被法官作为从轻量刑的依据,造成了裁判无依据的尴尬局面。

(二)责任刑与预防刑:悔罪立法的走向

刑罚之所以具有正当性,其重要依据有两方面:一是报应具有正当性;二是预防犯罪的目的是合理的。现在是法治社会,报应不是私人恩怨间的报复,而是刑法对犯罪行为人在有自主意识的情况下实施的犯罪行为的惩罚,这种惩罚是正义性的,[1]也是犯罪行为人在实施了犯罪行为后必须承担的法律后果。犯罪行为人负有责任是实施责任报应的前提条件,同时量刑的上限也必须在其应承担的责任之内。因此,报应刑即责任刑;预防刑则是为了实现预防犯罪目的而裁定的刑罚处罚。这两种刑罚之间存在一定的矛盾关

---

[1] 参见 [日] 松原芳博:《刑法总论》,日本评论社2013年版,第2~5页。

系。〔1〕比如说，某些罪行十分重大，然而对其进行预防的必要性却很小；反之，某些罪行相对比较轻，但对其进行预防的必要性却很大。针对这些情况，该怎样量刑？这就需要根据具体情况适用二律背反原则了。〔2〕

犯罪行为人在犯罪后实施的自首、立功及坦白等悔罪行为被刑法认定为法定的从宽处罚情节，因此这三种从宽处罚的情节是针对预防刑减刑而言的。这类情节不应当被限定为只适用于罪行较轻及中等的犯罪行为，同样也应该适用于罪行严重及特别严重的犯罪行为，否则就与刑法一贯倡导的精神相互矛盾了，也不符合进行刑罚处罚的目的。〔3〕最高人民法院在 2010 年年底颁布了《关于处理自首和立功若干具体问题的意见》，该意见指出："虽然具有自首或者立功情节，但犯罪情节特别恶劣、犯罪后果特别严重、被告人主观恶性深、人身危险性大，或者在犯罪前即为规避法律、逃避处罚而准备自首、立功的，可以不从宽处罚。"根据此规定，针对罪行特别严重的犯罪，即使犯罪人有悔罪情节，适用从宽处罚情节时也要严格进行限制或是不予适用。但这种规定的合理性却有待商榷。按照并合主义原则要求，对于罪行的轻重程度与特殊预防的必要性程度这两个概念必须进行严格区分：依据影响责任刑的情节来判断罪行的轻重程度；依据影响预防刑的情节来判断特殊预防的必要性程度。罪行的轻重程度与特殊预防的必要性程度之间不存在互相决定的关系。罪行重大并不意味着对其进行特殊预防的必要性就大，而对其进行特殊预防的必要性大并不等同于其罪行就大。因此，所有犯罪都应该能够适用减少预防刑的自首、立功及坦白等情节，对于罪行特别严重的犯罪，考虑其减少预防刑情节也必须以责任刑为前提。〔4〕

刑罚的教育作用究竟如何？一贯以具备教育改善功能自诩的自由刑，欲在封闭式强制性的环境中达成教育的目的，无异于缘木求鱼，非但刑罚的教育作用难以发挥，从复杂的犯罪心理角度来讲，希望通过刑罚发挥别的作用几乎是不可能实现的目标。不管是对于存在侥幸心理的预谋犯还是由于情感一时冲动的激情犯，刑罚几乎是起不到任何威慑作用的。因为某些行为人在情绪极为激动的情况下，是很难进行理智判断的，故而实施了犯罪行为，这

---

〔1〕 参见［日］松原芳博：《刑法总论》，日本评论社 2013 年版，第 2~5 页。
〔2〕 德国学者也称之为刑罚目的的二律背反（Antinomie der Strafzwecke）。
〔3〕 参见［日］松原芳博：《刑法总论》，日本评论社 2013 年版，第 2~5 页。
〔4〕 参见张明楷："论犯罪后的态度对量刑的影响"，载《法学杂志》2015 年第 2 期。

种情况下根本不会考虑会受到何种刑罚处罚。对于有预谋的犯罪,刑罚是无法提前阻止的,这是由于犯罪人存在能够逃避法律制裁的侥幸心理。[1]对基于宗教、道德、政治、艺术信仰而实施反社会行为的人,尤其出于非廉耻型的利他动机、希望改变社会阶级结构现状的确信犯,忠诚献身于所属社群的亚文化价值观念,其对于社会主流文化价值期待的规范意识明显钝化或缺失,对于这些犯罪人刑罚很难唤醒其规范意识,也很难发挥矫正改造的作用。对于刑罚的一般性预防作用,无论是基于威慑强制、消极的一般预防,还是维护法规范和法确信(试图培养人们忠诚于法规范)、积极的一般预防,一般预防"似乎仅是建立在一种'玄想'的基础上,建立在一种迎合一般法情感期待的玄想"。"如果刑罚果真能在社会大众心理上产生强制作用,已达到刑罚威吓效应,则法社会中必然会因刑罚的存在,而使得犯罪数量减少,乃至消失于无形,即所谓'刑期无刑'的理想境地。"[2]事实上,刑罚不断,犯罪不止,如此循环以至无穷,有时甚至出现刑不压罪的窘境,这是任何一个阶级社会都难以避免的逻辑怪圈。况且,一般预防只是在犯罪行为人所应承担罪责基础上考虑的次要量刑因素,过分强调刑法的一般预防作用,尤其是为了威吓一般人,而使犯罪行为人承担超过必要程度的刑罚,把犯罪行为人仅仅当成预防他人犯罪的工具与手段,不顾人的独立价值和人格尊严,忽视人的目的性存在,罔顾刑罚的正当性基础,一味注重严刑峻法的威慑效果,在对悔罪者的裁量时就极有可能偏离罪刑法定和罪刑均衡原则,违背刑罚的正义性,最终伤害国民的感情、动摇国民的信心,与现代法治的观念格格不入,一旦失控脱离法治轨道,更是容易使刑罚带来漫无节制乃至伤及无辜的严重后果。

(三) 悔罪与认罪关系的司法考察

悔罪与认罪在我国刑法条文及相关司法解释中多次出现,某些学者所持的观点是犯罪人进行认罪就说明其是诚心悔罪的,也能够说明其主观恶性不大。[3]就这种观点而言,他们认为认罪与悔罪之间存在包容关系,但这种认

---

[1] 参见〔英〕恩里科·菲利:《犯罪社会学》,郭建安译,中国人民公安大学出版社2004年版,第157页。

[2] 柯耀程:《变动中的刑法思想》,中国政法大学出版社2003年版,第379页。

[3] 参见孙瑜:《认罪案件审判程序研究》,对外经济贸易大学出版社2012年版,第12页。

识却是不对的,是误解了认罪与悔罪的关系。悔罪是对自己的罪恶存在悔恨心理,[1]而认罪是犯罪嫌疑人或被告人对于自己实施的行为承认其是犯罪行为。犯罪人只有先认识到自己的行为是不对的、也应该受到相应的处罚,在此基础上才有可能懊悔自己当初的行为,当时不应该如此行事。有了这种悔罪心理,犯罪人即使是再有机会也不会犯罪了。所以说,悔罪是以认罪为前提和基础的。

认罪和悔罪都属于内在情感的外在表达形式,就批判自己的否定性程度而言,悔罪比认罪更深刻。尽管,悔罪以认罪为基础,通常其也是对认罪的延伸,然而并不是所有认罪的犯罪人都会悔罪。认罪与悔罪有本质上的区别。犯罪人对自己犯罪行为的交代是认罪,对于自己的犯罪行为表示忏悔才是悔罪。有些犯罪人承认自己的罪行,认罪了,但是并不因此而感到后悔,反而有"杀之而后快"的心态。这种认罪不是悔罪的表现,而是犯罪人犯罪扭曲价值心态的表现,丝毫不后悔。这就说明认罪并不一定包含悔罪。而在司法实践中,有悔罪表现的犯罪人通常都会承认自己的罪行,并为之感到后悔,表现出要痛改前非的意愿。所以说悔罪是对认罪的延伸,表明犯罪人认识到了自己的错误,认罪态度较好。因为认罪态度好、有悔罪表现是犯罪人悔罪心态的体现,说明了其主观恶性已经有所减弱,所以司法实践中通常将此作为酌定从轻处罚的情节。

根据最高人民法院出台的《关于常见犯罪的量刑指导意见》(以下简称《量刑指导意见》),法官在对被告人进行量刑时享有一定的自由裁量权,通过综合考量多种因素,例如案件的性质、犯罪行为的严重程度及被告人的认罪程度及悔罪表现等,来决定是否对被告人从宽处理,如果裁定给予被告人减刑,所减的刑期也不能高于基准刑的10%。认罪态度的好坏程度影响到被告人是否能获得从宽处理及从宽的幅度大小。尽管"认罪态度好"可作为酌定量刑情节,但"认罪"本身却不能作为酌定量刑情节。被告人悔罪能够说明其认罪态度好,然而有些被告人承认了自己的罪行,但并不对此表示忏悔,这就是认罪态度不好。悔罪以认罪为前提和基础,自然认罪存在于悔罪之前,一般情况下会从认罪延伸到悔罪,但是也不能说被告人认罪了就必定会悔罪。

---

[1] 参见中国社会科学院语言研究所词典编辑室编:《现代汉语词典》,商务印书馆1996年版,第564页。

认罪是被告人判断自己的行为价值的过程，其评判标准为刑法规范，这也是社会的基本价值标准，尽管如此，不是每个人都能将社会的基本价值标准作为自己的行为标准。正因如此，司法实践中才会出现有些被告人只认罪不悔罪。一般而言，悔罪就意味着认罪态度好，然而被告人的悔罪心态并不能作为认罪获得从宽处罚的依据。由于认罪获得的量刑减让是有多方面原因的，本书则主要探讨因悔罪而发生的从宽情形。

第三节 刑法中悔罪问题的研究意义

一、刑法的严肃性要求对"悔罪"作准确理解

刑事立法的不确定与混乱势必影响司法适用。我国刑法中规定了一些的对犯罪行为人悔罪的奖励制度，悔罪因素对这些奖励制度的功能影响占据了相当大的一个比重。我国刑法理论并没有统一规定通行的悔罪现象，各种与悔罪相关的规定呈现零散的分布状态、未成体系。悔罪既出现在刑法总则与分则的相关规定中，也在定罪、量刑情节之中出现，甚至是行刑阶段也有较明显的体现。鉴于此，对悔罪在定罪、量刑、行刑等司法活动环节中的功能进行梳理分析是必要的。因此，正确地认识宽严相济刑事政策，合理采纳悔罪因素，才能公正地处理刑事案件，既能保证对被告人定罪量刑的正确性，也能有效化解社会矛盾与冲突，同时也有助于维护和谐的社会秩序。

在刑事法律语境里，正义的要求看起来是至高无上的。本书对于悔罪研究着眼于现行刑事法律制度没有明确统一地规定悔罪，关于对有悔罪表现的被告人减刑的规定也是不清晰的。在司法实践中，法官在量刑时通常会根据犯罪行为人的悔罪或悔改表现酌情对其从宽处罚；如果被告人拒绝悔罪则可能受到规定限度内较严重的惩罚。刑罚报应论规定，确定惩罚轻重的依据应该是犯罪人的犯罪行为，而非犯罪人的主观态度，简言之就是以罪行定惩罚。就此理论而言，犯罪行为人是否悔罪不在正义的考虑范围内。但刑罚改造论却是站在长远的角度看问题，此理论认为犯罪行为人的社会危害性及可改造程度可从其悔罪表现中体现出来，所以，将犯罪行为人的悔罪表现作为一个重要的考虑因素。现行法律中存在相互矛盾的规定：一方面，法律是用来惩罚犯罪行为的，并且要按罪定刑。这就意味着，法律惩罚的对象是犯罪行为

人的犯罪行为而非犯罪心理，其也是决定惩罚尺度的依据，也就是说惩罚与犯罪是对等交换的关系，体现了法律倡导的正义精神。另一方面，法律也规定，对于道德良知未泯灭、有悔罪表现的犯罪行为人的犯罪行为可以适度从宽处罚。这种情况下，惩罚与犯罪之间的交换是不对等的，也违背了法律的正义精神。此种从宽处罚的依据是犯罪行为人的悔罪表现而非犯罪行为。以上这两方面看似矛盾却各有各的道理，这里有一个问题需要思考：由于犯罪行为人有悔罪表现而对其犯罪行为从宽处罚，不考虑正义逻辑是否有别的合理依据存在？

二、刑法的体系性要求对"悔罪"作统一规定

刑事古典学派指出，犯罪行为人在精神上是自由的，他们能够自由选择是否实施犯罪行为。面对诱惑，人如果被欲望所控制就很容易犯罪，但人也可以控制欲望而避免犯罪。刑事社会学派的观点恰恰相反，他们认为人的意志是不受自己控制的，人们无法自主辨别与选择自己的行为。人相对于自然、社会机制而言，是渺小的，是被动的，也是没有自由的。恩里科·菲利指出，不管是诚实的还是不诚实的，是否与社会性一致，人类行为都会受到个人自然心理机制、生理状况及周边生活环境等多种因素的影响，也可以说是这些因素综合作用的结果。因此，他非常重视研究与犯罪有关的人类学因素，包括个人、自然及社会等方面的因素。[1] 刑事社会学派正确地揭示了与发生犯罪相关的社会方面的因素。不解决社会方面的问题，犯罪就不可能彻底被消除。重罚并不是解决犯罪问题的根本途径，合理的刑事政策对于控制犯罪来说是十分有效的。刑事立法与司法的核心内容就是刑事政策，同时要实现刑事法治也离不开刑事政策的规范与指导。宽严相济的刑事政策对于我国的司法审判工作而言具有重大的意义，因此在司法审判中必须严格遵守这一政策。[2] 要正确贯彻宽严相济的刑事政策，一方面必须按照法律的相关规定对犯罪行为进行严厉处罚，另一方面如果犯罪行为人有酌定从宽处罚情节的，也必须按照相关规定将其作为考虑因素，从而可以最大程度地降低犯罪行为人对社

---

[1] 参见［英］恩里科·菲利：《犯罪社会学》，郭建安译，中国人民公安大学出版社2004年版，第143页。

[2] 参见陈兴良："解读宽严相济的刑事政策"，载《光明日报》2006年11月28日。

会的敌视情绪，最大程度地降低其社会危害性。[1]对于宽严相济的刑事政策最高人民检察院是非常重视的，多次强调司法系统相关单位要认真贯彻。对于应当严惩的要按规定严惩，对于应当宽大处理的要按规定适度从宽，具体案情具体处理，同时要关注惩罚的法律效果。一方面，对于严重的刑事犯罪要坚持依法严厉进行打击；另一方面，对于某些轻微刑事案件，例如犯罪行为人是初次犯罪、因过失犯罪或主观恶性不大且犯罪情节轻微的未成年人犯罪，以及亲朋邻居间的纠纷案件等，应以教育转化为主，对其进行处罚时按规定酌情从宽处理，这样有利于维护社会的和谐稳定。对无逮捕必要的犯罪行为人，可依照相关法律规定不予逮捕。如果犯罪行为人的犯罪行为情节轻微，依法不需判刑或可以免除刑罚的，按照法律规定不起诉犯罪行为人。如果犯罪行为人是未成年人，要从教育、感化及挽救犯罪行为人的角度出发，同时在具体办案过程中要采用适合未成年人生理与心理特点的方式，这样才有利于对未成人的合法权益进行维护。[2]在我国诸多刑事政策中，宽严相济是非常重要的一项，在司法实践中必须严格执行并坚持贯彻该政策。刑法是为了预防犯罪而设立的法律，对犯罪行为人进行分化瓦解，从而最大程度地减少站在社会对立面的犯罪行为人，同时对于犯罪进行最大限度的预防，就是刑法的最主要的任务。刑法预防对有认罪悔罪情节的犯罪行为人来说需求不高。针对犯有相同罪的犯罪行为人来说，其中有悔罪表现的通常其社会危害性更低。从某种角度来看，犯罪预防也具有一定的艺术性，讲究技巧与尺度，对于不同类型的犯罪行为量刑需要把握好尺度。依据宽严相济刑事政策的规定，对于有认罪悔罪表现的犯罪行为人可以从宽处理，而且也是十分必要的。

　　法律的作用首先是规范，此外它还具有一定的社会作用。法律的社会作用主要包括对公共事务进行管理的作用与阶级性作用两个方面。[3]从国家层面讲，法律是政府实施管理的工具，对于社会中存在的矛盾通过相关的法律来化解、消除，从而实现维护社会秩序稳定的目的，这是每个时代的法律都必须承担的责任。犯罪行为人在承认自己的罪行后，又表现出了悔改的意愿。犯罪行为人悔罪表明其对于自己行为的错误性已经有充分认识，对于自己的

---

〔1〕参见田雨、胡锦武："肖扬：长期坚持严打，正确贯彻宽严相济刑事政策"，载http://news.sina.com.cn/0/2006-11-08/214910446956s.shtml，最后访问日期：2019年7月8日。

〔2〕参见曹建明：《最高人民检察院工作报告（2008）》《最高人民检察院工作报告（2009）》。

〔3〕参见周永坤：《法理学　全球视野》，法律出版社2000年版，第161页。

行为是非常后悔的。此外，对于给被害方造成的伤害，犯罪行为人也会感到抱歉，并希望得到被害方的谅解。就现实情况来看，在犯罪行为人真诚悔罪的情况下，被害方对其的怨恨程度会有所减弱，同时被害方一直紧绷的情绪也能有所缓解，从而被害方的报复心理会逐渐减弱。对于有认罪悔罪表现的犯罪行为人，被害方并不会用极端手段来对其进行惩罚。被害方和犯罪行为人之间的对抗性降低，有利于消除被害方对社会抱有的不满情绪，进而恢复良好的社会秩序。因此，犯罪行为人进行悔罪能够产生良好的社会影响，由此减少了对犯罪行为人的刑罚需求。对于刑事犯罪的犯罪行为人，如果其有悔罪表现应当按照从宽处理的刑事政策对其进行量刑，从现实角度讲，这也是与犯罪行为人进行斗争的迫切需要。

刑罚起源于古老而朴素的正义观，即行善的人应有好报，而作恶的人应得到惩罚。犯罪行为的直接法律后果就是刑罚，因此刑罚本身就包含了惩罚与报应的意思，其本质属性就是惩罚。然而如果只是将刑罚看作是对犯罪行为进行惩罚的手段，过分强调其惩罚性功能，势必会造成刑罚上的不公平，是对犯罪、责任与刑罚一致原则的违背，忽视刑罚对犯罪行为人进行教育改造的功能，过分强调其惩罚功能，势必会引发犯罪行为人甚至是社会普通大众的不满情绪，从而对社会稳定造成负面影响，同时也会使刑罚本身陷入报应主义的沼泽。从历史经验来看，刑罚越严苛政权反而越不稳定。不管是古典学派的绝对报应刑还是刑事实证学派的目的刑论，都可以看出刑罚只有在特定范围内用以预防犯罪才是正当的，其本身并没有任何实际意义。特殊预防论的主张是对犯罪行为人进行教育或改造，可以使其不再实施犯罪行为，这一主张深深影响了刑罚观念。当前世界各国普遍认同刑罚既有惩罚犯罪行为的功能也有教育改造犯罪人的功能，并且应当将这两种功能有机结合起来。正因为如此，对悔罪及其周边制度进行系统而深入的研究十分必要。

三、刑法的准确性要求对"悔罪"作严格界定

对现象、概念进行综合分析、判断及推理的认识过程即方法思路。就像黑格尔所言"科学知识的基础是内在的内容、内蕴（于万物）的理念，和它们激动精神的生命力……思维使得灵魂首先成为精神"[1]。对悔罪问题的研

---

[1] [德] 黑格尔：《小逻辑》，贺麟译，商务印书馆出版社1980年版，第12~13页。

究首先要有清晰的思路,从刑事司法实践中体现出的征状切入,对悔罪周边相关机制成立的相关理论基础及其构成要素进行综合分析、判断及推理,从而升华为对悔罪的认知。从法理学角度分析,对于有悔罪表现的犯罪行为人从宽处理,能同时满足法经济学与法文化学的要求。司法属于一种正义性的事业,但这并不意味着司法只能追求正义而不注重效益。西方法律谚语有云:"迟来的正义非正义",也就是说司法的目的是为了维护正义,但司法也必须重视效益问题。每个司法实践活动中,都会涉及到成本与效益的问题,司法事业从理性方面讲都是希望以最少的投入获得最多的司法收益。假使我们消耗了相当于一个大厦的资源却只为丢了一根香蕉的商人讨回公道,对于被害人个体来说,这种司法操作已经在最大程度上帮他实现了司法公正,但对于社会与国家来说,投入与产出是不对等的,得不偿失,[1] 从某个角度来说反而成为了最大的不公正。刑法是为了预防犯罪而设立的法律,但恩里科·菲利却认为,有社会就必然会有犯罪,犯罪是伴随人类社会而产生的。[2] 犯罪是在阶级社会的固有产物,只要这种社会形态存在就会有犯罪。解决犯罪问题的整个过程需要投入大量的人力、物力及财力,这也是与犯罪行为作斗争的过程。也就是说,要想有效控制违法犯罪行为,必须付出相当的人力、物力及财力,这就是代价。当前,如何在降低刑事司法成本的同时提高刑法的效益是业内人士普遍比较关心的一个问题。如果犯罪行为人有悔罪表现,就说明他对自己行为的错误性有了充分的认识,并对自己的错误行为抱有悔意,从现实上来讲其再犯罪的可能性是微乎其微的,就预防犯罪目的而言对其从宽处理便可达到。反过来,如果犯罪行为人有悔罪表现,还对其从严处理,不但存在量刑过重的嫌疑,甚至有可能引起犯罪行为人更激烈的反抗,这样反而达不到刑罚的目的。因此,就经济效益而言,在多种刑法处理方式中,从宽处理有悔罪情节的犯罪行为人是效益最大的一种。此外,法文化学也是悔罪从宽的最有力的依据。以基督教为例,其提出人生来有罪的观点,基督教《圣经》中的相关内容正是西方社会罪感文化与意识的来源。奥古斯丁认为:在上帝面前没有一个人是纯洁无罪的,即使是只出生一天的婴儿,人人

---

[1] 参见钱弘道:《法律的经济分析》,清华大学出版社2006年版,第250页。
[2] 参见[英]恩里科·菲利:《犯罪社会学》,郭建安译,中国人民公安大学出版社2004年版,第164页。

都有罪，一生都有罪。[1] 人类因为生而有罪，所以只有进行忏悔才能得到拯救而脱离苦海。要想达到宽宥与原谅，就必须先进行悔罪。宗教观念能在一定程度上体现社会观念，有一种在社会中广为流传的古老的自然观念，正是通过这种宗教观念表现出来的，即社会对能够承认自己罪行并真心悔过的人是宽容的，对于他们以前犯下的罪也能在一定程度上原谅，前提是他们必须诚心悔改。[2] 在法学领域运用这种宗教观念，就是对于承认自己罪行并诚心悔悟的犯罪行为人，刑罚方面应从宽处理。他们表现出较强的改过自新的愿望，对于其犯罪行为应予以一定程度上的从宽处理。也就是说，悔罪从宽的刑法观念有充足的理论支撑，站在经济学、哲学或是刑事政策以及社会学和传统刑事法律等多个角度，都能够找到悔罪从宽的依据。从这一点可以发现，悔罪从宽应当作为一项基础的社会意念，成为社会运作的正常规则，形成一种社会常识。想要刑法典更加完善合理，应当在现实社会的基础上对其进行剖析和补充，作为适用于人民的刑法典，它自然要以民众的需求为基础。所以，刑法当中的悔罪制度应当在社会基础上更加科学化、固定化、制度化，这一点对于一部合理的刑法典来说是一项基本要求。

第四节　刑法中悔罪研究的创新点

应该说目前国内外关于认罪的研究是十分火热的，但是关于悔罪的研究不敢说是空白地带，至少也是刑法领域的薄弱环节，相关研究成果较少。本书在中国知网（CNKI）以"悔罪"篇名为关键词进行搜索，发现仅有42篇论文以及72份报纸报道，以此为专题召开的会议也只有2个。硕博士论文中也只有5篇硕士论文，尚无博士论文就此论题展开研究。以"Repentance"进行检索，也只发现了96篇相关外文资料，其中还有很大一部分是关于宗教意义上的悔罪的探讨，而非刑法中的悔罪问题研究。而且这是涉及主观心理状态的研究，因此研究较有难度。

"为什么对悔罪者予以宽恕，由于犯罪人的悔罪可以实现惩罚所不能实现的效果。再加上犯罪人悔罪是受到法律认可的，这对犯罪人的后期改造是一

---

[1] 参见邱国梁：《犯罪学》，上海社会科学院出版社1989年版，第21页。
[2] 参见王立峰："论悔罪"，载《中国刑事法杂志》2006年第3期。

项积极因素,还能够展现出法律的正义性,只有强者才会对弱者产生宽恕之心。"[1] 有关认定悔罪表现而实现量刑减让的司法实践在我国刑事司法改革的趋势之下方兴未艾,正在持续推进,表面上,我国在认罪悔罪方面的问题已经由无人问津进入到积极探讨时期,但实际上,悔罪制度却和我国当前的刑事实体法、程序法的基本原理、理念、规则等多方面在一定程度上都存在不协调之处。鉴于此,首要任务应是确立科学合理的悔罪理论体系,并在此基础上提出刑事制度构想,但令人遗憾的是,我国刑法界长期以来,着重犯罪理论研究,而对刑罚理论研究相对较少。在相对较少的刑法理论研究中,也主要是偏重刑罚目的、刑罚体系及刑罚制度研究,而对有关悔罪的研究则少之又少。有关研究文献,也多是在相关专题研究中对悔罪顺便作些简要探讨,而显得研究不够系统、全面与深入。使之与刑法学其他领域理论研究相比,明显呈现出相当落后之窘境。

一、研究视角上的创新

纵观学界对于此问题的研究可以发现,对"认罪认罚"问题的研究可谓浩如烟海,但是从"悔罪"的角度研究刑法问题的却并不多见,即使在现有的文献资料中,更多的学者从程序法的角度阐述了悔罪的表现形式,但是有关准确认识悔罪、悔罪如何影响刑事司法程序以及在多大程度上影响等问题鲜有作者论及,虽有个别学者从刑法学角度阐述了悔罪行为的刑法意义等,但是较为系统地将悔罪因素与定罪、量刑、行刑等问题结合起来研究的则是凤毛麟角。故本书系统地研究了悔罪因素之于刑事立法、司法等阶段的影响及其程度,同时结合当前我国刑事司法实践的具体案例,采用了相对合理主义的研究方法,在关注悔罪问题本身的同时,也关注制度与运行环境的适应性和现实情况的协调性。本书在以往研究成果的基础上,着力于"小题大做",试图挖掘、剖析和阐述其实质内涵、理论价值和现实意义,着眼于全景式的研究,力戒玄虚空疏,以期抛砖引玉,为我国刑事立法的完善作出相应的理论支持。这就是本书希望达成的创新之处,主要表现在以下三个方面:

第一,紧密结合刑法实践,从立法、司法、行刑等全过程地梳理刑法中的悔罪问题。

---

[1] 胡嘉金:《恢复性司法——以和谐社会为语境》,吉林大学出版社2009年版,第65页。

第二，对悔罪概念进行较为深入的研究和分析，挖掘出定罪中的悔罪问题。

第三，努力填补刑法对于悔罪的研究空白、薄弱环节。

二、研究范式上的创新

本书综合运用了概念分析法、比较研究法、案例分析法及实证分析法等方法研究悔罪的问题，有机地将悔罪因素与刑法理论和司法实践结合起来，具有非常重要的理论与现实意义。同时本书也运用刑事一体化的研究范式，将刑法学、刑事诉讼法学、刑事政策学、犯罪学、社会学等学科融入到悔罪的研究中来，从多学科角度论证了悔罪从宽激励机制的理论可行性和现实合理性。

（一）比较研究法

比较方能见长短，进而取人之长，补己之短，同时有助于发现问题。本书花了较大篇幅介绍国内外悔罪研究的现状及意义，为比较研究进行资料铺垫。在其后的章节中，也将认罪与悔罪、刑事和解与悔罪、社区矫正与悔罪之间差异进行比较研究，区分我国刑法理论以及具体刑事政策中若干概念的细微区分。

（二）案例研究法

正如英国大法官霍姆斯所说，"法律的生命不在于逻辑，而在于经验"，司法案例即是这种经验的体现，是活的法律。我国虽不是判例法国家，生效判决无法对其后案件产生约束力，但是我国正在推行的案例指导制度也证明了判决对于之后案件的影响力。本书从中国裁判文书网，设置检索条件案件类型为"刑事案件"，全文检索和理由为"悔罪"，案由为"刑事案由"，在一审审判程序中共找到 800 400 个结果，在二审审判程序中共找到 33 721 个结果，在复核程序中共找到 520 个结果，在刑罚变更程序中共找到 229 102 个结果。这充分说明悔罪在刑事司法程序中占据十分重要的地位，在司法实践中被大量适用。本书引用最高人民法院和最高人民检察院的指导性案例以及社会热议的争议性案例，通过对这些案例的比较分析来研究"悔罪"在刑法中存在的问题。

(三) 概念分析法

困难始于界说,但是"对任何问题的系统讨论都应该从对它的界定开始,以便了解究竟就什么问题进行讨论"[1]。本书阐述了悔罪的概念,为刑法中悔罪问题的研究确立了讨论前提,对于本书的核心概念进行了系统界定,为改变我国刑法条文中关于悔罪问题表述的混乱现状奠定了基础。

(四) 实证分析法

现代实证主义的哲学奠基人奥古斯丁·孔德对人类的思想进化进行划分,总结为以下三个阶段:神学阶段为第一阶段,在这一阶段,人们将所有现象解释为神学和超自然的原因;形而上学是人类思想进化的第二个阶段,在这一时期,思想在事物表象之下的本质和理念影响下而有所变化,这一时期人们认为人类进化的驱动力也正是事物表象下的真正原则;最后是实证阶段,人们基于自然科学方式的基础,开始只关注事实联系和经验积累,而否定了哲学以及历史学的所有假设性理论。[2]实证研究作为一种研究范式,所推崇的原则是科学结论的客观性和普遍性,要求知识要以观察及事实实践为基础,通过观察道德信息和实践的具体过程,来证明一项结论,并且在同等的条件下,这项结论还应当具备可证性。是在大量的观察数据和实践经验基础上得到客观信息,从个别到一般,将事物的内在涵义及发展特性进行总结的一种探究方法。[3]

根据以上原则,本书在论证刑法中的悔罪问题时采用了实证研究方法,对于上海地区社区服刑人员的悔罪程度及影响因素进行实证研究,试图运用科学客观的结论倒推悔罪因素对于整个刑事司法程序的影响,以确立悔罪研究的价值和意义。

---

[1] [古罗马] 西塞罗:《论义务》,王焕生译,中国政法大学出版社1993年版,第11页。

[2] 参见 [美] E. 博登海默:《法理学 法律哲学与法律方法》,邓正来译,中国政法大学出版社1998年版,第114页。

[3] 参见曾毅平、杜宝莲:"修辞学实证研究的意义和方法",载《修辞学习》2004年第3期。

刑法悔罪的基本概念

悔罪意识的产生，早在"悔"字出现以前。无论是在中国历史发展的长河里，抑或在西方文化流传的过程中，悔罪思想的历史都是源远流长的。探寻其发展历史、发展路径，这对于现阶段的悔罪理论研究以及刑事法律制度体系的进一步完善，意义非凡，颇具研究价值。

（一）中国古代悔罪意识的源起

作为一个拥有五千年文明的国家，我国思想文化源远流长，历朝历代的悔罪思想各有特色。由于受到意识流形态的影响，悔罪在宗教和文化上的体现先于律法的产生。悔罪最初的表现形式是一种宗教仪式，诵经拜忏，向神佛表示悔过以求宽恕。古人于春秋两季在水边举行祈福仪式，名曰祓禊。这种习俗是原始宗教的遗存，以敬拜神佛的形式保存了原始人类的敬神悔罪观念，是为了消除身上的罪秽以获得神灵的庇护。这是远古人类各族群非常普遍的仪式，他们意识到自身的罪孽，期望能通过向神灵悔罪的仪式获得解脱。《左传·庄公十一年》曰："禹、汤罪己，其兴也悖焉，桀、纣罪人，其亡也忽焉。"从这个历史典故中就可见中国古代先民的悔罪意识，明确自己犯错后就需要及时悔过。正如儒家思想中的"内圣外王"，这里的内省就是我国悔罪意识的萌芽。司马迁《史记·廉颇蔺相如列传》中记载有"负荆请罪"，也是悔罪意识影响下的行为。

我国的诉讼法由古至今经历了长期的演变也留存了大量的司法经验，比如"明德慎刑"以及便民诉讼和"德主刑辅"等多项司法制度，另外，在审判的过程中也逐步形成了自首免罪或从轻、赎刑等多种制度，以上种种历史刑罚制度都和当前阶段的司法有紧密联系，当前司法的发展和完善应当以此为基础。在自首制度的起源上，《尚书·康诰》："既道极厥辜，时乃不可杀。"[1]《蔡传》解释为在实施犯罪行为之后："既自称道，不敢隐匿，罪虽大时，乃不可杀。"[2] 说明了犯罪行为人自首的，表明其悔罪的态度，罪过虽大，也应当减轻处罚。可见，中国古代的自首制度是确立于秦汉时期，并在唐朝的《唐律疏议》中得以完善细化：对自首作了详细的划分，分为"自首""捕首""自觉举"等形式。自首是犯罪行为人表现悔罪意识而实施的行为，自首制度已是当代世界各国刑事法律中不可缺失的制度形式，这是悔罪制度中最核心的制度体现。

赎刑制度是伴随着中国刑罚几千年的发展历程而得以不断修改与完善的制度，作为刑罚的替代方式的赎刑长期以来评价褒贬不一，但其所表现出的恤刑精神价值取向弥补了司法的缺陷。从原始社会开始就有了赎刑的概念，《尚书·舜典》当中的"金作赎刑"指的是用财物赎罪，这就是最早关于赎罪和赔偿的文字记录。历代都有赎刑，但制度不尽相同。大体来说，五刑之中，上自死刑，下到杖、笞，都可以赎，赎金的数量有具体规定。赎罪的财物，上古用铜；西汉用黄金，有时候用钱；东汉用缣；魏晋以后多用绢。隋代复古，又改用铜。唐、宋沿用隋制。元代用钞，明清用铜钱。司马迁在《报任安书》中说："家贫，货赂不足以自赎"，因此被宫刑。[3] 可见赎刑的得益者多为有权势者，赎刑的方式也相对单一。作为具体刑罚执行替代方式的赎刑在中国历史上存续了几千年，虽然不乏对其的批判之声，但其蕴涵了人道主义刑罚价值和作为刑罚执行替代方式的制度性设计，值得悔罪制度参鉴。刑罚的本质问题就是价值取向，人类文明与刑罚的价值取向有极大的关联性，在维护社会安全的名义下，对罪犯进行惩罚，从而弥补犯罪行为人的犯罪事实对社会造成的负面影响，这通常被用来说明刑罚的必要性，同时，通过对犯罪行为人进行惩罚，为其带来痛苦，来警告犯罪行为人不可再次犯罪，对其他人也是一种震慑。在这种报复论价值视阈下，犯罪行为人的尊严往往被无视。随着人类文明的进步，现代刑罚应当从报复论逐渐转变为以人的生命和价值为主，将其作为现代刑罚的中心思想，对人的尊严和生命有更

---

[1] 李昌道主编：《中国法制史》，上海人民出版社 2000 年版，第 57 页。
[2] 李昌道主编：《中国法制史》，上海人民出版社 2000 年版，第 58 页。
[3] 参见胡高飞："中国传统赎刑及其启示"，载《求索》2008 年第 3 期。

高的重视度，刑罚不再以报复犯罪行为人为目的，而是逐渐转变为恢复受犯罪事实所破坏的社会秩序，对犯罪行为人进行教育，使其产生悔过心理，降低其人身危险性，最终使其得以回归社会。

(二) 西方社会悔罪意识的演进

在基督文明当中罪论和律法是相结合的，基督文明中的人们对法律的认可度是受法律在原罪理论当中的地位影响而产生变化的。因此，宗教在很大的程度上也影响着刑罚的理论本源。原始社会最初认为罪恶是一种团体传染，认为"若犯罪者不受报复的苦痛，团体就要受到损害，这是一种传染理想。这理想根据一种信仰而来，就是说，除非那已经传染的人消灭存在，那团体的全部将继续受到痛苦"[1]。而当基督教流行到罗马帝国的时候，前面所描写的个人对于罪恶负责的观念，以及刑罚的悔罪及赎罪目的，在刑罚理论方面已经输入了一种对于犯罪及罪犯有"主观态度"的可能性。假定刑罚可用以使犯人悔过，那么不但有赎罪及儆戒的目的，而且还有感化的目的。此后悔罪本身竟逐渐成为一种目的，就是以赎罪来恢复被犯罪所扰乱的道德平衡状态。

欧洲中世纪阶段，教会已经拥有了完整、独立的立法体系。教会的刑罚有非常强烈的宗教特点，不过也有独到的完善性和先进性。"如果对教会当中的惩罚和惩罚的方式——公开忏悔进行深入的了解，可以发现，教会立法体系中的惩罚以激发犯罪行为人内心深处的悔罪之心为目的，在惩罚行为中，让旁观者直观地感受到思想压力。与之相结合的还有赎罪心理。赎罪与惩罚两种观念是否可以单独成立，这一点有待确定，但除了使犯罪行为人对自己的犯罪行为有悔过之心和对旁观者起到震慑作用以外，在惩罚系统中，还有哪一种赎罪需求是非常必要的？不过如果不考虑这一问题，可以明确的是，在整个教会立法的体系当中，悔罪制度的最终目的就是使罪犯悔悟，使旁观者畏惧。这也契合了真正意义上明达立法的目的，当今最权威的法学家和20世纪最开明的法学家实际上都在以这些原则为基础，提议对欧洲的刑事法规进行改革。"[2]在定罪量刑上，教会法学家主张教育刑，在这种思想之下，针对

---

[1] [美] 约翰·列维斯·齐林：《犯罪学及刑罚学》，查良鉴译，中国政法大学出版社2003年版，第332页。

[2] [法] 基佐：《欧洲文明史 自罗马帝国败落起到法国革命》，程洪达、沅芷译，商务印书馆出版1998年版。

犯罪而作出的惩罚并不属于报复的性质，这种惩罚只是为了使受到犯罪破坏的社会秩序得到修复，而采取的一种必要的惩罚手段，在对犯罪行为人进行处罚时，主要目的是想要对其进行思想的净化，使其产生真正的悔罪意识。教会法的主张与此类似，也是以人道主义为基础，提出使用囚禁的方式让犯罪行为人自我反省，改过自新，以上均属于以对犯罪行为人进行思想感化和道德校正为基础，强调犯罪行为人悔过自新的思想，对近代刑罚思想产生了重要影响，也可以说其是教育刑的理论基础。[1]

第一节　悔罪的含义及定位

在对悔罪进行研究的整个过程中，悔罪概念的界定是贯穿始终的基点，不过相较于当今在量刑方面的大量研究来说，无论是在理论上还是在具体的实践中，悔罪这个基础的概念并未受到足够的关注，这也可能是因为人们普遍认为对悔罪概念的认识已有一定的基础并为人们熟知，无需再进行深入研究。但"熟知并非真知，哲学的爱智，就是追问和反思人们所熟知的问题，并在追问和反思中寻求真知"[2]，在人们的思想意识中，对于习以为然的事情很少去深入思考和探究，真正会去探究的基本都是一些生僻、不理解的问题，想要对这类问题有更多的了解，却忽视了对于常见的概念，到底是不是已经理解到位。如果没有做到彻底明白一个常见的概念，那么这也是一种非常尴尬和讽刺的现象，正如当前的悔罪概念。

一、悔罪的含义

（一）语言学中的悔罪含义

1. 悔

在"悔"字出现之前就已经有了悔过意识。通过"禹、汤罪己，其兴也悖焉，桀、纣罪人，其亡也忽焉"[3]这句古文即可发现，远古时期，人类已

---

[1] 参见张培田主编：《外国法律制度史》，人民出版社2005年版，第120页。
[2] 孙正聿：《哲学通论》，复旦大学出版社2011年版，第4~5页。
[3] 见于《左传·庄公十一年》，又见于《新唐书·卷一百一十五》。

经有初步的认识,一旦犯错就应该忏悔或者悔过。翻阅古籍,发现悔有多重解释。第一,是指悔恨或懊悔。形声,从心旁,每声。说明悔这个字与心理状态相关。比如我们常说的悔过自新,"剑南有光火盗,夜掠人,昼伏山谷。元常喻以恩信,约悔过自新"[1]"悔,恨也"[2]"悔不杀汤于夏台"[3],这都是作为悔恨或懊悔的表现形式。第二,是指过失或灾祸。"庶无罪悔"[4]中的悔正是过失过错,谁能无过?而在"悔吝者言乎其小疵也"[5]中,悔吝是指的灾祸。第三,是指厄运或者坏运气,譬如"悔气",又作"晦气"。

本书中的悔罪所取的意思正是第一种解释,悔恨或者懊悔,即对于自己犯下的过错、罪行有悔悟之心。

2. 悔罪

罪,即罪过;犯法的行为。《诗经·大雅·生民》:"后稷肇祀,庶无罪悔,以迄于今。"郑笺曰:"后稷祀上帝於郊,而天下众民咸得其所,无有罪过也。"[6]可见,本书的罪所取的意思便是罪过,犯法的行为。第一,是已经发生的行为,而不是意念上的罪行,不是还未着手实施的行为。第二,是自己实施的行为,而非别人犯下的罪行。

悔罪,指悔恨自己的罪过。语出唐朝欧阳詹《南涧寺上方石像诗》:"可以礼足而悔罪,寄影以安乐",指悔恨自己的罪过。《警世通言·金令史美婢酬秀童》:"你奏章中全无悔罪之言,多是自夸之语。"《清史稿·诸王传一·尚善》:"圣朝宽大,如输诚悔罪,应许自新,毋蹈公孙述、彭宠故辙,赤族湛身,为世大僇。"[7]

从悔罪的说文解字中我们可以清晰地发现,悔罪不是悔未来之罪,肯定是已然之罪,而且是自己犯的罪,不是别人犯的罪。

(二)心理学语境中的悔罪含义

心理学领域关于悔罪的研究主要基于对于后悔情绪的研究。但对于"悔"

---

[1] 见于《新唐书·冯元常传》。
[2] 见于《说文》。
[3] 见于《淮南子·泛论》。
[4] 见于《诗·大雅·抑》。
[5] 见于《易·系辞》。
[6] 高潮、罗建石主编:《中国古代法学辞典》,南开大学出版社1989年版。
[7] 引自《汉典》。

的真正研究却起源于经济学领域。著名学者 Bell 提出经典的后悔理论（Regret Theory），他认为后悔作为一种特殊的情绪在决策中起了十分重要的作用，特别是人们为了尽可能避免当前的选择可能引发后悔（regret anticipation），总是努力使自己的行为决策趋于保守。将后悔定义为人们由于决策后实际获得的结果（what is）与其他更好的替代结果（what might have been）在价值上的差异诱发的负性情绪反应，这个操作定义在现今行为经济学和神经经济学研究中被广泛运用。"后悔是基于对不利或相对不利行为结果的反事实思维诱发的一种复杂的负性社会情绪，对我们日常生活的决策和身心健康具有重大的影响。与失望情绪相比，后悔在现象学、产生条件以及评价方式等方面具有明显的差异。后悔不仅会受到个体的行为方式、人格特征、归因等因素的影响，而且还受到结果信息属性的影响。"[1]

悔罪是一种复杂的心理现象，是基于认知评价而引发的社会情绪。这种情绪的发展是有过程的，其中也存在着一定的逻辑关系，这也是有助于我们进一步理解这一概念和深入进行研究的前提。

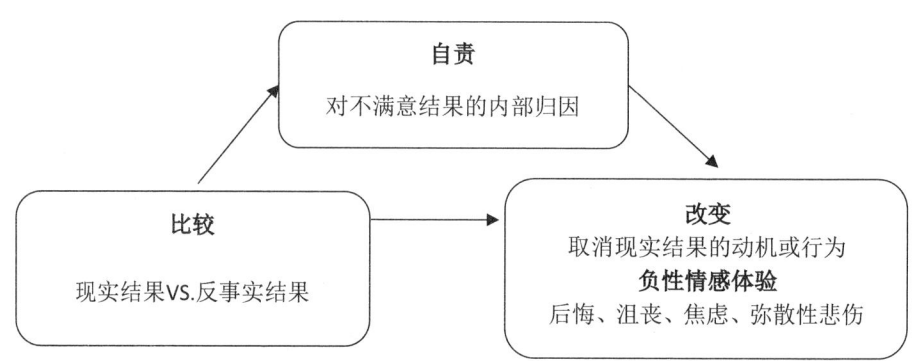

图 1　后悔的内部发展过程模型图

从图 1 的模型可以看出，悔罪的内在动因还是自责，也就意味着对于自己所犯过错或过失的后悔，也就是说自责是后悔产生的一个重要原因。悔罪产生的前提则是比较，这是涉及不同选择之间可能的结果之间的认知比较过程。改变则是悔罪的外在表现。悔罪的产生依赖于事实结果与反事实结果的比较以及现实结果的不理想状态，因而在这种后悔情绪出现后，人们则会产

---

[1] 索涛等："后悔的认知机制和神经基础"，载《心理科学进展》2009 年第 2 期。

生改变结果的行为或动机。悔罪的情绪会促使个体从过去行为中吸取经验，以避免在今后类似的事件中出现错误。

（三）刑法语境中的悔罪含义

人类习惯于概念的思维方式，概念也是人类的认识所得，概念的内涵与外延有较高的统一性，从而使主体可以准确把握规律，概念在不同的环境中有不同的定义，概念具有意义，同样需要置于特定的环境框架之内。[1]同样地，悔罪概念意义的赋予，也需要置于特定的框架中。

所谓悔罪，就是对自己所犯下的罪行进行忏悔，这种忏悔和悔过既有法律层面的解释也有道德层面的理解。道德层面的悔罪可能仅仅是停留在主观层面上的，是一种个人主观意识产生的情感，同时也是一种广义的悔罪，不过道德层面的悔罪和法律效果无关，所以，本书对道德层面的悔罪不做过多阐述。本书所要探讨的，是应当涵盖在刑法评价范畴内的法律视角下的悔罪，基于立法和司法的角度，对法律层面的悔罪赋予一定的法律概念。在我国刑事法律体系中，悔罪的重要性不言而喻，可以说在每个刑事案件当中，都会涉及到悔罪。在刑法中，能否符合假释和缓刑条件还要看其悔罪情况，也就是说，在司法实践中，悔罪表现是量刑的一个重要酌定情节。[2]尽管在我国司法实践当中会频繁涉及到悔罪，但目前我国司法中对悔罪却没有比较清晰的概念界定。曾有研究学者就提到过，对于什么是悔罪，当前没有一个明确清晰的概念可以说明，这就造成在具体的司法实践当中，法官对于悔罪拥有很大的裁量权，所以，对于悔罪问题应当展开具体研究。[3]也曾有学者对悔罪的概念进行研究，比如林红海曾提出，悔罪可以指犯罪分子犯罪后，对自己罪恶的悔恨表现；体现了犯罪分子犯罪后，相对犯罪前积极的思想变化，它是确认犯罪分子不再具有人身危险或社会危害性，或者人身危险或社会危害性较小的重要标志；是对犯罪分子从轻量刑的情节，它是一个重要的法律事实。[4]林红海对悔罪概念的阐述，可以当作本书研究的一项重要参考。

---

[1] 参见孙正聿：《哲学通论》，复旦大学出版社 2011 年版，第 39 页。
[2] 参见王立峰："论悔罪"，载《中国刑事法杂志》2006 年第 3 期。
[3] 参见胡铭、冯姣："认罪态度对法官判决影响的实证分析"，载《江苏行政学院学报》2014 年第 2 期。
[4] 参见林红海："悔罪应作为法定从轻量刑情节"，载《法学》1993 年第 6 期。

正是因为刑罚不仅是一种惩罚,还具有一定的教育性,所以犯罪行为人在经受刑罚后会有一定的悔罪心理。"将教育因素纳入到刑罚制度中之后,教育型刑罚所具备的感化改造作用就变成了刑罚理论的固定项。在刑罚和改造结合最终形成现代刑事法律制度以后,刑罚和感化改造因素则变得密不可分,通过整体思维来理解刑事法的运作,在刑罚制度中,改造成为了一项特殊因素。"[1]犯罪行为人在经受刑罚后会有悔罪心理同时也是因为犯罪行为人的自身的可矫正性。犯罪行为人和普通人一样有理性和道德标准,同时也有情感需求,对于外界的刺激,会产生一定的反应。从心理学角度来看,人的心理认知和思想意识并非一成不变的,在特定外在条件的影响下,犯罪行为人的反社会意识会受到矫正而产生相应改变,这和在不良环境之下原本守法者也可能沦落为犯罪者是一样的道理。

悔罪是犯罪行为人在悔罪心理的支配下实施的一定行为,体现犯罪行为人的主观恶性明确小于其他犯罪行为人,基于刑罚个别化与刑罚轻缓化的考虑,可以对之实施从宽处罚,使之弃恶扬善,重新回归社会。悔罪行为是犯罪行为人悔罪心理的外化,是主观态度的表现,它也是犯罪行为人自身危险性程度的一种体现。在刑事司法活动中,应当重视对犯罪行为人悔罪行为的认定。由于现行立法规定比较原则、笼统,因此实践中对于悔罪的具体含义的理解不尽一致。有人认为,行为人只要能交代自己的犯罪事实,就可以认为有悔罪表现而从轻处罚;也有人认为,悔罪表现是指行为人不仅能交代自己的犯罪事实,而且在罪后能够主动给予被害人适当赔偿;还有人认为,真正的悔罪首先是对自己的犯罪事实供认不讳,另外就是从内心深处感到后悔,并对司法机关的裁决表现出接受的诚心,此外还要有其他的实际行动,如积极采取补救措施防止危害结果的发生、积极退赃、退赔或者赔偿被害人等。

悔罪不是我国刑事立法中的专有名词,是一个颇具特色的法律概念。我国刑法条文中有关"悔罪"的表述,主要为悔罪表现、悔改表现。刑法条文中的悔罪,是狭义的悔罪概念,一般是指犯罪行为人在判决宣告以前,认识到自己的行为构成了犯罪,并为自己的犯罪行为给国家和人民的利益造成危害而懊悔,确有痛改前非的决心和实际行动。悔改,主要是指犯罪行为人在刑罚执行期间,认识到自己所实施的犯罪行为的社会危害性和所受刑罚的应

---

[1] 王利荣:《行刑法律机能研究》,法律出版社2001年版,第158页。

当性，并为自己的罪行而忏悔，确有接受教育改造的愿望和实际行动。一般来说，悔罪和悔改都是犯罪行为人不同程度的悔过表现，本书以刑事法律为视角，来研究悔罪。所谓刑事法律语境中的悔罪，是对上述两者的概称，是广义的悔罪概念，涵盖不同阶段的悔罪形态，泛指行为人在实施犯罪行为之后，对自己所犯罪行产生悔过心理，并实际表达悔过态度的行为。

从严格的意义上而言，悔罪包括四个层面的活动：一是犯罪行为人认识到自己的行为已经触犯法律，有认罪的前提；二是犯罪行为人由于良知的谴责对被侵害的客体产生真诚悔过的主观意识；三是这种悔过的主观意识通过实际的客观行为有效地反映出来；四是在刑罚的执行阶段，能够通过认真改造的行为表现出对所犯罪行的悔改之意。

二、悔罪的定位

（一）悔罪反映了人身危险性

悔罪悔的是已然之罪，因此悔罪是罪后产生的一种心态和情感行为。人身危险性是在决定论的基础上衍生而来的。加罗法洛是最早描述犯罪可能性概念的人，"犯罪人的自然倾向"就是其在《危险状态的标准》当中提到危险状态概念问题时，对犯罪人的犯罪可能性所作出的描述。[1]在后来刑事社会学、刑事人类学以及人格责任主义和社会防卫论等不同学派的深入剖析下，人身危险性概念得到了进一步的补充和完善。

李斯特是真正从刑法学角度来对人身危险性展开研究的学者，他以实证主义为基础，站在刑法学的高度来看近代学派思想，"行为人的人身危险性能够作为刑法惩罚的一项重要因素"，这是李斯特冠以人身危险性的观点之一，同时，他还认为"应受处罚的不是行为而是行为人"。根据他的观点来看，刑法是通过防止法益侵害来实现法益的保护，也就是说刑法是在剥夺犯罪人自由的基础上达成防止犯罪的效果。基于这样的目的，刑法就要根据反复犯罪的危险性大小来展开犯罪人的分类，比如对于偶犯和机会犯使用威吓刑和死刑等。[2]能够被改造的人是最为重要的一类，比如惯犯等，对于惯犯，要使

---

[1] 参见［意］加罗法洛：《犯罪学》，耿伟等译，中国大百科全书出版社1996年版，第94页。
[2] 参见宋伟卫："刑事一体化视野下的人身危险性研究"，吉林大学2009年硕士学位论文。

用定期刑进行改造，直到他们的人身危险性被彻底消除。刑法并不一定要在道德的基础上施行，而是以不危害他人为目的，进而展开的重返社会的改造。基于这一准则，刑罚本质与保安处分是非常类似的。将行为人的性格作为刑罚对象的情况下，在犯罪行为之前做预防性的科刑，是一种比较合理的方式。不过在未发生犯罪行为之前，则很难判定行为人的危险性格，如果将危险性格当作处罚缘由，则会涉及到侵犯人权的问题。刑法也有一定的防止个人受到国家权力侵害的保障功能，所以，可以科处刑罚的只能是犯罪的危险性在犯罪行为当中表现出的场合。[1] 对于基于意志决定论的主观主义、不定期刑以及新派刑法和犯罪征表说等理论，李斯特作出了详尽的总结。

第一，人身危险性与社会危害性的关系。人身危险性与社会危害性的界定对刑事司法中定罪与量刑的准确性与科学性有着非常重要的意义。社会危害性也就是一种会对社会秩序以及社会关系带来各种各样危害的事实特征。它是主观恶性与客观恶性的有机结合体。对于人身危险性以及社会危险性之间的关联性，国内学者存在着不同的观点。有学者认为，人身危险性，在犯罪特征的范围之内，同时还与社会危害性一样，是犯罪的本质特征。犯罪本质的二元论就是这样的观点。[2] 有学者将人身危险性判定为犯罪社会危害性中的必然因素，也是社会危害性当中的组成因素。[3] 也有学者通过定罪、量刑和行刑三个方面来说明人身危险性与社会危害性的关系。[4]

本书认为，以上观点中，第一种比较可取。人身危险性和社会危害性都属于犯罪的范畴，人身危险性是行为人的属性，属于未然之罪，而社会危害性是行为的属性，属于已然之罪，人身危险性显然不能被社会危害性所包含。从定罪、量刑、行刑三个方面分别去说明人身危险性与社会危害性的关系，固然比较直观。但是，不能从理论上说明为什么人身危险性能够对定罪、量刑、行刑有影响，俨然人身危险性是从天而降的。因此，只有从犯罪概念中去说明人身危险性，才能解释人身危险性为什么能成为定罪、量刑、行刑的依据。也就是，人身危险性涵括在犯罪的特征之中，并且与社会危害性相并列，是犯罪的本质特征。正因为人身危险性是犯罪的本质特征之一，而犯罪

---

[1] 参见［日］大谷实：《刑法总论》，黎宏译，法律出版社2003年版，第16页。
[2] 参见陈兴良：《刑法哲学》，中国政法大学出版社2004年版，第159页。
[3] 参见赵永红："论人身危险性在刑法中的定位"，载《法学评论》2002年第2期。
[4] 参见曲新久：《刑法的精神与范畴》，中国政法大学出版社2003年版，第227~237页。

构成又是建立在犯罪概念基础之上的，那么，犯罪构成也能体现人身危险性，因此，人身危险性就能够对定罪、量刑和行刑产生影响。犯罪构成要件当中的每项因素，都可以体现出犯罪的社会危害性以及犯罪人的人身危险性，这两种因素有较强的关联性，无法彻底分割开来。[1]

第二，悔罪与人身危险性。犯罪构成从某个角度来说也是犯罪人人身危险性的具体体现。但是，在犯罪构成中，社会危害性与人身危险性的地位是不同的，是一种制约与被制约的关系。在刑法领域，对犯罪的认定首先应该是对犯罪行为的评价，然后才是对犯罪人的评价。进一步说，某一行为到底能否被判定为犯罪行为，需要先对行为产生的社会危害性进行判断，之后再对行为人的人身危险性进行判定。一般而言，对行为的社会危害性程度的判断会出现三种结果：第一是行为的社会危害性明显超过犯罪所要求的社会危害性程度，在这种情况下，就可以认定行为构成犯罪，而对人身危险性的考察只是对犯罪人予以"类型化"。第二是行为的社会危害性处于罪与非罪的"临界点"上，此时，认定行为是否构成犯罪就需要继续对行为人的人身危险性进行考察。如果行为人没有人身危险性，那么就认定行为不构成犯罪；如果具有人身危险性，也不能认定行为构成犯罪。也即是在这种情况下，人身危险性只具有出罪的功能。第三是行为的社会危害性没有达到一定程度的社会危害性，在此种情况下就无需再考察行为人的人身危险性。

在本书看来，罪行既包括主观的，也包括客观的，主客观都有。行为和主观故意，都属于罪行。罪行是反映社会危害性的。罪行极其严重，罪行的社会危害性就极其严重，因此刑罚也就相应加重，这是就犯罪本身而言。例如前文所提到的药家鑫案件，罪行极其严重，可以判处死刑。如果按照现在的观点来看，罪行极其严重里面又要包括，相对来说不是那么严重的，这个逻辑是完全混乱的。已经是"极其严重"了，那就是一种极致了，又如何再去降低等级，考虑不那么"极其严重"了呢？实际上，真正的标准应该是人身危险性，所谓"可杀可不杀的不杀"这种政策实际上就是如此考虑的。什么是"可杀可不杀"？就是从犯罪的罪行程度而言是该判处死刑的，例如当年的日本战犯，个个手上都沾满鲜血，罪行滔天，按照法律全都可以处以死刑，为何最终没有这样处理？那是出于改造的考量，尽量去改造他们。日本战犯

---

[1] 参见王勇：《定罪导论》，中国人民公安大学出版社1990年版，第89页。

被改造悔过自新了,溥仪皇帝被改造成自食其力的劳动者了。改造的目的是什么?就是降低罪犯的人身危险性,哪怕只有一点点,我们都从这一点点出发,免除其死刑。

关于这个论点,让我们来看发生于2017年底改判的一则案例:

2014年12月26日晚,陈运接到朋友打来的电话,邀请他去参加饭局,这时陈运已经吃过晚饭,不过碍于面子,他开车前往饭店。来到饭店后,陈运喝了三四两白酒和几瓶啤酒。饭局结束后,在KTV包厢里,陈运又喝了几小瓶啤酒。从KTV出来后,陈运拿着车钥匙,开车离开。法院经审理查明,当晚23时10分许,陈运在血液内乙醇含量达266mg/100ml的严重醉酒状态下驾驶自己的轿车,在蚌埠市限速50公里/小时的工农路上由北向南行驶。23时18分许,陈运以100~108公里/小时的速度驾车行驶至工农路万达广场西门附近时,连续撞击路上行人被害人徐某甲、徐某乙、李某甲、汤某甲、周某甲、胡某甲等人,部分被害人被撞抛起来后,再次与停在工农路东侧路边的轿车发生碰撞。徐某甲、徐某乙在被撞击后当场死亡,胡某甲、李某甲、汤某甲、周某甲在被送往医院后,经抢救无效死亡。陈运驾车驶入工农路东边绿化带,撞击到路边的治安岗亭后停止,致岗亭严重毁损。陈运下车到万达广场西侧的快餐店内,请人拨打120急救电话,后逃离现场。当晚23时50分,陈运在家人陪同下到蚌埠市山香路派出所投案。在安徽蚌埠闹市道路上醉酒高速行驶,连续撞击多人,致6人死亡,肇事司机陈运一审、二审均被判处死刑。案件报请最高人民法院复核后认为量刑不当,撤销二审裁定,将案件发回重审。[1]

2017年12月28日,安徽省高级人民法院对陈运案的重审作出终审判决,陈运被改判无期徒刑。安徽省高级人民法院的判决书中认定,陈运的行为已构成以危险方法危害公共安全罪,但在案发后主动投案,供述自己罪行,构成自首;鉴于陈运系间接故意犯罪,肇事后立即采取制动及避让措施,依法可对其从轻处罚。

按照社会危害性的理解,被告人陈运在严重醉酒的状态下,驾车超速行

---

[1] 王选辉:"安徽男子闹市醉驾致6死,最高法未核准死刑发回重审改判无期",载http://www.lxlvshi.com/article/839.html,最后访问日期:2018年2月27日。

驶，致6人死亡，犯罪情节恶劣，后果特别严重，理应依法予以严惩。因此一审、二审都给出了死刑的论断。一审法院认为，被告人陈运犯罪后主动投案自首，虽有从轻情节，但根据其犯罪行为及对社会的危害程度及后果，不足以免除其死刑。宣判后，陈运认为量刑过重，提出上诉。陈运上诉及其辩护人辩护主要提出：陈运系间接故意犯罪，案发后又及时拨打120急救电话救治被害人；作案后，主动投案，有自首情节；被害人没有走非机动车道，横穿马路，以及万达广场占用机动车道等情况，对案件的引发负有一定的责任；陈运归案后对犯罪事实供认不讳且有良好的认罪态度，并且其亲属也积极参与协调，尽力对被害人亲属作出赔偿。综上，原判对陈运量刑过重，请二审法院从轻处罚。

安徽省高级人民法院对陈运案的重审作出终审判决。判决文书显示，最高人民法院复核后，于2017年11月3日作出（2016）最高法刑核29487065号刑事裁定，认为一、二审法院认定事实清楚，定罪准确，审判程序合法，但量刑不当，遂裁定不核准安徽省高级人民法院维持一审以危险方法危害公共安全罪判处被告人陈运死刑、剥夺政治权利终身的刑事裁定；并撤销该刑事裁定，发回重审。2017年11月27日，安徽省高级人民法院对该案作出重审终审判决：撤销一审死刑判决，陈运犯以危险方法危害公共安全罪，判处无期徒刑，剥夺政治权利终身。安徽省高级人民法院认为，上诉人陈运明知酒后驾车具有危险性，仍然在醉酒后驾驶车辆，且在城市繁华区域道路上高速行驶，从而连续撞击多人，致6人死亡，其行为已构成以危险方法危害公共安全罪。安徽省高级人民法院表示，陈运案发后在亲属的劝说陪同下主动投案，如实供述自己罪行，构成自首，依法可对其从轻处罚。鉴于陈运系间接故意犯罪，肇事后立即采取制动及避让措施，并及时拨打120急救电话，其主观上不希望也不积极追求危害后果的发生，与蓄意危害公共安全的直接故意犯罪不同，主观恶性不是很深，人身危险性不是很大；且陈运的亲属也能尽力代为赔偿，其悔罪态度较好，故依法亦可对其酌情从轻处罚。综上，原判认定事实清楚，证据确实、充分，定罪准确，审判程序合法；但对陈运量刑过重，依法应予纠正，故对陈运及其辩护人提出量刑过重的意见予以采纳。这个判决采纳的理论依据正是悔罪显现的低人身危险性。因此本书认为悔罪的真正标准是其人身危险性，犯罪行为人犯罪之前的表现、犯罪之后的表现，这些都不是犯罪事实，只有当场的犯罪行为才是犯罪事实。罪前罪后都只能说明其人身危险性。

综合药家鑫案和上述的陈运案来看，两者的人身危险性都还算比较小的。所以理论上，他们不应该被判处死刑，但是完全不同的判决结果导致了两个鲜活生命的去向完全不同。药家鑫案就是因为只考量了极其严重的社会危害性，我们往往认为只要是罪行极其严重，就没有余地了。许多法官一直到现在都是这种观点，当行为人罪行极其严重，或者是极其严重中的极其严重，人身危险性就没法纳入考虑范围了；无论其人身危险性多轻，都得处以极刑。

在我国刑法学中，人身危险性理论的研究难题就在于对于人身危险性的界定。对人身危险性进行评估其实不是必须要求绝对精确的测量与计算，也可以是定性基础上的区间估算。例如，刑罚的确定也并非是利用数学公式计算出来的确定天数，而是根据行为人行为造成的危害结果与行为人的主观恶性确定的一定的刑罚幅度。所谓的罪刑均衡也是某种等级意义上的均衡，而非绝对意义上的均衡。[1] 在定罪阶段，行为人是否有罪是绝对的，不存在测量效度的问题。也就是说，一个人是否有罪不存在百分之几有罪，百分之几无罪的问题，而是要么是有罪，要么是无罪。而在量刑阶段，却存在着罪量与刑量均衡的效度问题。如果我们按照理性的思维进行考量，应该以罪犯的人身危险性作为标准。这样，国家司法资源将得到很好的控制。

（二）悔罪有益于特殊预防目的的实现

悔罪这个概念实际上是在犯罪与犯罪人构成的矛盾之间游走，因为悔罪实际上是个犯罪人概念。但是这个罪，从犯罪人角度来讲，我们刑法的目的是预防。悔罪是好事，从特殊预防角度而言，真诚悔罪对特殊预防是有益的。但是假若犯罪人触犯的是比较严重的罪行，这个时候，我们应该如何权衡？另外，就是与一般预防的关系。假设犯罪人犯了重罪，比如恶性多次杀人，但是悔罪了，而且是真心的，被判从轻处罚。那么在社会群众或者那些想要犯罪但还未施行的人眼中，他们会如何看待这个问题？这就是刑法中的悔罪在特殊预防和一般预防之间的冲突。

"在刑罚思想史上，一般预防论承报应论之先而启个别预防之后。"[2] 它将其他守法者和潜在的犯罪人当作预防对象，该理论主张对犯罪分子进行相

---

[1] 参见白建军：《罪刑均衡实证研究》，法律出版社2004年版，第275~302页。
[2] 参见邱兴隆：《关于惩罚的哲学 刑罚根据论》，法律出版社2000年版，第76页。

应的制裁便可对社会大众起到一定的警戒作用,使其远离犯罪,由此便以遏制犯罪的必要性为由施加刑罚,也就是说通过刑罚制裁的过程,让社会大众感受到威吓力,从而产生畏惧心理,打消通过非法方式获利的不良念头。一般预防论有积极和消极两种理论。消极理论放大刑罚的威吓力,期望在施加刑罚的过程中,发挥出刑罚的威吓作用,从而避免社会大众走上触犯法律的道路,达到预防犯罪的目的。积极的一般预防理论中将威慑看作是刑罚的内在价值,另外刑罚还有道德约束、守法等多种正面价值。安德聂斯是一名挪威学者,他曾提出以下观点,"刑罚的一般预防作用有三——恫吓;加强道德禁忌;鼓励习惯性的守法行为"。[1] 特殊预防即为个别预防,是针对性的,和一般预防不同,特殊预防不会将普通的社会民众当作预防对象,而是会对某项犯罪行为的实施者进行教化和改造,从而避免犯罪行为人继续做出犯罪的行为。柏拉图曾说过,人们之所以会惩罚别人,一般都是因为其犯了错,但真正智慧的惩罚是以今后不会再犯错误为目标。[2] 所以,刑罚需要结合犯罪行为人的人身危险性以及其再犯的几率来进行,以避免犯罪行为人再犯,正常回归到社会中为目标。也就是说刑罚的科处以及执行需要与犯罪行为人的个性进行结合,正确看待犯罪问题,理性看待犯罪行为人,帮助犯罪行为人改过自新,重新回归社会。[3] 特殊预防论内部分为剥夺犯罪能力论与矫正论两大理论。矫正论认为,应当对有一定人身危险性并且有一定的矫正可能性的犯罪人进行刑罚,需要何种程度的矫正,就实施何种程度的刑罚,如果犯罪行为人的人身危险性排除,对其进行的刑罚也要停止,同时,该理论不认可刑罚的惩罚作用。矫正论主张,不管矫正出于何种目的,使犯罪人改正不再危害社会也好,或是帮助犯罪行为人回归社会也好,对其进行矫正都是正当合理的。而剥夺犯罪能力论不同,剥夺犯罪能力论认为刑罚是一种恶害,它以对行为人再犯的几率进行评估和预测为基础,主张在刑罚的物理作用下,使犯罪行为人不具备再次犯罪的条件。马克昌先生曾提出:特殊预防和一般预防在不同的情况下发挥作用,特殊预防通常是在执行刑罚的情况下产生作用,而一般预防通常是在普及法规和法院宣判的情况下产生作用。所以,尽

---

[1] 邱兴隆:《关于惩罚的哲学 刑罚根据论》,法律出版社2000年版,第89页。
[2] 参见马克昌:《近代西方刑法学说史》,中国人民公安大学出版社2008年版,第35页。
[3] 参见 [德] 汉斯·海因里希·耶塞克、托马斯·魏根特:《德国刑法教科书总论》,徐久生译,中国法制出版社2001年版,第35页。

管二者有不同的立足点,但都明确犯罪预防受刑罚的影响,都肯定了刑罚的作用和社会价值,所以二者并不截然对立,反而相得益彰,互为补充。

(三) 悔罪是罪责刑相适应原则的体现

罪责刑相适应原则当中的罪实际上就是我国刑法理论以及形式立法当中的犯罪的概念。针对这一概念,我国刑法已经作出了明确的界定,根据《刑法》第13条规定,犯罪是指一切严重危害社会,违反刑法,依法应当受刑罚处罚的行为。[1]这个概念既点明了犯罪的本质,又对犯罪的特征作出了明确的总结,也正是本书所研究的"悔罪"中的"罪"。这种罪是"已然之罪",表示犯罪分子已经做出了犯罪事实,而并非是还在计划当中未成功实施的犯罪行为。"悔罪"中的"悔",正是对犯罪行为所产生的社会危害性的忏悔与悔过。罪责刑相适应原则中"责"指的是刑事责任。本书认为,刑事责任可以充分体现出折中主义,这就是刑事责任的最大意义。这是因为,有了刑事责任后,报应主义和基本的功利主义的优势都得到展现,并且将刑事责任当作刑事惩罚最终可能出现的法律后果,通过刑事责任来对犯罪行为的性质进行判定,从而判定行为人是否需要承担相应责任,这是充分展现刑罚公平合理的重要因素。如果不考虑刑事责任,只是片面地将犯罪行为和刑罚一一对应,根据相应的罪行,接受相应的惩罚,这样又会回到刑罚理论的原始论点,就是传统的"以牙还牙式复仇"。悔罪问题的系统研究,正是为了避免这种情形的出现。罪责刑相适应原则中的"刑"是指刑罚,也就是刑法规定当中所作出的各种行为约束,另外,刑罚也可以指犯罪分子实施犯罪行为之后,对其进行的刑事惩罚。作为我国犯罪构成的一项重要因素,刑罚的最大作用就是预防犯罪。预防犯罪又有特殊预防的内容,指的是对已经发生的犯罪行为,对犯罪行为人进行预防,防止其再次犯罪。预防的手段一般就是使犯罪行为人承担其犯罪行为所造成的法律后果,根据其犯罪行为程度对其进行惩罚。

第一,罪责刑相适应原则是展现社会公平性的有利工具,满足了民众对公平和正义的向往。在原始社会,人们就有了复仇的观念,在人类社会的不断发展过程中,报应主义理论得到充实,与人们对惩罚犯罪的心理更加契合。

---

[1] 参见杨荣东:"浅析罪责刑相适应原则",载《云南警官学院学报》2009年第1期。

由此便有了功利主义和折中主义，而两种思想都考虑到了维护社会基本的公平正义这一点。如果在犯罪事实发生之后，相应的犯罪行为人未能受到惩罚，或者是因为缺乏特定要素，或者因为环境特殊，客观实施犯罪行为以后，出现了未被客观归罪的情况，这对于人们来说是一种破坏社会公平的现象，对于这样的刑罚制度，人们很难接受，甚至会对刑罚和刑法制定者产生抵抗情绪，由此便会破坏社会和谐。在人们的意识当中，有罪必罚是实现公平正义的必要手段。

第二，罪责刑相适应原则也是对犯罪分子基本人权的一种保障。在犯罪分子作出犯罪行为之后，会面临着法院裁判，法院是由国家保障的，拥有着不可抗的公权力，在这里，即便是没有犯罪行为的人，在这样的审判环境下也是非常弱势的，而对于犯罪分子来说，经过强制措施进入到法院裁判环节，同样也处在弱势地位。这种情况下，犯罪分子的固有人身权利便有可能会被侵犯，犯罪行为人虽然做出了危害社会的事，但是基本的人身权利还是具备的，怎样可以维护好他们的基本权利，就成了必须思考的问题，罪责刑相适应原则就在这样的背景下产生的，该原则可以对法官作出限制，作为一种原则性规定，发挥出了重要作用。首先可以避免法官将轻罪重判，对犯罪行为人的惩罚过重可能会引发犯罪行为人及其亲属不满，可能会激发其犯罪思想；另外也可以防止法官将犯罪行为人重罪轻判，对犯罪分子的惩罚过轻，使其很难意识到自身行为对社会造成的危害性，在短期的限制后，回到社会仍有较大的不安定因素。罪责刑相适应原则还可以使刑罚的威慑教育作用充分展现，从而提升预防犯罪的效果。在实施犯罪行为之后，犯罪分子也受到了一定的处罚，但其内心可能并没有真正意识到自身的问题，对于处罚结果可能会心生不满，这种情况下，犯罪分子在改造的过程中便会心态消极，改造结果不够理想。如果实施罪责刑相适应原则，使犯罪分子罪当其罚，从而让犯罪分子真正认识到自身行为的危害性，这种情况下，犯罪分子对于惩罚结果心服口服，便会积极配合改造，从而使改造具有良好的效果。

总的来讲，罪责刑相适应原则就是刑罚正义观的延续，该原则既协调了罪与刑的关系，同时也重视到刑事责任在罪与刑之间所发挥的作用，关注到在最初制定刑罚时，所要维护的利益以及刑罚自身需要有较强的合法性。对于社会的普通民众来说，罪责刑相适应原则就是追求公平正义的手段，不管是功利主义还是报复主义,是对事实存在的犯罪行为进行惩罚,还是对未发生的犯罪行为进行预防,人类对于罪与刑的结合与统一已经有了较高的认可度,同时它也是刑法理论的基础,刑事责任也将会使最终施行的刑罚可以保持在人类理性的范围内,对报复的范围和力度进行了限制,使其能在合理的范围内实现较好的效果。

第二节 悔罪的表征

作为一种心理状态,悔罪行为是非常主观的,司法人员在实践中很难准确地把握其真实性。悔罪是在犯罪行为人主观悔罪心态的行为外化。悔罪心态正是推动犯罪行为人罪后反思的动机,但犯罪行为人表现出悔罪行为,其动机有多种可能性,比如犯罪行为人在犯罪实施之后向被害人道歉,有自身内心真诚悔罪的情况,但也有一些犯罪行为人表现出类似行为是为了获得被害人原谅,取得法官的谅解,从而得到减轻刑罚的奖励。犯罪行为人表现出的悔罪行为不能代表其人身危险性小,更容易接受改造或是再犯的几率小。相较于一些没有认识到自身犯罪事实危害性,而拒不悔罪的行为人来说,为了得到原谅和从轻处罚而表现出的假意悔罪的行为人更加狡猾,其主观恶性也更重,更需要接受改造。所以,对悔罪真实性的判断,应当根据犯罪行为人的外化行为,并结合客观因素,进行多方面考量。所以,对于悔罪表征的明确有利于悔罪在我国司法实践中的准确适用。

悔罪行为的概念最早起源于19世纪的德国法学界,当时被收入到德国民法典中,成为一种抽象的总则概念。意思表示是法律行为的基本要素,行为人之行为在意思表示下,具备了相应的司法效果。意思表示就是为了实现特定的法律效果,而进行的意思表达。而悔罪心理就是犯罪行为人在作出犯罪行为之后,对自身的行为感到后悔,承受了良心上的谴责和罪恶感,最终主动表现出相应的行为,从而缓解内心压力。[1] 犯罪行为人表现出悔罪行为,是受到悔罪心理的影响。为了弥补犯罪所造成的负面影响,犯罪行为人对司法机关的调查过程积极配合,并主动交代罪行。悔罪行为是悔罪心理的外化

---

[1] 参见杨淑玉:"侦查讯问中犯罪嫌疑人的悔罪心理及运用初探",载《北京人民警察学院学报》2008年第1期。

表现，主要表现为犯罪行为人言语、动作、表情、思想等几方面。但从刑法角度来说，只有行动和言语具有实际意义，尽管犯罪行为人内心有真正的悔悟心理，但如果不通过言语和行为表现出来，则无法判定其有悔罪情节。另外，在刑法体系中，对于悔罪，也只评价犯罪行为人的具体情节，而其主观内在的悔罪心理在刑法面前并没有太大意义。因此，悔罪必须通过语言和行为两种形态的外化来体现。

伊斯兰沙里亚法[1]曾对悔罪作出了如下阐述"一般讨白需要彻底断绝罪恶，懊悔犯罪和举意永不再犯；而对于践踏他人权利的罪恶做讨白还应当包括将债务归还对方和讨要口唤；当然讨白必须要在咽气之前作出"。[2]伊斯兰教教义上的"罪"与刑法学上"罪"的概念有一定的区别，不过其对于悔罪的阐述，仍有一定的借鉴意义。将沙里亚法针对悔罪而定的六个条件，借鉴到当前的刑罚中，经过修正，本书认为，悔罪应当涵盖下方几个要素在内：犯罪行为人终止犯罪，并对自身的犯罪行为表示忏悔，同时还保证今后不再有犯罪行为，最后，犯罪行为人还通过相应的表现向被害人忏悔。结合上述4个要素，笔者认为悔罪的表现形式可以分为语言表征与语言之外的行为表征两种方式。

一、悔罪的语言表征

语言表达是悔罪的主要表征之一，犯罪行为人对其所犯罪行表示悔过之情，表达认罪伏法、改过自新以及对所伤害的社会秩序的忏悔。语言表达悔罪的形式也是多样的，既可以是口头的形式，亦可通过书面的形式；可以是直接向被害人表达悔罪，也可以是通过司法机关向被害人表达悔罪。语言表达悔罪的内容也是不同的，这也要看具体的案件中具体的认定：对于一些情节轻微，社会危害不大的犯罪案件，仅通过简单的赔礼道歉就能看出犯罪行为人是否具有悔罪之意，但若是严重的犯罪案件，语言表达的内容就不应当是简单的一两句话，而需要司法人员在判断犯罪行为人通过语言形式表达悔罪时，同时对其表情、态度、行为举止等多方面表征进行全面考察。

---

[1] 沙里亚，伊斯兰教法的专称。
[2] 穆萨·余崇仁编译：《穆斯林圣训实录全集》，宗教文化出版社2009年版，第699页。其中"讨白"是伊斯兰教用语，有悔罪之意；"口唤"是伊斯兰教用语，有许可、命令之意。

在刑事司法上，悔罪心理下与普通心理下，行为人的语言表征有很大差异，对于悔罪的表达方式，刑事司法上也有一定的评判标准。

(一) 悔罪的语言表达方式

对于表达悔罪应当是口头形式还是书面形式，应当是公开的还是私下的，都还没有定论。尽管语言表述仅是悔罪的外在表现，但其实它可以反映出犯罪行为人的内心变化，对于我们判定其悔悟程度来说，有较强的参考性。事实上，在媒体面前公开自己的犯罪行为，并表示忏悔，从表面上看，其悔悟程度要比私下的口头忏悔更高。因为，将自身的罪行公布在大众面前，要面对大众的批判，承受舆论压力，这对犯罪行为人来说也需要很大的勇气。但是，是否提倡所有的犯罪行为人都要对其犯罪行为作出公开的媒体忏悔，或者是否只有在犯罪行为人作出公开忏悔的行为之后，才判定其忏悔真实可靠？显然是不能以此作为标准的。刑法的目的就是法益保护，所以，应当在法益保护的角度上来判断是否应当让犯罪行为人做公开的忏悔。根据侵犯的法益性质，我国刑法犯罪共有十类，其中危害国家安全罪、危害公共安全罪、破坏社会主义市场经济秩序罪、妨害社会管理秩序罪、危害国防利益罪、贪污贿赂罪、渎职罪、军人违反职责罪等相关犯罪，对公共安全、社会管理秩序以及国家安全和社会主义市场经济秩序等公共法益造成了侵害，在社会上产生较大范围的负面影响，透明度较高，对于这几类犯罪，需要让犯罪行为人针对自身的罪行做公开忏悔。这不仅可以表明其悔罪的真诚度，同时因为此类罪行造成了较大的社会影响，所以公开道歉可以使案件处理结果起到较大范围的威慑力。不过对于一些侵犯公民人身权利、侵犯财产权利以及侵犯个人专属法益的犯罪行为，如果被害人没有表示让犯罪行为人公开忏悔，我们不应当要求犯罪行为人作出公开忏悔的行为，并且不可将其是否公开忏悔当作判定其悔罪程度的依据，这是因为，这几项犯罪行为涉及到许多个人隐私，如果公开忏悔，可能会对被害人造成二次伤害。

(二) 悔罪的语言表达对象

犯罪行为人只是内心有了悔罪心理，但却没有任何的外在表现，这不能被刑事司法判定为真正的悔罪。犯罪行为人只有将内心的悔罪情绪通过外在行为表现出来，才有从轻处罚的可能性。犯罪行为人通常是向司法机关以及被害人与其亲属作出悔悟行为，通过犯罪行为人的悔罪表现可以判定其人身危险性有所降低，同时其悔罪行为对于被害人和社会来说，也是一种弥补。由此，侵犯公民民主权利、人身权利和财产权利等，都归属于侵犯个人专属法益的行为类别，这是因为被害人明确，犯罪行为人具备向其忏悔的条件。如果想要获得从轻处罚，犯罪行为人就需要对被害人忏悔，并得到司法判定。对于侵犯公共安全以及侵犯社会公共法益的犯罪，如果也有明确的受害人，同样可以依照上述程序进行。但对于危害国防利益和贪污受贿等没有确定的被害人的犯罪行为，犯罪行为人需要在调查起诉以及审判阶段，向司法机关表明自己的悔罪感，对于一些社会影响较广的案件，犯罪行为人需要在媒体面前表述自身的悔过之情。

（三）悔罪的语言表达内容

犯罪行为人的主观心理通过其悔罪行为体现出来，所以，我们应当严格把控悔罪语言描述问题，在现实社会中，依据诚恳的道歉或许可以获得被害人的认可，但在刑事司法上，不能将悔罪的语言内容作如此简单的判定。作为一种表达内心悔罪程度的行为，犯罪行为人的悔罪话语是我们衡量其真实性的重要依据，这种情况下，犯罪行为人在表达悔罪时作怎样的语言表述才是诚意度较高的悔罪呢？美国学者吉尔认为，道歉的内容需要有前后逻辑和关联性，对心理、态度、情感都应当有全面的表述，所以，完整的道歉应由以下五部分组成："①承认事情在事实上已经发生；②承认事情不妥当；③承认自己对行为应当承担责任；④表达了抱歉的态度和懊悔的情感；⑤表示了在将来避免发生类似事情的意图。"[1] 分析 Kathleen Gill 对道歉因素的总结，我们可以将悔罪的语言表述内容概括如下：承认自己的犯罪行为对社会和被害人造成了危害并意识到自己的行为触犯了法律，同时表示愿意对自己的犯罪行为造成的危害承担相应的法律责任，最后还应当有真正的悔恨心理，此外表示今后绝不再实施犯罪行为。可以确定的是，认罪是悔罪的前提条件，不过如果仅是认罪，还远远达不到刑法中的悔罪要求。比如犯罪行为人在法庭上表示"是我做的"，这样的承认不代表犯罪行为人是从心理上认识到自身的错误，所以，悔罪是要通过犯罪行为人的具体表现来展现他内心的悔罪感，这就需要犯罪行为人认识到自身错误，并承担起相应的法律责任，同时表示

---

[1] Kathleen Gill, "The Moral Functions of an Apology", *Philosophical Forum*, Vol. 31, 2000, p. 12.

改过自身，比如"我为自己的犯罪行为承担相应的法律责任，同时今后绝不再犯"等，也就是说，犯罪行为人既要悔过，还要自新。

我们不能要求犯罪行为人的言语表达必须含有上述所有因素，因为，表达悔罪不是套用公式，应当考虑到个人的天性和情感，虽然有时候犯罪行为人作出了完整详尽、声泪俱下的悔罪表述，但并不能确定其真正的动机，或许只是其想要获得减刑而作出的伪装，这样的表述更加丧失人性的真诚。而有时，当犯罪情节较为轻微时，一句真诚的"对不起"也足以表达一切。

二、悔罪的行为表征

悔罪心理主要通过语言表现出来，不过具体的语言表述形式却因人而异，如果仅凭这一项便对其悔罪行为进行判定是不科学的，所以，应当通过结合言行两者进行分析，在关注犯罪行为人语言表述的同时，还要对其行为作出判定。随着社会的发展，信息分享平台愈发多样，很多人对法律有了基本的了解，在多数人遵纪守法的同时，也有一些人会抓住法律的漏洞谋求私利，在司法实践中，不乏一些犯罪行为人在犯罪之后，考虑到自身的利益，向被害人及司法机关表现出痛苦、懊恼的悔罪行为，表面上看，态度极为诚恳，但在获得从轻处罚之后，却再次触犯法律，忘记自己曾经的悔罪行为。所以，在判定悔罪程度时，应当对言行做同步考量，判断其言行是否一致，从而决定能否对其从轻处罚。

也就是说，对犯罪行为人悔罪真实性的评价要以其言行表述为基础，只有做到真正的言行一致，才是真正的悔罪，本书认为，言行一致可以通过以下几个方面进行判断：

首先，犯罪行为人在实施犯罪行为之后积极采取措施，以减少对社会和被害人造成的危害。这是因为，犯罪行为人在实施犯罪行为之后认识到自身行为的严重后果，良心上的谴责使其第一时间作出了弥补行为，这也是犯罪行为人良心尚在的表现，说明其人身危险性不高，可以谅解或是可以对其从轻处罚等。对于过失犯罪来说，这样积极采取补救行为的情况是极为常见的，比如在交通肇事之后，司机将受害人及时送往医院抢救；或者在失手引发火灾后，第一时间报警，并积极组织人员进行灭火；又比如在失手伤害他人之后，迅速对其进行救治，争取将对受害人造成的伤害程度降到最低等。但也有这样的情况，就是犯罪行为人在实施犯罪行为之后虽然积极采取了补救措施，想要减轻伤害程度，但是因为条件的限制，其所采取的补救行为并没有发挥出较大作用，针对这种情况，本书认为，应当对犯罪行为人在犯罪之后的行为进行关注，不用太过纠结最终的结果。如果犯罪行为人尽了最大的努力去弥补，则可以说明其是真心悔罪，虽然受条件限制，其采取的行动没有明显的效果，但其悔罪行为是不可否认的，应当对其从轻处罚，也就是相较于结果来说，应当更加注重过程，即更加注重犯罪行为人的心理变化和悔罪程度。

其次就是积极配合司法机关的各项工作。在归案后，犯罪行为人应当向司法机关主动交代自己的犯罪行为，同时要对司法机关的调查、取证、审判等工作积极配合，态度端正，对所知道的信息如实汇报，不阻挠证人出庭作证，不收买证人和被害人。犯罪行为人取保候审的，应当严格遵照监外规定，随时做好被司法机关传唤的准备，第一时间到场接受审问。主动、积极地配合司法机关的调查工作，可以说明犯罪行为人认可司法机关的审查，并有一定的改过自新思想，同时还节约了司法人员的工作时间，节省了司法资源，提升了司法工作效率。

最后就是判断犯罪行为人是否遵守监规，积极配合接受教育改造。根据我国法律要求，在法院宣判前，犯罪行为人一般是羁押在看守所。所谓遵守监规，就是犯罪行为人在羁押的期间内，遵守相应法律法规和看守所中的各项制度，服从监管人员的管理。我国的《监狱服刑人员行为规范》从基本规范、生活规范、学习规范、劳动规范和礼貌规范等多个角度，对被羁押人员作出了相应约束。所以，犯罪行为人应当在这些规定的要求下，积极改造。另外，在受到羁押期间，犯罪行为人要踊跃参与到看守所所组织的劳动活动中，根据我国相关法律规定，犯罪行为人在押期间，有参加劳动的义务，通过劳动生产，克服其好逸恶劳的恶习，接受劳动改造，还有利于犯罪行为人树立正确的社会观，更好地融入社会。

从构成要件角度而言，判断犯罪行为人的悔罪真实性，需要将其语言表述和其表现出的行为进行结合，而不是单独判断。某些行为是作为，比如积极的悔罪行为，某些行为是不作为，例如原先只要是见到东西就想偷，看到坏事就要干，现在对于不良的、负面的或者是消极的事情不去做了，悔罪后能克制这种行为，这也是一种广义悔罪行为的表征。

应当将悔罪的各项表现有机结合起来，而不是单一、对立地来看。犯罪行为人各方面表现都符合上述要求，才可以看作是真正的刑法上的悔罪。但凡有一项不符合要求的情况，就应当慎重判定其悔罪表现，比如犯罪行为人虽然对被害人道歉，但是在改造的过程中不服从管教等，或者通过一定的方式积极弥补因自身错误而对别人造成的伤害，却拒绝通过语言方式向被害人表达自身的悔过之情，则对其不能从轻处罚。

第三节 悔罪的范围

我们在前文关于悔罪的表征中谈到悔罪的行为表征，其中行为发生的时空范围也值得我们认真研究。不同的时间范围与不同的空间范围中发生的悔罪行为也蕴含着不同的意义。

一、悔罪的时间范围

悔罪的行为存在于已然犯罪之中和之后。悔罪发生的时间阶段，应始于犯罪预备终于刑罚执行完毕之前。犯罪行为人在实施犯罪行为前后可能会因为悔罪心理而产生思想上的纠结。不过从刑法的角度看，只有犯罪行为中和犯罪行为后的悔罪心理才可以算作真正的悔罪，而在前期犯罪行为人因为良心不安从而未实施犯罪行为，那么刑法意义上的悔罪则不存在，这是因为，刑事法律仅对已经存在的犯罪行为进行处罚，而无法对思想上的罪恶进行处罚，所以，根据刑事法律的处罚效力，只能基于事实犯罪行为，悔罪制度才有进行研究的必要性。为什么要对悔罪做时间段的区分？因为对不同时间段发生的悔罪行为进行梳理，有助于更好更准确地判断。

表25 悔罪的时间范围

时间顺序	内容	影响
第一阶段	犯罪行为刚发生时	是最原始的、最纯粹的悔罪心态，人身危险性最小，如投案自首、挽回损失等
第二阶段	公安机关立案侦查阶段	在立案侦查阶段投案自首，坦白罪行，节约司法资源

续表

时间顺序	内容	影响
第三阶段	检察院审查起诉阶段	在公安机关移交案件至检察院之后，检察院审查起诉阶段能够坦白悔罪，或者检举揭发他人的罪行的
第四阶段	法院审判阶段	经过司法审判，了解自己犯罪行为的危害与错误，赔礼道歉请求被害人谅解、立功赎罪、退赃及返还款物等，影响定罪、量刑（从轻、减轻处罚）
第五阶段	行刑阶段	积极进行劳动改造，对自己所犯罪行认真悔悟，行刑效果良好（假释、减刑）

备注：悔罪发生的时间点不同，悔罪因素对刑罚所起的作用也并不同。

二、悔罪的空间范围

首先，悔罪行为发生的空间在犯罪现场，例如美国刑法案例库中有这样一个案例，有位母亲在生育孩子之后得了产后抑郁症，症状在长期抚养孩子的过程中点滴累积。某日在哄睡婴儿的过程中，无论是喂奶还是安抚，婴儿仍旧不停哭闹，该母亲一时情绪激动心烦意乱，把孩子倒提双脚从窗户直接甩了出去。可就在孩子离手的那一瞬间该母亲后悔地大哭，赶紧打电话让人来抢救孩子。这时候犯罪行为已经发生，就在犯罪现场悔罪行为也随之产生，这对于现场的保护以及最大可能的挽回损失是有益处的。在犯罪现场之外发生的悔罪既包括司法机关还未追究的时候，也包括司法机关追究之后，此时就要考虑羁押场所、审讯场所、服刑场所等各种综合因素的效果。不同空间的悔罪对结果也能产生不同的作用，悔罪发生在一定的时空之内，时间上可能有反复。因此在犯罪现场发生的悔罪和在犯罪现场之外发生的悔罪，对于司法实践的意义也并不相同。

表26 悔罪的空间范围

顺序	场所	影响
第一阶段	犯罪现场	保护犯罪现场、节约司法资源

续表

顺序	场所			影响
第二阶段	犯罪现场外	司法机关尚未追究		对司法资源浪费较大
		司法机关已经追究	羁押场所	
			审讯场所	
			服刑场所	

备注：悔罪发生的空间不同，悔罪因素对刑罚产生所起的作用也并不同。

有一套科学的评价系统和判断方法，这是判定犯罪行为人悔罪真实性的必要条件，据此把握罪犯的主观心态。悔罪是犯罪行为人主观心理的体现，虽然其心理能够通过外在表现窥探一二，但是由于人类思维的复杂性，犯罪行为人有伪装自己的可能性。犯罪行为人在调查和审判的过程中表现出诚恳的悔罪心理，但是在减刑出狱之后，却四处写信上访，称自己无罪，这种情况下，无论犯罪行为人到底是否有罪，仅从其前后言行不一，前后大转变的态度来看，就可以说明该犯罪行为人的悔罪行为具有较高的伪装性。任何一项工作，无论准备工作再严密，都有出现错误的可能性，这是所有事物的普遍规律。特别是在刑事审判中，由于它是以过去的事实情况为基础，所以，即便司法人员有再高的专业度，司法程序再严谨，都无法绝对避免冤假错案，以目前的情况来看，对于罪犯悔罪心理的判定，还无法达到绝对的科学和准确。因此，进一步细化悔罪的成因具有十分现实的意义。

第四节 悔罪与认罪的辨析

想要彻底理清悔罪的概念，就需要正确看待悔罪和认罪概念之间的关联。在实践中，这些概念通常会被同等使用。但是这些概念在真正意义上还是存在不同之处的，因此必须对悔罪及认罪进行比较分析，方能准确把握悔罪的本质，避免理论与实践中的误区。

一、悔罪与认罪在刑事司法实践中的认识困局

案件：（2014）浙甬刑执字第 2406 号

罪犯庄某因为挪用公款以及贪污受贿等罪名，被判处有期徒刑 10 年。但其不服这一判决结果，遂进行上诉，在二审之后，法院仍维持原判，在判决生效之后便交付执行。执行机关递送了减刑建议书，在开庭审理的过程中，庄某情绪波动较大，不认同一审、二审的判决结果，拒不认罪。审理过程中有许多旁听的罪犯。在审理结束后，合议庭对庄某做了思想教育，向其说明，如果不服法院的审理和判决，可以通过其他的法律途径进行解决。在后来的审查中发现，庄某在服刑的 4 年时间内，并未再次提出过申诉，并在 2014 年 3 月的改造总结中写道："心悦诚服地接受法院的公正判决，法院的判决是公平的、公正的、合理的"，但是其在服刑改造的过程中又因出现过不正当发泄情绪的情况被扣分。

审判结果：宁波市中级人民法院审理认为，罪犯庄某在服刑和法院庭审的过程中，通过不当的方式发泄情绪，造成了负面影响。所以，虽然庄某曾在 2013 年被评选为监狱改造的积极分子，但是通过其在服刑期间的表现和言行，不宜判定其有悔改表现。但是如果因为罪犯不正当发泄情绪便剥夺其减刑权是不够妥当的，所以，通过对该犯现阶段的言行及表现进行考察，基于态度转变和情绪稳定的角度，法院最终判定不予减刑。

对该案的处理，合议庭存在两种不同意见。

一种意见认为：我国刑法中有明确规定，获得减刑是以有悔罪表现为基础，2012 年，最高人民法院出台了《关于办理减刑、假释案件具体应用法律若干问题的规定》（现已失效）（以下简称 2012 年《规定》），在第 2 条中明确表示，"认罪悔罪"是罪犯悔改表现的基础。而该犯曾在庭审中明确表示不服和拒不认罪，这和规定中的悔改表现要求相违背，所以不应予以减刑。

另一种意见认为 2012 年《规定》当中对于罪犯在服刑期间提出申诉的情况，规定应当对其申诉权予以保护，不可以主观地认定其为不悔罪的表现。虽然该犯未提起申诉，但其已经表示对判决结果存在质疑，如果根据罪犯在庭上提出了异议并且通过不正当途径发泄了自身的不满情绪而剥夺其减刑权利，则有失公平。

在这个案件中，正是由于存在认罪和悔罪的概念混淆，才会导致合议庭对于判决结果的争议。所谓认罪就是认识到自身的罪行，悔罪是对自己的行为表示忏悔。判定犯罪行为人是认罪还是悔罪，需要对两者进行辨析。悔罪就是对自己的罪行后悔，感到罪恶。[1]认罪是对自身的犯罪事实所造成的危害有了全面认识，是否定自身的行为。只有犯罪行为人认识到自身错误时，才会进一步产生悔恨心理。

二、悔罪与认罪关系梳理——包含、重合、相异

当前学界对于认罪有很多种概念解释，以下为几个常见观点：认罪的第一个观点是承认针对自身的刑事指控，从特定角度看，认罪是一种法律行为，能够在刑事诉讼中引起一定程序的发生、改变或终结；[2]认罪的第二种定义是针对向被告人提出的指控，被告人当庭承认；[3]另外一种观点就是，认罪须有程序法意义，方可对诉讼程序造成特定影响。认罪可能出现在侦查、审查、起诉等多个环节，不过在这些环节当中的认罪并不具有法定程序意义，所谓法定程序意义上的认罪，就是当庭认罪，这才能够影响诉讼程序走向。[4]

本书认为，认罪应当包括对于犯罪事实的承认，和程序意义上的承认。事实上的承认即是对被控罪行的法律事实——法官进行裁决所依据的事实基础进行承认。依据我国传统的四要件犯罪构成理论主导下的刑事理论体系，对犯罪事实的"认罪"涵盖了主体要件、主观要件、客观要件和客体要件四个方面，这是一种概括性的承认。

（一）包含关系

悔罪与认罪在我国刑法条文及相关的司法解释中非常常见。有学者提出，

---

[1] 参见中国社会科学院语言研究所词典编辑室编：《现代汉语词典》，商务印书馆1996年版，第564页。

[2] 参见姚莉："认罪后的诉讼程序——简易程序与辩诉交易的协调与适用"，载《法学》2002年第12期。

[3] 参见马贵翔：《刑事诉讼结构的效率改造》，中国人民公安大学出版社2004年版，第228页。

[4] 参见张建国："论对被告人认罪之确认亟需解决的几个问题"，载《赤峰学院学报》（汉文哲学社会科学版）2005年第4期。

被告人认罪是基于悔罪心理之上的，可以认为其主观恶性较小。[1]在这一观点中，认罪和悔罪是包容关系，认罪的同时必然有悔罪，这其实是对两种概念的误读。认罪是犯罪行为人交代自己的罪行，承认自己的行为造成了社会危害，承认自己的行为触犯法律，是一种错误的、应当受惩罚的行为，在这一思想活动下，继而产生悔恨之心，后悔自己作出的犯罪行为，假若再有一次机会，其不会选择实施犯罪行为。因此，悔罪的前提就是认罪，而认罪的前提就是罪是可以被正确认识的。如果不能认罪，悔罪也便无从谈起，所以，认罪即为悔罪的前提和基础。有些情形下，犯罪行为人认罪认罚，在认罪书或认罪言辞中表达其悔过的心理，此时的认罪是包含着悔罪的。本书谈悔罪从宽的认识论基础，也是为了证明罪的可认识性，说明悔罪从宽有一定的理论基础。对于犯罪行为人来讲，对自己所实施的犯罪行为是有认识的。在词典中，"认"代表认识、认可的意思。[2]认，是行为主体对客观事物由主观意识产生的一种认识，不仅是对事物的客观性认识，比如有、无，还是对事物本质的认识，比如对事物特点和性质作出评价等。罪，是罪行和罪性等义。罪行是犯罪行为；罪性就是犯罪行为的性质。由此看来，认罪的初始意义就是犯罪行为人对罪行的认识。

（二）重合关系

根据最高人民法院出台的《关于常见犯罪的量刑指导意见》，对于量刑能否减少，以及应当减少的量，法官有一定的自由裁量权。但该自由裁量权也要基于案件的性质和犯罪行为人罪行及认罪情况进行综合判断，减少量刑一般在基准刑的10%以内。但认罪态度好必定会比认罪态度不好的情况能够得到更多的量刑减少，不过不能由此便将认罪理解为认罪态度好，而进行量刑。在司法实践中，有悔罪表现的犯罪行为人常常都会承认自己的罪行，并为之感到后悔，表现出悔改之意。因此，悔罪是认罪的延伸，说明认罪态度好。此时的悔罪与认罪则是一种重合关系，也就是说，悔罪就代表着承认了罪行。在司法实践中，对于认罪态度良好，有一定悔罪表现的人，法官会对其行为进行考量并从轻处罚，这是因为，通过这一系列的行为，能窥探到被告人有

---

[1] 参见孙瑜：《认罪案件审判程序研究》，对外经济贸易大学出版社2012年版，第12页。
[2] 参见中国社会科学院语言研究所词典编辑室编：《现代汉语词典》，商务印书馆2005年版，第1149页。

悔罪心态，说明其主观恶性已经不高。

这种危害行为的概念，主要体现危害行为的主观性，也就是危害行为要在人的思想支配下完成，如果去除人的思想因素，这个行为则没有刑法意义，也就构不成危害行为。刑法上所讲的危害行为就是犯罪行为人在思想的驱使下，身体作出了相应的违背社会法制的动作。[1]这种行为随即给社会或个人带来了伤害，由于是在意识支配下完成的犯罪动作，所以在犯罪行为之前，其对自身行为有一定的认识，对行为的危害性也有大致的了解，确定了自身的行为的客观危害，也就说明，其对自身行为的危害程度已经有一定的了解。由此可知，罪，是可以认识的，事实上，犯罪行为人对其罪行和罪性都有一定的认识，这种情况下，为了维护社会秩序，犯罪行为人应当承认自身的错误行为，更应当通过适当的方式进行补救，以此行为来将自身过错所造成的伤害尽可能降低，在犯罪行为人具备认罪能力的情况下，就应当对此加以利用，尽最大努力弥补自己的过失，减轻社会和受害人的损失。通过认识论我们可以发现，要求犯罪行为人承认自身罪行，这不是一件很难的事情，因为犯罪行为人已经有了承认自己犯罪的前提条件。所以，我们提出在刑罚上设定悔罪从宽的制度，这种提议有很强的理论依据，不是凭空设想的。

（三）相异关系

认罪与悔罪均为情感表示行为，不过悔罪相较于认罪来说，其否定评判性更深。虽然悔罪需要在认罪的基础上才能成立，但通常来说，悔罪也是认罪的延续，犯罪行为人认罪，并不一定会使其产生悔罪心理。所以，二者其实是两种不同的概念，认罪是对自己的犯罪事实供认不讳，悔罪是对自己的犯罪行为产生懊恼的心理。有些犯罪行为人承认自己的罪行，却并不因此而感到后悔，反而有"杀之而后快"的心态，这就说明认罪并不一定包含悔罪。这种认罪不是悔罪的表现，而是犯罪行为人扭曲价值心态的表现，丝毫不后悔。认罪态度好可以表现为出现悔罪的心理，不过认罪之后也有态度不好的情况出现。悔罪要有认罪作前提，悔罪的心理下，必然是已经认罪，但通常来说，悔罪还是认罪的延续，不过认罪却并不一定会最终出现悔罪，认罪是犯罪行为人判断自身行为，其判断标准是社会基本价值标准的刑法规范。但

---

[1] 参见熊选国：《刑法中行为论》，人民法院出版社1992年版，第31页。

并不是所有人都可以在该标准的基础上形成一套自身的行为标准,这也就是为什么会出现犯罪行为人认罪但最终却不一定悔罪的情况。悔罪是"认罪态度好"的表现,但认罪从宽的处理,并不是根据犯罪行为人的悔罪心态而定的。

三、悔罪与认罪在刑法体系中的不同定位

刑罚作为最严厉的国家处罚措施,除了对犯罪行为人本身的负面作用外,其衍生的后遗症也不可小视。德国刑法学家李斯特指出,"在谈到刑罚对犯罪行为人的效果时,我们不可忽视其对社会的反作用,即对整个社会的影响。"[1]人的本质是自然性和社会性的统一,所有社会关系的整体,犯罪行为人生活在真实的社会当中,也有其特定的社会角色,承担有特定的社会责任和家庭责任。就刑罚对犯罪行为人衍生的后遗症而言,当前普遍适用的自由刑使犯罪行为人在服刑期间断绝了与外界的联系,失去正常的学习和生活以及各种机会,在其刑满释放之后,劳改犯就成为了他的标签,使其无法很好地融入社会,则其很可能再次生出报复心,在物质和道德之间艰难选择,这就是前科制度所带来的负面影响的一般表现,不利于犯罪行为人重新融入社会。即便按照一身专属施加刑罚,也很难完全避免其出现负面影响,从而伤害到无辜民众。

英国思想家吉米·边沁指出,"法律为特定人设定的惩罚一旦超过界限,势必殃及因友爱、荣誉、互利等纽带所共同联系的那些人。全家人都将因一个人犯罪而痛苦与落泪。"[2]因此,受到法律制裁的人,其父母等人会受到"衍化之恶",这也是立法者在规定刑罚和司法者适用刑罚时应该时刻注意避免的恶或代价。被判处死刑以及自由刑的犯罪行为人,其亲人将会受到严重的心理打击,这种打击常常是致命程度的,可能会诱发社会的不安因素。

刑罚权是国家政权的一项重要权力,国家需要拨出大量的经费来维持司法机关等的正常运行,从而实现刑罚权,一旦启动刑事司法程序去侦查、追诉、审判、改造犯罪行为人,则需要投入客观的人力、物力、财力。

---

[1] [德] 弗兰茨·冯·李斯特:《德国刑法教科书》,徐久生译,法律出版社2000年版,第21页。

[2] [英] 吉米·边沁:《立法理论》,李贵方等译,中国人民公安大学出版社2004年版,第382页。

仅仅是行刑阶段的成本支出就颇为可观。美国思想家波斯纳从法经济学的角度分析监禁刑的社会成本时就指出："建筑、维修、管理监狱存在着成本花费（而其中只有部分可以通过罪犯不在监狱时引起的生活费用之外的节省而得以弥补），还存在着被监禁的个人在监狱工厂的合法生产（如果有的话）损失、监禁期间对他产生的负效用（这也不会与罚金一样对国家产生相应的收益）和他获释后合法活动生产率的减弱。"〔1〕监禁刑带来有形的直接支出和预期的间接损失，其经济成本是巨大的。需要指出的是，刑罚成本除了上述刑事司法制度的运转成本（直接成本）之外，还包括刑罚的机会成本和间接成本，"刑罚的机会成本是指用于制止犯罪的刑罚成本，如用于其他有价值的公共目标，如教育、卫生保健、公共福利等，所产生的效益。刑罚的间接成本是指刑罚适用所产生的增加罪犯与社会的对立、加强罪犯家属与社会的离心倾向等影响社会和谐和凝聚力的心理状态。"〔2〕最高人民法院原副院长刘家琛指出："一个罪犯多判 1 年徒刑，国家财政就要增加各种开支 1 万元，这意味着西部贫苦地区的二三十名学生不能免费入学，这说明改造罪犯的成本是很高的。"〔3〕特定社会特定阶段的总体社会财富是恒定的，一旦投入遏制犯罪和改造犯罪行为人领域的物质资源增多，其他用于正面促进社会进步的社会财富必然相应地减少。"追求一种符合人类利益的好的结果，并且尽可能地以最少的资源消耗，在最短的时间内，以最佳的方式取得这种好的结果，是人类社会长期以来孜孜以求的奋斗目标。"〔4〕从刑法经济性的角度来看，效益最大化的经济原则自然就引出了刑罚的谦抑性，对于刑罚权，不可随意使用，应当通过慎重的考量，使其发挥出刑罚资源的优势。

综上所述，对刑法中的悔罪进行系统研究有其刑罚基础，遵循刑法谦抑主义的价值理念符合刑罚权的设置和运用。

---

〔1〕 [美]理查德·A. 波斯纳：《法律的经济分析》，蒋兆康译，中国大百科全书出版社 1997 年版，第 297 页。

〔2〕 高铭暄、赵秉志主编：《新中国刑法学五十年》（中册），中国方正出版社 2000 年版，第 1468 页。

〔3〕 刘家琛主编：《当代刑罚价值研究》，法律出版社 2003 年版，第 15 页。

〔4〕 李文健：《刑事诉讼效率论》，中国政法大学出版社 1999 年版，第 28 页。

CHAPTER3 第三章

悔罪从宽的理论根据

陈兴良说过,"罪刑关系作为刑法的调整对象,表现出双重的属性;立足于已然之罪,刑罚应该是一种报应;而立足于未然之罪,刑罚应该是一种预防。报应与预防的关系及其解决,成为刑法哲学的基本问题。"[1]英国法学家彼得·斯坦和约翰·香德也提出,所有的法学家,都是通过各种不同的方式探索使社会秩序稳定、公平、具有个人自由的法律方式。[2]刑罚目的论和刑罚功能论是现代刑事法学的两项理论依据。针对悔罪问题的分析,通常都和这两大理论基础相关。所以,本章会先由刑罚目的论、刑罚功能论入手探索悔罪研究的理论依据。

第一节 悔罪与刑罚特殊预防目的

随着刑罚目的由报应论向预防和社会功能方向转变,刑罚的作用从犯罪控制论进入矫正论,并引入了犯罪人的概念。新的刑法理论重视对于个人的审视和个别化的刑事司法处罚制度。而悔罪的问题实际上正是在犯罪与犯罪人构成的矛盾之间游走,因为悔罪实际上是个犯罪人概念。从犯罪人角度来讲,刑法的目的是预防,悔罪有利于预防的实现;从特殊预防角度而言,真诚悔罪对特殊预防是有益的。但是假设犯罪人触犯的是比较严重的罪行,这个时候,我们应该如何权衡?另外,悔罪与一般预防的关系如何?假设犯罪人犯了重罪,比如恶性多次杀人,但是悔罪了,而且是真心的,被判

---

[1] 陈兴良:《走向哲学的刑法学》,法律出版社2008年版,第57页。
[2] 参见[英]彼得·斯坦,约翰·香德:《西方社会的法律价值》,王献平译,中国人民公安大学出版社1990年版,第35页。

从轻处罚。那么在社会群众或者那些想要犯罪但还未实施的人眼中，他们会如何看待这个问题？这就是刑法中的悔罪在特殊预防和一般预防之间的冲突。使各学派长期以来各执一词无法统一的原因主要是刑罚理论的发展历史。

"绝对主义是前期旧派的理论，又称正义理论或报应刑理论，认为刑罚是对犯罪的报应，即刑罚是针对恶行的恶报，恶报的内容必须是恶害，恶报必须与恶行相均衡。"[1]报应论起源最早，且经历最久，也是一种生命力最强的刑罚理论。[2]通过报应论中对刑罚的阐释可以发现，在报应论之下，刑罚是由受到法律授权的机关所实施的，其目的就是惩罚，是一种恶害，它基于已然犯罪事实而存在。对特定的犯罪行为人实施，为的是使犯罪行为人得到惩罚。也就是说，刑罚是为了惩罚而惩罚。回溯刑罚的历史进程，其历经的时间较长，演变也经过了多个阶段。从报复刑论到威慑刑论再到等价报应、法意报应等，犯罪固然是有害的，但对犯罪行为人进行惩罚，也不会带来明显的益处。由此看来，二者都是危害性行为，由此产生害害抵偿效应，这种害害抵偿也正符合了民众的报应心理。基于报应刑论的刑罚，对犯罪行为的必然惩罚，与犯罪行为的危害以及行为人应受谴责相对应。也就是说刑罚的分量需要和犯罪的程度相协调。通过以上阐述，可发现，报应刑理论之所以主张刑罚，并非是功利性的价值，而是其自身所具有的区别于功利性的自我价值。[3]可以将刑罚看作是犯罪事实的衍生行为，由刑罚对犯罪事实进行惩罚和报复，强调责任抵偿。

相对主义的刑罚思想是一种新派理论，也叫作预防主义或是功利主义。在预防主义之下，刑罚并非是神意报应和命令。从目的论的角度看，国家处罚犯罪的目的不是为了复仇，而是为了整体的社会稳定和社会利益。其主要是希望将违反社会秩序的犯罪数量控制到最小的范围。预防主义具有前瞻性，强调主观主义，关注行为人的主观恶性，也就是行为人的人身危险性，认为应当通过刑罚手段来对潜在的犯罪行为人进行预防，避免具有一定社会危险性的人做出危害社会的事，所以非常关注防范未然之罪，强调预防工作，注

---

[1] 张明楷：《刑法的基本立场》，中国法制出版社2002年版，第332页。
[2] 参见邱兴隆：《关于惩罚的哲学 刑罚根据论》，法律出版社2000年版，第10页。
[3] 参见杜宇："报应、预防与恢复——刑事责任目的之反思与重构"，载《刑事法评论》2012年第1期。

重对犯罪行为人进行教育改造，同时，对于社会上有一定犯罪倾向的人，进行威慑和警告，认为应当将刑罚的标准设定为，消除犯罪行为人的人身危险性，使其可以顺利重返社会，同时还应当对社会其他有一定犯罪倾向的人起到震慑作用。预防论根据预防对象又分为一般预防和特殊预防两种。特殊预防论，是指运用刑罚预防犯罪人重新犯罪的理论，因其预防的对象是特定的个人，与注重预防一般人实施犯罪行为的一般预防论相对应，又称个别预防论。尽管以刑罚方式防止罪犯再次实施犯罪的实践古已有之，例如对性犯罪者实施宫刑，砍断盗窃者的胳膊等，但是其真正开始形成体系化的刑罚理论则系经李斯特的发扬光大，其后这一理论体系经过数代学人的推动，终于成为与报应论、一般预防论鼎足而立的重要刑罚理论。悔罪从宽处罚的理论基础首先在于特殊预防论。

一、特殊预防论的内容

故意犯罪的罪犯，是因为想要谋求个人利益，而采取的手段不被社会认可和接受，从而受到了惩罚，如果不对这类人进行特殊预防，他们可能会再次为了个人利益而作出犯罪行为，所以，应当针对这类犯罪行为人进行特殊教育，通过相应的刑罚方式，使其远离犯罪，回归社会。特殊预防论注重罪犯的"再社会化"，刑罚不仅是一种报应罪犯的方式，通过这种方式使罪犯所犯的罪行得到一定程度的均衡，它更应该被作为罪犯再社会化之后，顺利融入到社会环境中的一种有力工具。特殊预防论至今已经经历了较长的发展历程。

特殊预防论与个别预防论不是一个概念。不同于一般预防论，该预防论的对象不是普通大众，而是特定的犯罪行为人，以排除其再次犯罪的可能性为目的。柏拉图曾提出，我们通常惩罚别人是因为他犯了错误，但聪明的人惩罚别人的出发点则在于使得他人以后不再犯错误。[1]所以，在施加刑罚的过程中，需要考虑到犯罪行为人的人身危险程度，以防止其再犯和协助其回归正常社会而开展刑罚。也就是说，刑罚的科处及执行需要结合犯罪行为人的个体特征，秉承负责任的态度，正确看待犯罪行为人，帮助其回归社

---

[1] 参见马克昌：《近代西方刑法学说史》，中国人民公安大学出版社2008年版，第35页。

会。[1] 矫正论和剥夺犯罪能力论是特殊预防的两类。前者不考虑刑罚的惩罚性，仅将刑罚看作是对具有人身危险性且该人身危险可被矫正一类人而言的，刑罚的具体程度随其矫正需要的变化而变化，如果犯罪行为人的人身危险解除，对其所作的刑罚裁量也需要立即停止。矫正论注重帮助犯罪行为人最终能够回归社会，认为无论是对其进行矫正，使其不再危害社会，还是改善其思想状态，都是为了帮助其回归社会，有相应的正当性。而剥夺犯罪能力论不同，剥夺犯罪能力论认为刑罚是一种恶害，它以对犯罪行为人再犯的几率进行评估和预测为基础，主张在刑罚的物理作用下，使犯罪行为人不具备再次犯罪的条件。

生命刑是一种最严重的刑罚，也就是剥夺犯罪分子的生命。对于罪大恶极，没有进行改造的价值的犯罪分子，便会处以生命刑，从而达到防止其再次犯罪的目的。但目前来说，有许多国家取消了死刑，不过我国仍保留该项刑罚。2014年就有一项统计数据显示，当前废除死刑和未废除死刑的国家，其比例达到二比一。生命刑在我国不属于特殊预防犯罪的刑罚，特殊预防是仍给犯罪分子留有机会，使其能够接受改造并回归社会，最终成为一个守法公民。

二、特殊预防论对于悔罪从宽的理论支撑

经过了漫长的发展历程，特殊预防论在人类学、犯罪社会学和新社会防卫论等多种理论的作用下，已经排除了早期的刑罚个别化方式，从仅判断犯罪行为人的人身安全发展到对犯罪行为人作出综合的考量，也就是不仅重视犯罪行为，同时也重视犯罪行为人。当前特殊预防论在制刑、量刑以及行刑的各个环节，会对犯罪行为所发生的时间、地点、原因以及破坏和伤害程度进行考量，同时还会对犯罪分子在犯罪行为之后的弥补、交待、认罪、立功、补偿等多种行为进行评定，也就是说，在关注犯罪行为所造成的社会危害的同时，还会关注犯罪行为人自身的危险性，最终实现预防与维护正义的目的。

犯罪行为人之所以会作出犯罪行为，通常是因为其社会生活困苦或者难以在社会中立足，从而作出了被社会法律所禁止的行为，以便满足个人不可

---

[1] 参见[德]汉斯·海因里希·耶塞克、托马斯·魏根特：《德国刑法教科书总论》，徐久生译，中国法制出版社2001年版，第35~36页。

遏制的需要。"在绝大多数情况下，人的需要都是处于一种没有得到全部满足的状态之中。如果听天由命和随遇而安可以表现出生物顺应大自然宿命特征，那不安于现状、人定胜天等则是人类内心的真正需要。"[1]在社会生活中，人都会有各种各样的需求，但是人类进步也就依赖于人的需求得不到满足。需求本身没有对错之分，食、色为人之天性，但人满足自身需求的方式是需要考量的，如果用抢劫的方式来满足自己对金钱的需求，通过强奸的方式来满足自己的生理需求，则一定会被认为是犯罪行为。这与梅传强提出的"正是因为通过不正当的方式来满足需求，才造成了犯罪的行为"一致，"以不合理和不正当的手段来追求需要的满足，其结果必然对法律所保护的社会关系构成威胁或者造成实际侵害"。[2]比如同样是为了获得尊重，有的人选择捐出自身财产筹建希望小学，有人却选择成立黑社会组织，通过暴力行为使人屈服，很明显，后者是不正当的满足需求的方式，并对社会造成了严重危害，自然会被判定为是犯罪行为。

第二节　悔罪与刑罚一般预防目的

"在刑罚思想史上，一般预防理论承报应论之先而启个别预防之后。"[3]它将潜在的犯罪人和其他社会民众当作预防对象，认为在对犯罪分子进行制裁的同时，也是对社会大众进行威慑，使其不敢触碰法律的红线。这种情况下，刑罚的施加就成了遏制犯罪的必然选择，也就是刑罚的震慑力应当足以使社会大众打消通过不合法手段来获取利益的念头。

一、一般预防论的内容

除犯罪行为人以外，对其他全体民众进行预防的行为，叫做一般预防，该预防理论有深厚的基础，在哲学以及心理学等多个学科领域的影响下，一般预防理论积累了坚实的理论基础。消极和积极又是一般预防理论的两种状态，强调通过实施刑罚来引发外界的关注，激发民众的恐惧心理，从而避免

---

[1]　陈忠林："自由、人权、法治——人性的解读"，载《现代法学》2001年第3期。
[2]　梅传强："论犯罪心理的生成机制"，载《河北法学》2004年第1期。
[3]　邱兴隆：《关于惩罚的哲学　刑罚根据论》，法律出版社2000年版，第76页。

触犯法律，起到预防犯罪的作用。在一般预防理论者看来，威慑是刑罚的内在作用，另外，威慑还应涵盖道德禁忌，体现守法的作用。有挪威学者提出以下观点，"刑罚的一般预防作用有三——恫吓、加强道德禁忌、鼓励习惯性的守法行为。"[1]

积极的一般预防论又叫规范的一般预防论，它主要包括以下几个方面内容："刑罚的效果不在于利用刑罚的恐吓，而是在于训练公众的规范意识和对法的认同感""以实现受破坏规范的稳定化，而维持规范能够作为社会交往的遵循标准"。[2]在积极一般预防论基础上，社会规范是人和人正确相处的标准，国家设立了种种社会规范，构建了利益格局，是为了维护社会成员的利益，保证其在和谐的环境下发展，在遵守、信赖社会规范的情况下，民众不会伤害到他人利益，还可以很好地维护自身利益。刑罚是对破坏规范的犯罪行为人进行相应的惩罚，从而展现刑法的权威性和国家法律体系的威严，同时，还可以表明法律规范之下的人们相处关系经验和基本行为规范是不容侵犯的，并且使公众因为信赖规范而获得的安全感得到确认，肯定了公民遵守法规的正确性，对社会的善恶观和基本价值观提供了保障，从而使人们远离犯罪行为。在积极的一般预防作用之下，罗克辛教授提出了三个能够完成的目标：第一个是在社会教育推动下，实现学习效果，也就是在刑事司法活动下，号召民众对法律有一定的忠诚度；第二个是在看到法律执行以后，民众产生的忠诚度；第三就是满足的效果，也就是在违法行为受到惩罚的基础上，民众的法律意识得到实现，另外，民众和违法行为人之间的冲突，得到了妥善处理。[3]悔罪的规定中，有一般预防论的诉求存在，一般预防论是悔罪制度发展的理论依据。

---

[1] 邱兴隆：《关于惩罚的哲学 刑罚根据论》，法律出版社2000年版，第89页。

[2] 周光权："违法性判断的基准与行为无价值论——兼论当代中国刑法学的立场问题"，载《中国社会科学》2008年第4期；又见周光权：《刑法总论》，中国人民大学出版社2011年版，第274~275页。

[3] 参见［德］克劳斯·罗克辛：《德国刑法学总论》（第1卷），王世洲译，法律出版社2005年版，第42页。

二、一般预防论对悔罪从宽的支撑

（一）消极的一般预防论的支撑

在犯罪行为人作出犯罪行为之后，刑罚惩罚便随之而来，这在公众看来，是刑罚和犯罪之间因果关系的表现，可以起到很好的警示作用，打消其实施犯罪行为的思想。所以，自由刑刑罚的宣告和执行，达成了刑罚惩罚和震慑的双重目的，正如费尔巴哈提出的"是对潜在违法者的所有人的威慑，警告其不要违法。科处刑罚的目的是为了证明法律规定的刑罚威慑的效果，在不适用刑罚的情况下，刑罚威慑将是无效的"[1]。自由刑开始实施时，惩罚便不再是字面上的概念，而是变成了真正会带来痛苦的行为，由此达到了威慑的心理强制效果。当威慑效果实现以后，可以开始进行以自由刑惩罚为基础的减刑，其程度不应当对刑罚的威慑效果造成制约，应当限制在陈忠林教授所表达的范围中——"不可产生鼓励犯罪的效果"。针对有悔罪行为的罪犯，对其进行从宽处罚，对他来说，这是一种鼓励。这种鼓励是对消极的一般预防追求的印证，没有作出犯罪行为，不会被惩罚，作出法律要求的行为，将得到利益，即便对于罪犯来说，其作出法律要求的行为之后，也会得到减刑的鼓励，这便使民众看到了法律的人性之处，从而对法律更加信任。

（二）积极的一般预防论的支撑

所谓教育改造，就是对罪犯之前的错误行为、观念等展开矫正，最终达到降低其反社会意识以及改正不正确的社会相处方式的目的。人是一种群体性社会动物，如果民众对罪犯有了排斥行为，这对于罪犯来说则很难接受，这是由人的自尊心所造成的，每个人都希望获得尊重、荣誉、夸奖等。无论心理再强大的罪犯，也无法面对没有任何尊严的生活，加罗洛曾这样介绍过：监狱里某些野蛮的罪犯，往往会穿上最好的衣服在监狱中"昂首阔步"，他们为引人注意而感到愉悦，他们又会在某一天大吃大喝，醉醺醺地在监舍闲逛以期望得到同伴们特别的尊敬。[2]

---

[1] [德]安塞尔姆·李特尔·冯·费尔巴哈：《德国刑法教科书》，徐久生译，中国方正出版社2010年版，第29页。

[2] 参见[德]黑格尔：《法哲学原理》，范扬、张企泰译，商务印书馆1961年版，第220页。

所以，社会伦理规范的作用得到凸显，犯罪行为人要么选择接受它，并改变自己，融入到集体当中，最终因为表现良好而得到表扬和尊重，要么继续进行抵抗，不愿接受教育改造，一个人孤独地活着。在犯罪行为人发自内心地认可社会伦理规范时，便会产生悔改之意，羞愧的心理让犯罪行为人开始审视自己，为自己的罪行感到懊悔。"犯罪心理学的研究表明：即便是十恶不赦、在公开场合死不认罪的被告人都会在内心世界产生羞耻感和忏悔意识，只是程度有所不同……其忏悔产生于行为实施成功之时，贯穿于整个刑事司法乃至监狱执行过程。忏悔过程其实就是被告人的'自我定罪'过程。"[1] 犯罪行为人只有在深刻认识到自身的错误行为对社会和受害人造成的伤害后，才会对自身的犯罪行为进行反思，并采取实际行动，来补偿自身带来的负面影响，这就是犯罪行为人对自身的犯罪性质产生了正确的认识，明白犯罪对社会的危害性，决定不再实施犯罪行为。悔罪从宽实际上是对犯罪行为人的引导，使犯罪行为人对法律和社会秩序进行认可，并产生信赖和尊重，最终严格遵守，这也正符合了一般预防论的诉求。

犯罪行为人的反社会表现，有违社会伦理道德，同时触犯了法律，所以他会被判定为犯罪，并受到一定的刑罚。当犯罪行为人经过刑罚改造之后，便对社会伦理规范有了尊重，或者其基于道德标准作出了相应的实践，则应当受到奖赏，如获得减刑等。奖赏罪犯的这一过程，会使民众认识到，如果被判处自由刑的犯罪行为人在改造期间遵守规范、配合改造，会得到一定的奖赏，反之则会加重处罚，无法提早获得自由。一个普通民众在社会中，根据集体的经验和法律的要求来展开相应的活动，他在不触犯法律的情况下，最起码可以免受刑罚，但是如果他积极追求更高的道德伦理，则会受到社会、集体的奖励，这足以说服普通民众不要去实施违法犯罪的行为。对犯罪行为人进行惩罚，社会民众则亲身感受到破坏社会规范的严重性，在这种震慑作用下，其便决定遵守社会秩序，遵守法律法规，但毕竟是在威慑之下的遵守，因为民众对法律有一定的畏惧心理，而奖励犯罪行为人则可以从另一个角度来引导社会民众建立对规范的认可，犯罪行为人在狱中有良好表现都能获得奖励，那么普通民众在社会中遵守规范必然可以获得更好地对待，这也体现

---

[1] 周光权："行为评价机制与犯罪成立——对犯罪构成理论的扩展性思考"，载《法学研究》2000年第3期。

了法规柔性的一面。

悔罪之于刑罚的教育作用究竟如何？一贯以具备教育改善功能自诩的自由刑，欲在封闭式强制性的环境中达成教育的目的，无异于缘木求鱼，非但刑罚的教育作用难以发挥，而且基于犯罪发生的复杂心理角度，可以发现，希望刑罚能发挥更高的作用是比较困难的。对于抱有侥幸心理和有预谋的罪犯以及在一时冲动之下作出犯罪行为的激情犯来说，刑罚对其的威慑作用可以忽略不计。因为"意图犯罪，受激情支配或是受动摇其道德观念的心理飓风所左右的人，绝不是刑罚威吓所能控制得了的，因为火山爆发般的激情不允许他作反应。在行为人经过预谋和准备之后而犯罪的案件中，刑罚更无力去阻止他去犯罪，因为他希望犯罪之后能够逃脱惩罚"[1]。基于宗教、道德、政治、艺术信仰而实施反社会行为，尤其处于非廉耻型的利他动机、希望改变社会阶级结构现状的确信犯，忠诚献身于所属社群的亚文化价值观念，对于社会主流文化价值期待的规范意识明显钝化或缺失，想通过刑罚来唤起其规范意识，或是对其产生矫正作用，更是不现实的，至于希望刑罚能够起到一般预防的效果，无论是基于威慑强制、消极的一般预防，还是维护法规范和法确信（试图培养人们忠诚于法规范）、积极的一般预防，一般预防"似乎仅是建立在一种'玄想'的基础上，建立在一种迎合一般法情感期待上的玄想，如果刑罚果真能在社会大众心理上产生强制作用，已达到刑罚威吓效应，则法社会中必然会因刑罚的存在，而使得犯罪数量减少，乃至消失于无形，即所谓'刑期无刑'的理想境地"[2]。事实上，刑罚不断，犯罪不止，如此循环以至无穷，有时甚至出现刑不压罪的窘境，这是任何一个阶级社会都难以避免的逻辑怪圈。

况且，一般预防只是在犯罪行为人所应承担罪责基础上考虑的次要量刑因素，过分强调刑罚的一般预防作用，尤其是为了威吓一般人，而使犯罪行为人承担超过必要程度的刑罚，把犯罪行为人仅仅当成预防他人犯罪的工具与手段，不顾人的独立价值和人格尊严，忽视人的目的性存在，罔顾刑罚的正当性基础，一味注重严刑峻法的威慑效果，在对悔罪者进行裁量时就极有

---

[1] [英] 恩里科·菲利：《犯罪社会学》，郭建安译，中国人民公安大学出版社2004年版，第157页。

[2] 柯耀程：《变动中的刑法思想》，中国政法大学出版社2003年版，第379页。

可能偏离罪刑法定和罪刑均衡原则，违背刑罚的正义性，最终伤害国民的感情和动摇国民的信心，与现代法治的观念格格不入。一旦失控脱离法治轨道，刑罚更是容易带来漫无节制乃至伤及无辜的严重后果。

三、悔罪与刑罚目的的融合性

刑罚在一般预防论当中是用来预防普通民众犯罪的手段，比如对于一些高发犯罪调整法定刑，从而控制犯罪行为的发生，这就是一般预防论的表现形式。特殊预防论针对特定的人群，主要是防止犯罪行为人再次作出犯罪行为，值得肯定的是，它将惩罚由回溯性转变为了前瞻性，有了更重要的意义。一般预防是防止普通民众犯罪，在其走向犯罪的道路上设障进行阻碍。二者最大的不同就是针对对象的区别。刑事立法通常都会考虑到一般预防，而刑罚则更关注特殊预防，但刑罚的一般预防通常是贯穿在刑罚起先的创定到法官裁量，最后到执行环节的整个流程。在立法的过程中，立法者制定刑法，对具体的犯罪行为进行考量之后，将其所应当受到的刑罚和具体的犯罪行为一一对应，形成一个确切的对照表。一些有犯罪心理的人在实施犯罪前看到对照表，会再次考量自己是否继续进行犯罪行为，如果让其确切地知道，在犯罪之后要面对怎样的刑罚，他们就会对自己犯罪的想法再次进行权衡，这个过程中，其可能会打消犯罪的念头。另外，在对犯罪分子施加惩罚的过程中，社会民众也感受到了刑罚的威慑作用，对不稳定因素有一定的抑制效果。这就是刑罚的威慑作用，除了可以在立法环节使产生犯罪心理的人及时打消犯罪念头，还可以在司法环节对犯罪行为人做相应的改造，使其认识到犯罪的后果，不再作出犯罪行为。

现在我们不是完全不讲报应，刑罚很重要的一个目标就是惩罚犯罪，那这方面如何体现？报应刑论立足于个人本位，不赞成把个人当作实现社会目的的工具，基于罪犯的角度看刑罚目的的正当性，而前瞻性的预防论以社会本位为基础，注重施加刑罚，认为其是立足于社会需要，站在社会的角度看刑罚目的的正当性。通过探究可发现，各个时代下的刑罚正当化都有其一定的合理性，不管是报应刑论还是目的刑论，都有其本身无法去除的弊端。报应刑论主张罪刑均衡，但正是由于过于强调正义，所以也受到了不少的质疑。在报应刑论的角度下看，犯罪有质和量的范围区分，作为否定犯罪的环节，刑罚要与犯罪的质和量进行对应，正义事实上就是用同等方式对同样的事物，但报应刑论却是得之公正，失之功利。报应刑论不以创造社会价值为目的，而是通过对犯罪行为人施加痛苦，来使其承担起自身的犯罪后果，从而实现正义的报应。[1]但刑法就是要对这些辅助性的法益作出保障，这种情况下，如果通过一种不在乎社会效果而只在乎惩罚过程的报应刑论，是有违常理的。报应刑论仅将刑罚认定为是恶害，犯罪和刑罚起到相抵的作用，应对犯罪只能是通过刑罚来实现，这种理解显然是有较大偏差的。虽然从常理上看，以暴制暴在常理之中，但是这种以暴制暴的方式很难起到有效控制犯罪的作用，如果一项判决中不对案件的特殊情节有所考虑，法官在宣判的过程中不可以加入自身的同情心，这种情况下的"正义"都是不够单纯的。目的刑论的目的性很明确，就是要实现相应的社会效果，转变犯罪行为人的心理，但其有一定的负面效果。比如预防论会将人当作控制犯罪行为发生的一种工具，这种价值观损害了犯罪行为人的尊严，由此也受到较多的质疑。犯罪和刑罚具有因果关系，这种关系受到预防论的影响而割裂了其中的联系。很明显，根据预防论的概念，人们无需再判定犯罪行为应不应该受惩罚，而是需要关注通过何种方式改变或震慑到其他人，立足于对社会有益的出发点，无论其是否有犯罪行为，都可以对其进行惩罚，由此可见，离开犯罪的基础谈刑罚，是有失公平的。另外，对于刑罚的实施，预防论没有设置特定的限度。站在预防论的角度来分析，刑罚的最终目的就是防止犯罪行为人再次犯罪，同时附带了震慑大众的功能，由此可见，在预防论当中，刑罚的对象是具有人身危险性，并且此种危险性能够被矫正的罪犯，在对其进行刑罚的过程中，要对其人身危险性变化情况进行判断，对于其实施的犯罪行为不予考虑，而是仅看其在接受刑罚的过程中，人身危险性是否有所改变，以及这种改变对于未来会有怎样的影响。也就是说，在预防论当中，主要考虑犯罪行为人的未来犯罪趋向，而忽略犯罪行为人之前的犯罪事实。假使刑罚取得良好效果，也无法避免不公平的情况出现。基于这一理论，对于一些并未作出犯罪行为的人，难道因为对其施加刑罚可以起到社会威慑作用，便对其进行没有个人缘由的刑罚？这种行为是有违常理的，违背社会公平性原则。另外，预防论要以我们可以合理预测到犯罪行为人再犯的几率为基础，同时还要对刑罚的程度和起到的效果作出确定，但当前来说，我们还不具备判断犯罪行为人是

---

[1] 参见张明楷：《刑法学》，法律出版社2011年版，第455页。

否会再次犯罪的能力,并且对于刑罚最终会起到何种效果也无法具体判定,这种情况下,仅是以预防为目的的刑罚,便显得有一定的盲目性。报应刑论和目的刑论分析起来各自有其合理性,但同时也都有一定的弊端。如果仅是将刑罚看作犯罪的报应,犯罪行为人在其行为之下应受的痛苦,这对犯罪行为人自身和其他人都无益;而目的刑论仅是为了达成某种社会目的而进行刑罚。[1]所以,以上都不是刑罚理论的严谨阐述。

第三节 悔罪与刑罚功能

立足于功利的目的刑论,强调刑罚的社会效果,注重对社会秩序的维护与对犯罪行为人的改善,这是其积极的一面,但其消极一面同样明显。过去几百年以来,人类对于犯罪行为人所应付出的代价,均锁定在如何通过监狱惩戒的功能来达到报应、隔离、威慑与矫治的目的。然而,司法实践却证明,由于传统刑罚观念的缺陷,无论是报应、威慑、矫治还是它们的结合,所需的资源不仅巨大,而且效果并不明显,并没有达到人们预期的目的。严峻的现实迫使我们不得不对传统的刑罚观念进行反思。在现代社会中,刑罚不再是报应基础上的刑罚,不再是简单的惩罚工具或手段,而应以追求正义作为首选的价值目标并受制于正义的原则。也就是说,维护社会的正义观念应该成为刑罚观不可缺少的内容。不可否认,传统的刑罚观,无论是报应刑论还是目的刑论,也都是建立在正义,即报应性正义与功利性正义的基础上。但随着人权保护运动的兴起,报应性正义和功利性正义已然落后于时代的发展,需要被一种全新的正义观所取代,恢复性正义顺应而出。其中最典型的刑事和解制度、当下热议的认罪认罚从宽制度以及社区矫正制度都是恢复性司法观念下的产物。悔罪在其中都是不可或缺的重要认定因素,在新的历史潮流中被赋予新的内容,成为检验刑罚目的与功能实际效果的重要标准。

一、悔罪与刑罚的威慑功能

自由刑的最大作用就是在隔绝犯罪与外界社会的基础上,达成降低犯罪

---

[1] 参见[德]汉斯·海因里希·耶塞克、托马斯·魏根特:《德国刑法教科书总论》,徐久生译,中国法制出版社 2001 年版,第 902 页。

行为人再次实施犯罪可能性的目的。关于监禁的概念，在我国古代就已经存在，中国古代的圜土，[1]是我国五刑之一，起于隋唐时代，主要是剥夺犯罪人的自由。不过古代的徒刑与现在自由刑的概念有区别，徒刑一般是在断绝罪犯和外界联系的基础上还会对其施加脚镣手镣等，让犯罪行为人的身体也同时承受痛苦。欧洲曾经有"中世纪建在城堡和市政厅地窖中的地牢主要用于关押拖欠债务者和待审拘留者；偶尔用于刑罚执行，也极少具有矫正思想，对于被关押者而言，更多的是身体上的一种痛苦和野蛮的威慑……它还不能被视为现代意义上的自由刑……它实际上是一种身体刑，有时甚至是一种延长的死刑，是对犯人身体上的折磨，使其在身体上不能再危害社会，绝无再社会化的思想"[2]。

1595年建立的阿姆斯特丹男监以及1597年建立的阿姆斯特丹女监是真正契合再社会化思想的监禁设施。在这里，刑罚的第一要求就是剥夺自由，同时不再将犯人劳动作为对其惩罚，而是作为一种弥补社会的方式。在现在特殊预防论的基础上看，想要预防犯罪，隔离是最为有效的手段。"将其判处监禁的话，最起码监禁的这段时间内他是无法再从事犯罪的，由此可以推测，刑罚会使他的心理发生改变。"[3]

将罪犯关押到监禁场所，社会上的危险因素就会少了一些，因为罪犯在监狱中是很难再实施犯罪、危害社会的，这就是自由刑除害作用的体现，也是国家暴力的最典型特征。至于监禁罪犯的时间范围，则需要根据罪犯的犯罪行为对社会造成危害的程度来判断，二者是成正比的关系。特殊预防论对于自由刑和刑期的判定也对以上因素进行了考量。在刑罚手段上，剥夺罪犯的人身自由以及具体时间的长短，都应当有一个范围尺度，应当和法律所保护的法益形成特定比例。价值提升的法益理应受到国家刑罚手段的合理保护，如果罪犯对其进行了侵犯，则应当对其剥夺更长的自由时间，从而达到维护正义的目的，如果一个罪犯所犯下的罪行，为社会带来较大的负面影响，但是由于判定其人身危险性小，便缩短对其实施剥夺自由的刑罚时间，这是很

---

[1]《周礼·秋官·大司寇》记载：以圜土聚教罢民，凡害人者，寘之圜土而施职事焉，以明刑耻之。其能改过，反於中国，不齿三年，其不能改而出圜土者，杀。

[2][德] 李斯特：《德国刑法教科书》（修订译本），徐久生译，何秉松校订，法律出版社2006年版，第417页。

[3][日] 菊田幸一：《犯罪学》，海沫等译，群众出版社1989年版，第288页。

难令人信服的，也是有违常理的做法，同时也无法表现出受刑法所保护的法益的最大价值。

在当前的刑罚执行过程中，所谓监禁其实不是单一的惩罚，同时还涵盖消除或降低罪犯人身危险性，对其进行再社会化改造的内容。所以，监禁的时间范围还和罪犯人身危险性的变化以及适应社会生活的能力相关。在入狱前期，犯罪行为人有较强的能力再次实施犯罪，比如一个强壮的中年人，抢劫对于他来说是非常简单的事，但是如果在监狱中监禁一段时间，他的体力和犯罪意志力都会相应降低，数年后出狱，身体机能已经下降，再加上在狱中接受了相关教育，意识上也会有一定转变，可能已经不想再去实施犯罪行为。再比如一个具有高计算机技术水平的人，在狱中长时间不接触网络，其技术水平自然会落后，思想也跟不上外界的升级脚步，就算他仍想要实施犯罪，在出狱后他需要经过再次学习才具备网络犯罪的能力。但是，由于他在狱中受到了一定的教化，并且自己有手艺在身，出狱后可以利用自身技术获取自身所需。也有一些网络黑客，在实施犯罪行为入狱服刑后，出狱便去了软件公司工作，当上了一名高技术水平的程序员。隔离有降低犯罪行为人人身危险性的作用，使其明白如何通过合法方式来获取所需，进而有助于降低社会犯罪率。

即使是剥夺犯罪行为人的自由，也不是一定要判处其无期徒刑，将其关押在监狱变成一个白发老人，无论从精神还是肉体上来看，如果他们的人身危险性已经大大降低，那么无期关押就显得不够人道。美国 Jacqueline Cohen 的研究表明，"在一般的剥夺自由方法之下，犯罪率可下降 4%~42%。尽管这种方式明显降低了犯罪率，不过它也会使监狱犯人数量增加率达到 310% 和 523%。"[1]

另据美国其他研究人员的研究证明，"把俄亥俄州全部的重罪犯判处 5 年监禁，犯罪人数会从原本的 9 千人上升到 4.2 万人，飞速增长了将近五倍，而

---

[1] Kathleen Auerhahn, "Dangerousness and Incapacitation: A Predictive Evaluation of Sentencing Policy Reform in California", *Bureau of Justice Statistics*. 转引自翟中东：《国际视域下的重新犯罪防治政策》，北京大学出版社 2010 年版，第 58 页。翟中东教授认为，一般剥夺（Collective Incapacitation）系指对被判有罪的罪犯，无论其具体危险性，都予以严厉的惩罚，判处较长的刑期，以保障公民的安全。与这一概念相对应的是有选择剥夺（Selective Incapacitation），即对高度危险的罪犯予以犯罪能力剥夺。参见翟中东：《国际视域下的重新犯罪防治政策》，北京大学出版社 2010 年版，第 58~59 页。

丹佛和华盛顿，这一上升率为4.5倍和3.5倍不等。由于犯罪人数变多，所以要建设新的监狱，配备新的监管人员，这些投入是一项非常大的支出。"[1]通过以上数据可以看出，虽然通过剥夺自由的方式可以较大程度地减少犯罪。但随之而来的问题是，即便仅判处"监禁5年"，美国的监狱也会快速膨胀，可想而知，如果犯罪人数上升2倍、4倍，罪犯在狱中的活动都将成为难题，监狱将和拥挤的集贸市场类似，这种情况下，美国自由刑中的假释便可以起到一定的调节作用。对于我国来说，为缓解监狱拥挤的现状，不仅要降低犯罪率，也要通过减刑的方式，使得一部分改造情况良好的罪犯，可以获得缩短刑期的奖励，提早出狱，节省监狱空间。

国外有相关调查证实，少数的罪犯实施了大量的犯罪。Marvin Wolfgang，Robert Figlio 和 Thorsten Sellin 曾针对1万名调查对象做过研究，6%的人对犯罪的52%负责，对暴力犯罪的2/3负责。James D. Wright 与 Peter H. Rossi 研究发现严重危险的罪犯中的22%对所调查犯罪的50%负责。新泽西青少年违法犯罪委员会在调查之后得到了这样的结论：46%的严重性犯罪行为应由13%的罪犯负责。另外还有学者经调查提出，在所调查对象当中，5%的男性应当对所调查犯罪行为的半数以上负责。Wikstrom 经调查提出瑞典斯德哥尔摩有一半的犯罪行为，应当由6%的罪犯负责。Pulkkine 的研究结论为：在所调查的芬兰的犯罪行为中，有一半的数量都应当由所调查的4%的罪犯负责。[2]国内监狱有统计表明，"一个重刑犯监狱中的两千多名罪犯，其中有三成都是多次入狱，甚至有些人则高达7次。"[3]通过以上调查信息可以看出，经过关押的罪犯，其出狱后再犯的可能性也是各不相同的。对于一些教化失败的罪犯来说，所经历的监狱监禁并未能改变他通过不正当的方式满足自身需要的思想，应当对这种情况加以重视并积极预防，这种人再次回归社会，仍有较大的可能性会作出犯罪行为。因此，建立悔罪从宽的相关机制，通过选择性地隔离，可以在缓刑等刑罚奖励的基础上使危险性较低的罪犯提早回归社会，避免被"多进宫"且危险性较高的罪犯反复染污，避免形成犯罪人格。

---

[1] 钟安惠：《西方刑罚功能论》，中国方正出版社2001年版，第55~56页。

[2] 参见翟中东：《国际视域下的重新犯罪防治政策》，北京大学出版社2010年版，第59~60页。

[3] 张爱华："试论当前重刑犯特点及教育改造的对策"，载《北京市政法管理干部学院学报》2001年第3期。

从《刑法》规定进行分析，对表现良好的罪犯减刑，是特殊预防中区别对待的体现，也是对罪犯有限威慑的表现。从最高人民法院以及各地法院、监狱局规定看，对罪犯进行区分，不同情况罪犯的减刑标准有异。这更加明显地表明了特殊预防要求刑罚对不同罪犯实施不同的威慑，主要方式就是通过减刑调节自由刑实际的执行刑期。主张通过刑罚的发动与执行来告诫社会公众勿碰触刑法底线，起到预防犯罪的作用。威慑被积极的一般预防理论者视为是刑罚的内在作用，除此之外还应当包括加强道德禁忌等守法的正面价值。挪威学者安德聂思认为，"刑罚的一般预防作用有三——恫吓；加强道德禁忌；鼓励习惯性的守法行为。"[1]矫正论强调无论是为了使罪犯改邪归正避免其再次危害社会，还是为了改善罪犯的自身状况，使其更好地复归社会，刑罚都具有一定的正当性。剥夺犯罪能力论与矫正论不一样，它承认刑罚的惩罚性质，即认可刑罚是一种恶害，其立足于科学的预测与评估犯罪行为人的再犯危险，通过刑罚的物理强制作用使犯罪行为人丧失再次实施犯罪行为的能力。正如马克昌先生所言：一般预防与特殊预防发挥作用的领域是不同的，一般预防主要依靠法规的普及和法院的宣判，而特殊预防则依靠对刑罚的执行来发挥作用。[2]综上，虽然一般预防与特殊预防的立论侧重点不同，但是二者都强调了刑罚对犯罪的预防，均重视刑罚的功利价值和社会效果，所以二者并不截然对立，反而相得益彰，互为补充。

二、悔罪与刑罚的隔离功能

刑罚的性质不会因名称的改变而发生改变，刑罚是对罪犯施加的肉体和精神的双重痛苦，这是不可避免的事实，这种痛苦，是多数社会成员都不愿意去体会的。对于特殊预防论中的刑罚，无论是将其名字改为"矫正""教育"，还是"改造"等，都不能改变民众对它的抗拒心理，更无法使其性质发生变化，现代特殊预防论者不可能排除刑罚的惩罚性，所以就对其进行变通，纳入到理论系统，使惩罚具有威慑作用，即"因为丧失了自由，服刑人员身心都受到了煎熬，由此会对他们的心理起到威慑效果"[3]。

---

[1] 邱兴隆：《关于惩罚的哲学 刑罚根据论》，法律出版社2000年版，第89页。
[2] 参见马克昌：《比较刑法学原理》，武汉大学出版社2002年版，第831页。
[3] 张全仁、张鸥："监狱行刑的功能与目的"，载《中国法学》2000年第4期。

通过监禁和教育，刑罚使犯罪行为人的心理发生变化，深刻认识到犯罪行为对自身的不利，只要犯罪，便一定会接受刑罚，犯罪行为人由此便不愿再去犯罪。在惩罚行为下产生的威慑效果，发挥了避免犯罪行为人再次犯罪的作用，从而让犯罪行为人开始探索如何通过正当的方式来满足自身需求。

自由刑充分融合好常理常情，展现了法律的公平正义，也是社会报应所推崇的方式。"因为社会报复的需要，刑罚成为了报复犯罪行为人的工具，对其展开了有形的报复，但从道义的角度来看，刑罚是否定犯罪行为的手段，也是一种道德判定的手段，应当具有无形谴责的作用，但行为作为一种对罪犯进行否定的道德评价形式，应当是无形谴责与有形剥夺相互结合的形式。"[1]刑罚是基于国家正义的极端暴力。自由刑对罪犯的人身自由权进行了不同程度的限制，其产生的痛苦是有形的，被正义的力量所惩罚，说明其是一种邪恶的事物，所以，受到刑罚惩罚意味着一种耻辱。

基于特殊预防论的减轻制度是消极的有形剥夺，对于罪犯来说，不减刑就是一种消极的延长刑期，对罪犯有深刻的谴责性。在监禁的过程中，罪犯深刻感受到失去自由的痛苦，看到了国家权力的威慑性，所以希望能够尽早出狱，而减刑是实现其内心渴望的重要方式，失去人身自由对于生命个体来说是极为痛苦的事，"采用与犯罪力度相对应的方式，进行严酷的管理，从而发挥出刑罚的痛苦功能，进而成为一种十分特殊的肉体折磨和精神折磨，即额外的'刑罚附加'。"[2]刑罚对于额外刑罚附加是没有作特定要求的，也并不是当代民主人权国家的本意。不过在监狱管理的过程中，这种痛苦是无法避免的，如果没有这些痛苦，自由刑也将失去其本质。在监狱中，犯罪可以得到基本能量的保证，这是对人权的尊重，但却没有美味的饭菜和舒适的床铺，包括自身的生理需要和联系亲朋好友的情感需要，等等，以上都是基本需要的范围[3]，长期无法得到这些需要是一种极为痛苦的感受，会使犯罪行

---

[1] 邱兴隆：《关于惩罚的哲学 刑罚根据论》，法律出版社2000年版，第319页。原文中第2处"道德评价手段的刑罚"，周少华教授推断为"法律评价手段的刑罚"，并就此疑问请教邱教授，证实为"法律评价手段"之误。参见周少华：《刑法理性与规范技术——刑法功能的发生机理》，中国法制出版社2007年版，第154页。

[2] 王泰：《现代监狱制度》，法律出版社2003年版，第37页。

[3] 1955年在日内瓦举行的第一届联合国防止犯罪和罪犯待遇大会通过的《囚犯待遇最低限度标准规则》第20条要求，管理处应当于惯常时刻，供给每一囚犯足以维持健康和体力的有营养价值的饮食，饮食应属滋养丰富、烹调可口和及时供应的。每一囚犯口渴时应有饮水可喝。

为人心生恐惧,这些痛苦不是报应刑所特有的效果,同时也是当前特别预防理论所推崇的。"特别预防理论就是针对一些行为作出的威慑效果,阻止特定人群再犯罪,所以,刑罚的功能可看作是阻止他人再次犯罪。"[1]

现代刑罚可以对罪犯造成痛苦,从而达到威慑的目的,由此,悔罪从宽的机制下出现减轻刑罚的情况则是必然的。针对真正悔改或是有重大立功表现的罪犯,不应当过度彰显威慑力,应当进行适当的减刑,降低刑罚的严重性,凸显刑罚奖赏的一面。比如减刑也结合了特殊预防论重视犯罪人的概念,针对特定的罪犯,应相应地放宽减刑标准,对他们不再做强烈的威慑。从1997年到2012年,2012年《规定》对关于未成年罪犯的减刑可以参考成年罪犯的规定,作出了一定程度的放宽,减刑的时间间隔以及程度,都应当有较强的灵活性。确有悔改,这是未成年犯罪人减刑的首要条件,不对未成年人劳教任务作严格的规定,只需要其积极参与其中就行。对于老弱病残这些罪犯,所谓确有悔改就是考察他们学习、生活以及劳动表现情况。对未成年人和老弱病残等犯罪人适当放宽减刑的要求,体现出特殊预防论重视犯罪人概念的特点。

报应是人类相当古老的一个基本思想与行为准则,报应论有着强大的生命力,从原始社会至今,报应论一直以其丰富的内涵影响着刑罚的运作。原始社会中的"以牙还牙""以眼还眼""杀人偿命"等观念是支配报应行为的准则,东西方宗教中的因果报应论又使原始的报应观念深入人心。从刑罚的功能效用角度分析,刑罚对于报复感情的缓和平息作用是明显确证的;刑罚的适用使得被害人和社会公众的报复情感得以疏泄,也使犯罪行为人的灵魂得以赎罪洗礼;刑罚发生的淘汰、隔离和限制等消极预防作用是现实客观的,死刑对罪犯的彻底淘汰、自由刑对罪犯的隔离、财产刑对犯罪资本的剥夺、资格刑对罪犯权利资格的限制,直接抑制犯罪的发生和保护社会的存在。一言以蔽之,刑罚作为报应刑和抑制刑的作用是不容否认的。现代特殊预防是在报应范围内对犯罪行为人的隔离、威慑与矫治,悔罪从宽能在其中起到极为重要的调节作用。本书认为,现代特殊预防论在减刑中实现的途径有三:调节隔离时期、有限威慑罪犯、全面矫治。现代特殊预防的重要任务之一即实现受刑人的再社会化,矫治其满足个人需要的方式。犯罪行为人由不适应

---

[1] 林山田:《刑法通论》,北京大学出版社2012年版,第444页。

社会生活到再度适应社会共同生活绝非一朝一夕之事，必须以一定的时间作为保障，需要在特殊的监禁场所与世隔绝一段时间，这种监禁产生的痛苦既是报应论所追求的，也能起到预防的作用。再社会化过程以剥夺自由为基础，其中的痛苦会使罪犯产生难以磨灭的印象，尽管现代刑罚并不追求过分的痛苦，因为那是不人道也不符合人权要求的，但痛苦是剥夺自由不可避免的产物，这种痛苦将使罪犯不敢再次实施犯罪。在隔绝过程中，对罪犯不仅仅施加惩罚，还要进行对症下药的矫治以使其不愿再次犯罪，从而达到预防犯罪的功效。

三、悔罪与刑罚的矫正功能

马克昌教授对于对罪犯展开矫治有以下理解："在多数犯罪分子看来，对其进行刑罚，主要是想使其改邪归正，今后做一个知法守法之人，事实上，对其施加刑罚，并不是出于惩罚目的，而是希望通过对其教育和改造，为其带来再次踏入社会生活的机会。"[1]我国台湾地区学者认为："所谓矫治就是对犯罪人进行改造，最终使其能够开始正常的生活，不再犯罪，这是特别预防理念的重点内容，所以便衍生出现代监狱的再社会化观念。"[2]矫正也好，改造也好，最终的目的都是一样的，使犯罪行为人能够顺利回归社会，做一个有公德心，有法律意识并遵守法律的公民，不再作出犯罪行为。以惩罚和悔罪从宽为基础的矫正，本书认为应当涵盖以下几个方面的内容：

第一方面是犯罪行为人对法律的知、情、意。按照时间顺序，认识是第一位的，如果人没有真确的法律认识，则埋下了触犯法律的种子，从而最终可能实施违法犯罪行为。对于许多罪犯来说，其犯法起源就是对法律认识的不到位，不明白何为违法行为，何为守法行为，这种不明白或者误解，会使其在面临选择和判断的时候，可能作出触犯法律的行为，最终走上违法犯罪的道路。由此看来，在对其施以刑罚时，最重要的是使其正确看待自身行为，明白自己的行为违反了哪些法律要求并造成了怎样的后果，从而自然就受到了这些刑罚。有错误法律情感的罪犯不在少数，无论是对法律不够重视，还是刻意地蔑视法律，这样的群体是占有很大比例的。在实施自由刑的过程中，

---

[1] 马克昌：《刑罚通论》，武汉大学出版社1999年版，第62~63页。
[2] 林钰雄：《新刑法总则》，中国人民大学出版社2009年版，第13页。

应当让罪犯充分感受到法律的不可侵犯性,作为社会秩序的维护基础,法律不容蔑视,任何人作出了违背法律的行为,都将面临着刑罚的惩罚。刑罚通过这样的过程,使犯罪行为人重视法律法规,正确看待法律法规,从而做到尊重法律,遵纪守法。

犯罪从宽激励制对犯罪行为人知、情、意的综合矫正,是在相应的法律规范基础上进行的。我国刑法以及最高人民法院、最高人民检察院的相关规定体现出,犯罪行为人想要得到一定的减刑奖励,就应当有明确的悔改表现或者重大立功等。确有悔改的具体要求包含犯罪行为人对法律的知、情、意的认识程度。认罪伏法要在其对自身行为正确认识的基础上,从内心正视法律制度,甘愿接受法律的惩罚。所谓监规就是监狱规范,是罪犯在监狱中所要遵守的狱中行为制度,罪犯应当积极严格遵守监规,从而提升其规范思维,做一个遵纪守法的人。在监狱中对罪犯组织的文化学习一般都是普及法律知识,明确法律要求,引导罪犯在知法的基础上不去触犯法律,也可以是罪犯基于自身所理解的法律,对自身行为有正确的认识,并进行反思。在文化学习方面,会学习一些社会道德规范之类的内容,比如尊重别人、具有公德心等,这些社会规范在法律系统当中也有一定的体现,只是未得到罪犯的重视,在对这些内容进行了解时,罪犯逐渐形成法律意识。立功等重大表现的定义是,与司法机关配合,对他人的不良行为进行揭发。在受自由刑期间,罪犯如果可以配合调查人员阻止犯罪活动或是协助加快破案速度,这都是其具有法律意识的体现。虽然罪犯的这种表现不能排除有一定的投机心理,仅是想要以此得到减刑,不过在对其进行减刑奖励时,其便可以真正体会到守法为自身带来的价值,相较于触犯法律所受到的惩罚来说,相信其心里会有清醒的判断。

另外司法部在《关于计分考核奖罚罪犯的规定》(现已失效)(以下简称《考核规定》)以及《监狱服刑人员行为规范》(以下简称《行为规范》)中,强调通过减刑程度来判断一个罪犯在法律知、情、意方面的理解程度,明确提出,在服刑期间,罪犯应严格遵守《行为规范》。在规范中,对罪犯还做了以下要求:遵纪守法、服从监管、积极接受教育、认罪悔改,并在进行学习后,对我国宪法和法律体系有了一定的认知,只有从内心转变为接受和吸纳的态度之后,其行为才会自然有所转变,从而真正遵守监狱规范,主观上改变自己的意识。在《考核规定》中,第 6 条表明思想改造一共 55 分,超出劳动改造 10 分，这也足以说明思想改造的重要性。在《考核规定》中有这样的表述：罪犯想要在思想改造一项上取得满分成绩，就需要符合以下几项要求：一是明确自身的犯罪行为对社会造成的负面影响，承认自身的犯罪行为，服从判决，并真正忏悔自身行为；二是努力学习法律知识，积极接受法律教育，改造自身行为和心态，对狱内的不良行为进行监督和检举，在界定违法和守法行为之后，除了自身遵守外，还要起到监督作用；三是配合监狱警察的工作，管好自己，服从各项监狱规范，并在回归社会后仍然可以保持狱中遵纪守法的态度，即要遵循各监督方的管教和监督，拒绝违法犯罪行为。在服刑期养成的积极学习和劳动习惯以及养成的遵守规则和维护秩序的良好习惯，到社会中应当予以保持。如果最后回归社会之后，犯罪人再次触犯法律，那么足以说明对其的矫正是非常失败的。本书以为，个人的社会化过程，同时也是持续学习的过程，服刑期间自己对外界所不了解的内容进行探索，学习如何正确地与人相处，学习如何通过正当的方式来满足自身需求等。犯罪人在狱中遵纪守法，重视规范，这对于其回归社会具有较大的促进作用，有利于其法律知、情、意的理解和学习。不仅高层级法律规范中要针对悔罪和立功制定相应的减刑奖励，地市级单位在具体的考核评定过程中也应当尽可能细化相关规定，使符合标准的罪犯能够得到这样的机会，积极改造，早日回归社会。

第二方面是对错误的价值观进行矫正。犯罪行为人之所以实施犯罪行为，一般都是因为扭曲的价值观作祟。罪犯中不乏好逸恶劳、投机取巧、崇尚金钱之人，享乐成为了对于他们来说最为重要的事；还有的罪犯崇尚暴力，认为自己的冲动或是暴力行为是义气的表现；另外也有一些罪犯受到迷信思想的侵害，三观不正；同时也有罪犯因某些事情对政府心生不满，由此产生报复社会的心理。以上种种错误的价值观和思想，最终促使罪犯采取不正当手段来实现自己心中所想，最终也受到了法律的严重惩罚。

在对罪犯的价值观进行矫正时，可逐步使罪犯清醒过来，认清错误观念将会给人带来什么样的危害，慢慢转变其思维方式，帮助其树立正确思维，最终使其明白自给自足、知足常乐、遵纪守法等正确的行为标准，不再产生危害社会的想法，通过思想的转变，带动行为的转变，由此避免违法行为。在犯罪行为当中，罪犯都是通过非正当方式获得自身需要，表现了其自私的心理，对他人没有基本的尊重，另外对自我的控制力不足，所以，要强调

"爱""尊重""努力"等正确思想,使罪犯反思自身行为,在其思想有改观时,对其做相应激励,将会促进其思想转变的速度和程度。

第三方面是矫治行为模式。想要创造和谐、规范的社会环境,就需要有相对应的规范机制,用来约束社会成员的行为,使社会成员在系统规范的要求下,通过正当的方式获得个人所需,在社会中和谐生活。法律法规代表着社会对于个人获得需求而采用的方式的容忍程度,犯罪行为人的行为之所以被判定为犯罪行为,是因为其采取的获取所需方式超出了法律的容忍度。而一旦某个个体行为超出社会容忍范围,则一定会造成社会损失,影响社会秩序,自然也就被当作犯罪处理。这和梅传强观点一致:"之所以要设立刑法,就是要求人们在一个规范的制度内,稳定地生活,从而实现社会的进步和发展。之所以有些行为被称为是犯罪,就是因为这种行为侵犯到别人的利益,扰乱了社会秩序。"[1]

对于通过超出法律容忍度的方式来获得个人所需的犯罪行为人,应当对其进行矫正,从而使其转变获取所需的方式。《中华人民共和国监狱法》对罪犯的改造有以下规定:改造形式应当将教育和劳动相结合。由此可见,劳动在改造过程中发挥的重要作用。2012年《规定》中,对于悔改表现有以下阐述:积极参与劳动是悔改表现的行为之一,在生产活动中,积极创造技术革新,成绩优异;劳动期间有一些发明创造行为,或是表现出重要的技术革新等,都属于重大立功表现范畴内。作为监狱矫正手段的一种重要方式,罪犯如果能在劳动中有良好的表现,将有得到减刑奖励的机会。《考核规定》还提出,罪犯积极参与劳动,按要求完成劳动生产配额,保证劳动质量,不浪费资源等行为都是其劳动改造基础分的考核项,各项表现良好便可以获得满分。

犯罪行为人在犯罪之前就表现为自控能力不足,不重视各项社会规范,最终演变成触犯法律而接受刑罚处罚。要矫正罪犯容易触犯社会规范的行为模式。在全面矫正工作下,罪犯出狱后会把在狱中养成的良好记录、劳动、学习和交往习惯带到社会并保持,将自身的行为约束在法律规范之内,不再作出违法犯罪的行为。这样的矫治过程,使矫治罪犯法律知、情、意观念和矫正其错误行为的重要性得到展现。

---

[1] 梅传强:《犯罪心理生成机制研究》,中国检察出版社2004年版,第84页。

第四章 定罪阶段的悔罪问题

第一节 犯罪构成与人身危险性

在中华文化里，刑法是治恶惩恶的利器，对于违法犯罪人员的处罚强度与该个体所行的违法犯罪行为所造成的严重后果息息相关。行为本位刑法的概念强调"责任是一种评价"，即归责可能性，评价客体是行为；而行为人本位刑法认为，评价客体是人格。现今大部分专家与学者认为，鉴定责任的对象是一件详细的事情，在评估鉴定责任的过程中，对于个体的性格、社会背景的了解是必不可少的。人格，是社会中的每个个体的品格，又被称为品德，虽然不属于刑法考量的范围，但一个个体品格的好坏与其犯罪行为及动机息息相关，因此是伦理学和犯罪学中的一个重要概念。

在规定刑法的具体适用范围时，司法实务中常用的至关重要的概念是"主观恶性"和"人身危险性"，"主观恶性"即所谓凶恶的性格，"人身危险性"是指再次犯罪的可能性。这两个概念，并不等于刑法概念上的"罪过"，不是刑法中的"罪过"的概念，而是犯罪学的元素。在平时的执法中，这两个因素一直被考量，有着不容小觑的作用。2010年2月8日颁布的最高人民法院《关于贯彻宽严相济刑事政策的若干意见》第28条规定："对于被告人同时具有法定、酌定从严和法定、酌定从宽处罚情节的案件，要在全面考察犯罪的事实、性质、情节和对社会危害程度的基础上，结合被告人的主观恶性、人身危险性、社会治安状况等因素，综合作出分析判断，总体从严，或者总体从宽。"

由此可见"人身危险性"既非法定也非酌定情节，是一种具有独立发言权的影响刑事司法程序的重要因素。因此,对于悔罪因素在定罪阶段的影响作用,就由此展开。

一、人身危险性的发展脉络

人身危险性是决定论的产物。追溯提出犯罪可能性起源的是加罗法洛。他撰写的《危险状态的标准》中第一次运用了"危险状态"这个词,而且将其解释为"犯罪人的自然倾向",[1] 经过几代人的不断努力与奋斗,人身危险性的含义被不断完善与丰富。

原先,龙勃罗梭从违法人员的性格、成长背景等方面探索该个体的犯罪可能性。他认为,人身危险性是有违法犯罪行为的个体身上所独有的特征,这些个体之所以会有违法犯罪的行为,可能与这部分人群性格变异等原因有关,这些人群大多缺乏责任感,与龙勃罗梭分析提及的生理异常远远不同。因此到目前为止,关于人身危险性的理解与掌握,刑事人类学派尚认为要从违法人员的个体特征上考量,对于人身危险性只是处于初步探讨阶段。发展到后来的刑事社会学派,菲利不仅从犯罪分子的生物特性上去寻找犯罪原因,而且还通过综合分析该个体周围的生活环境与成长背景等,广义地认为,人身危险性是实施违法犯罪的个体生理机能、成长背景、生活环境等相互作用、相互影响的结果。菲利又针对该问题提出了犯罪饱和论,即该个体的这些因素相互作用、相互影响,当达到一临界值时,该个体施行违法犯罪的可能性就极大。犯罪的数量变化与影响犯罪三要素的数量变化成正比。另外按照实施违法犯罪的个体的人身危险性,菲利大致地把这些违法人员归为五类:天生犯罪人、精神病犯罪人、习惯性犯罪人、机会犯和激情犯。

从刑法角度深刻探索人身危险性的学者是李斯特。他从实证主义的角度出发研究其深刻意义。他也认为被处罚的是实施违法犯罪行为的个体而不是那个违法犯罪行为。根据他的理论,刑罚通过限制违法人员的自由来使违法人员纠正其自身不良的价值观及进行一定的改过自新,所以,刑罚需要根据违法犯罪个体是否在未来会反复犯罪来进行分门别类,若一些个体属于机会犯、偶犯则需要施加威吓刑、死刑。对于长期多次实行违法犯罪行为的违法犯罪人员,就需要增加处罚强度来纠正这一部分人群的价值观及行为方式,

---

[1] [意] 加罗法洛:《犯罪学》,耿伟等译,中国大百科全书出版社1996年版,第94页。

倘若针对一般的违法犯罪人员就进行普通的说服改造即可。现在也有研究提倡对有犯罪潜质的违法人员进行预前科刑,但一部分人认为这样的方式可能会对这一类人群的人格有侵犯。[1] 李斯特在此基础上提出了犯罪征表说、主观主义、保护刑论以及不定期刑等一些新型理论。

后来在这方面有深入研究的另一名学者为牧野英一。因为受李斯特的不断教导与影响,他认为,客观主义必然向主观主义进化(进化论),随着近些年人们的不断深入研究,很多子理论不断完善,因此分析犯罪行为及动机的角度也不断被丰富,包括违法人员的责任感、是否在实行违法犯罪行为之前有动机或者违法行为是由于故意导致等,不单单是研究违法行为与违法人员的性格特征,牧野英一的上述理论可以看出其更加看重违法人员本身,特别是人身危险性。[2] 而且他还在接受李斯特思想的同时,把主观主义进化论进行了更加深刻的推进。他甚至建议修正、取消罪刑法定主义。[3] 在牧野英一眼中,人身危险性与罪刑法定主义有很多本质性的重叠部分。

在二战期间,法西斯片面性的使用这一理论,对很多有潜在违法犯罪的人员实行了预先性的处罚,但很多人最终无违法犯罪行为,致使众多人员的人权受到严重侵害,以至于二战之后,人身危险性理论在世界范围内成了禁忌话题。正是在此种氛围下,社会防卫论者对人身危险性理论进行了积极的防护。"社会防卫运动"兴起于19世纪末,意大利刑法学家格拉马蒂卡创办了社会防卫研究中心。他也认为人身危险性理论欠缺科学性,难以真正保障人权,实际使用效果不佳,从而对人身危险性理论进行批判。他认为应当使用"反社会性"来代替人身危险性。"反社会性"主要包含了违法犯罪人员的客观因素、犯罪动机及心理、违法性等三大方面,从这三方面进行的综合描述相比单独的人身危险性,更多的是反映违法犯罪人员对于现实生活或工作中无法找到适合自己的定位时出现的偏激行为与心理。除此以外,格拉马蒂卡则建议可以把"反社会性"这一重要特性融入犯罪的分析中,用防卫处分来取代之前的刑法处罚,这种想法被称为激进的社会防卫论点。[4]

在这以后的时间里,虽然自由意志得到了安塞尔的认可,可是,作为防

---

[1] 参见[日]大谷实:《刑法总论》,黎宏译,法律出版社2003年版,第16页。
[2] 参见宋伟卫:"刑事一体化视野下的人身危险性研究",吉林大学2009年硕士学位论文。
[3] 参见鲁兰:《牧野英一刑事法思想研究》,中国方正出版社1999年版,第61页。
[4] 参见鲜铁可:"格拉马蒂卡及其《社会防卫原理》",载《中国法学》1993年第4期。

卫派的主要责任人，安塞尔在一些方面还是有着独立的看法的，他坚决反对绝对报应，而且在关于"人"的一些问题上，要求刑罚有针对性。对于罪刑，安塞尔秉持维护态度，而在刑罚制度等问题上，主张进行改革，将各个部分合并为一个统一的整体，社会仍然对于犯罪人保持开放的态度。在人身危险性等问题上，安塞尔秉持着乐观积极的态度，他认为一个人表现出来的人格，是由两部分组成的，其中就包含着人身危险性，在对犯罪行为人进行处罚的时候，是可以将其作为重要依据的。而法官在对犯罪行为人进行定罪的时候，需要对犯罪行为人的诸多人格要素进行考核，这一过程是为了让犯罪行为人能够回归社会，犯罪行为人应当积极配合。但他又认为在绝大多数情况下不能单纯地根据人身危险性处罚犯罪行为人，应在法律上按客观犯罪行为及其严重程度对人身危险性加以限定。在历史上，曾经出现对人身危险性偏激的看法，而安塞尔始终保持着客观的眼光，对人身危险性这一问题秉持肯定态度，进而让人身危险性这一理论在此阶段的发展不会停止。

因为受到自身扩张性的影响，主观主义刑法可能会侵犯人权，作为人格刑法论者，想要将新、旧派别的思想统一起来，其首创者为毕克迈耶，而鲍克尔曼和麦兹格则在其基础上进行了进一步分析，之后日本的团藤重光等人对其给予了充分肯定。不仅人身危险性观念在该学说中有所体现，而且道义责任论中的可非难性观念也得到了展现，因此也充分证明该责任论具有一定的综合性。

人格责任论在团藤重光的理论中主要有两个方面：第一，行为责任是前提；第二，人格形成责任应该加以考虑，并且人格责任论的整体概念是以这两个部分的理论作为基础的。人格责任论的概念从总体上可以说明犯罪行为以及表现出来的人格体系才是组成整个体系最重要的一方面。人们的人格，是一个人行为的决定性因素，在确定责任的时候，主要根据在实施行为之后的人格来进行判定。可以将人格刑法进行如下的归纳：在犯罪的过程中，行为者所进行的行为如果和犯罪行为是有着密切的联系的，这时候，行为者的行为可以判定为该人人格的显现。因此，我们就应按照罪刑法定原则对行为人加以处罚。但是如果行为人所进行的犯罪行为和行为人的人格有所出入时，就应当对行为人所受到的刑法制裁作相应的削减或者是免除，因为我们可以认为该行为人产生的犯罪行为有着自我防卫的目的。当然，在这里也有着一定的疑问，那就是我们应当怎么判定行为人人格形成的责任？对此问题，存在着一定的争议,一种认为可以通过非决定论来作为判定的基础,而另一种则认为需要通过决定论来作为基础。这个问题有着深奥的内容,并不是可以轻易解答的。团藤重光有着自己的看法:在人格的行程中,一个人的主体思想占据着重要的作用,其次,才是环境、素质等客观的因素的作用。自发的要素,占据在每个人的人格当中,所以,我们可以通俗地理解为,人格责任难以判定的主要原因就是在于人格所产生的行为其实和个人的努力有着直接的关系。在团藤重光的观点中,我们可以总结到他认为人格责任的基础是意志自由,这就说明,行为人是可以自己控制人格所产生的行为的。然而,这其中,有着我们无法分清楚的问题,那就是行为人的人格中,环境影响和人为控制的素质有哪些,这是没有办法进行辨别的。

二、人身危险性与社会危害性的区别

在进行刑事司法定罪中,人身危险性和社会危害性的界定有着十分重要的作用,可以保证定罪过程中的准确性和科学性。当行为对社会造成了损害,使得原本的社会秩序和社会关系受到了一定的破坏的时候,这就是所谓的社会危害性。而我国学者一直讨论争辩着"人身危险性和社会危害性两者之间的关联"这一问题。一部分的学者认为两者之间的关系是相互并列的,二者皆是犯罪的本质特征。这一观点即犯罪本质的二元论。[1]。而另一部分的学者认为引起行为人进行社会危害的主要原因就是人身危险性。当然还有小部分的学者有着不同的看法,他们通过定罪、量刑、行刑三个方面来说明人身危险性与社会危害性的关系。[2]

本书认为,以上观点中,第一种比较可取。人身危险性和社会危害性都属于犯罪的范畴,人身危险性是行为人的属性,属于未然之罪,而社会危害性是行为的属性,属于已然之罪,人身危险性显然不能被社会危害性所包含。从定罪、量刑、行刑三个方面分别去说明人身危险性与社会危害性的关系,固然比较直观。但是,不能从理论上说明为什么人身危险性能够对定罪、量刑、行刑有影响,俨然人身危险性是从天而降的。因此,只有从犯罪概念中去说明人身危险性,才能解释人身危险性为什么能成为定罪、量刑、行刑的

---

[1] 参见陈兴良:《刑法哲学》,中国政法大学出版社2004年版,第159页。
[2] 参见曲新久:《刑法的精神与范畴》,中国政法大学出版社2003年版,第227~237页。

依据。也就是,人身危险性涵括在犯罪的特征之中,并且与社会危害性相并列,是犯罪的本质特征。正因为人身危险性是犯罪的本质特征之一,而犯罪构成又是建立在犯罪概念基础之上的,那么,犯罪构成也能体现人身危险性,因此,人身危险性就能够对定罪、量刑、行刑产生影响。通过对人进行犯罪的时候构成犯罪的因素进行分析,我们很轻易就可以得知,社会危害性和人身危险性两者是紧密结合的,任何一种因素都不可脱离另一个单独存在。[1]

在刑法适用过程中,司法实务中常用的一个至关重要的中国概念是"主观恶性",也就是凶恶的性格。"主观恶性"这个概念,不等于刑法概念上的"罪过",而类似于"人身危险性"的概念,是犯罪学的元素。"主观恶性"同三阶层犯罪论的"责任"概念有些近似,但不相同。在我国司法实践中,"主观恶性"概念已经深深融入刑法的运作过程中,起着重要的作用,形成一体化的性状。在中华文化里,刑法是治恶、惩恶的公器,刑罚力度与对象的恶性程度成比例关系。2010年2月8日颁布的最高人民法院《关于贯彻宽严相济刑事政策的若干意见》第28条规定:"对于被告人同时具有法定、酌定从严和法定、酌定从宽处罚情节的案件,要在全面考察犯罪的事实、性质、情节和对社会危害程度的基础上,结合被告人的主观恶性、人身危险性、社会治安状况等因素,综合作出分析判断,总体从严,或者总体从宽。"可见"主观恶性"既非法定也非酌定情节,是一种具有独立发言权的影响量刑的重要因素。

三、从犯罪构成看人身危险性

虽然,犯罪构成在一定程度上也体现了犯罪行为人的人身危险性,但是,在犯罪构成中,社会危害性与人身危险性的地位是不同的,是一种制约与被制约的关系。

在刑法领域,进行评定犯罪的过程中,我们最先关注到的是犯罪行为,其次,才会对犯罪行为人的人格进行评价。也就是说,对犯罪行为进行评定的时候,社会危害性是首先应该进行分析判断的,其次才是对这个犯罪行为人的人格进行分析,判定其是否存在人身危险性。总而言之,在进行社会危

---

[1] 参见王勇:《定罪导论》,中国人民大学出版社1990年版,第89页。

害性的评定中，主要存在着三种结果，第一种是犯罪行为人已经产生的犯罪行为的危险性远远地超过了犯罪行为人预期的危害程度。在这种情况下，就可以认定行为构成犯罪，而对人身危险性的考察只是对犯罪行为人予以"类型化"。第二种是行为的社会危险性处于罪与非罪的"临界点"上，此时，认定行为是否构成犯罪就需要继续对行为人的人身危险性进行考察。如果行为人没有人身危险性，那么就认定行为不构成犯罪；如果具有人身危险性，也不能认定行为构成犯罪。即在这种情况下，人身危险性只具有出罪的功能。第三种是其社会危害性并没有达到一定的程度，在这种情况的约束下就无需再考察行为人的人身危险性。

在笔者看来，罪行既包括主观的，也包括客观的，两者兼而有之。行为和主观故意，都属于罪行。罪行是反映社会危害性的。罪行极其严重，罪行的社会危害性就极其严重，因此刑罚也就相应加重，这是就犯罪本身而言。例如前文所提到的药家鑫案件，罪行极其严重，可以判处死刑。如果按照现在的观点来看，罪行极其严重里面又包括相对来说不是那么严重的，这个逻辑是完全混乱的。已经是"极其严重"了，那就是一种极致了，又如何再去降低等级，考虑不那么"极其严重"呢？实际上，真正的标准应该是人身危险性，所谓"可杀可不杀的不杀"这种政策实际上就是如此考虑的。什么是"可杀可不杀"？就是从犯罪的罪行程度上而言是该判处死刑的，例如当年的日本战犯，个个手上都沾满鲜血，罪行滔天，按照法律全都可以处以死刑，为何最终没有这样处理？那是出于改造的考量，尽量去改造他们。当年毛泽东说过无产阶级可以改造人，实践中的确做到了。日本战犯被改造后悔过自新了，溥仪皇帝被改造成自食其力的劳动者了。改造的目的是什么？就是降低罪犯的人身危险性，哪怕只有一点点，我们都从这一点点出发，免除其死刑。本书认为考量悔罪的真正标准是其人身危险性，犯罪事实指的是当场的犯罪行为，像是药家鑫罪前罪后的表现，都不能称为犯罪事实。罪前罪后都只能说明其人身危险性，综合看来，药家鑫的人身危险性还是比较小的。所以理论上，他应该被判处死缓比较合适，不应该被判处死刑立即执行。但是当时就是因为其罪行极其严重，我们往往认为只要是罪行极其严重，就没有余地了。一直到现在都是这种观点，当罪行极其严重，人身危险性就没法纳入考量范围了，无论其人身危险性多轻，都必须处以极刑。

在我国刑法学中，人身危险性理论发展遇到的瓶颈是人身危险性的评估问题。人身危险性的评估并非一定是精确到点的测量与计算，也可以是定性基础上的区间估算。例如，刑罚的确定也并非是利用数学公式计算出来的确定天数，而是根据行为人行为造成的危害结果与行为人的主观恶性确定的一定的刑罚幅度。所谓的罪刑均衡也是某种等级意义上的均衡，而非绝对意义上的均衡。[1] 在定罪阶段，行为人是否有罪是绝对的，不存在测量效度的问题。也就是说，一个人是否有罪不存在百分之几有罪，百分之几无罪的问题，而是要么是有罪，要么是无罪。而在量刑阶段，却存在着罪量与刑量均衡的效度问题。

如果我们按照理性的思维进行考量，应该以罪犯的人身危险性作为标准。这样，国家死刑将得到很好的控制，有效地减少。

第二节 犯罪构成中的情节问题

犯罪分层观念在刑法中已初现端倪，应全面完善相关配套制度。随着《中华人民共和国刑法修正案（八）》和《中华人民共和国刑法修正案（九）》的颁布，刑法中出现了3个法定最高刑仅为拘役的微罪（即危险驾驶罪，使用虚假身份证件、盗用身份证件罪，代替考试罪），由此我国刑法典中初步呈现出法定最高刑3年以上有期徒刑、法定最高刑拘役以上3年以下有期徒刑及法定最高刑仅为拘役的重罪、轻罪与微罪的犯罪分层现象。这不仅有助于社会公众改变对罪的观点，减少标签化带来的危害，促进社会和谐，也能够为宽严相济刑事政策中界分重罪、轻罪及微罪提供法律基础。但是，与犯罪分层相适应的配套制度如犯罪概念的法定分层（类）制度、微罪的犯罪记录封存制度、悔罪的出罪制度仍然严重阙如，本节所谈到的但书实际上涉及到的正是悔罪情节很重要的一点——出罪功能。

构成犯罪的社会危害程度在我国刑法分则的条文当中有明确的规定，例如某些财产罪的数额较大，侵犯公民通信自由罪、虐待罪的情节严重、情节恶劣等，如果行为并没有造成必要的社会危害程度，则罪名就不成立。但这个界限在很多犯罪情况中并未指明，这种情况应适用《刑法》第13条关于但书的规定。我国将刑法总则中关于"情节"的一般性规定也是行为社会危害

---

[1] 参见白建军：《罪刑均衡实证研究》，法律出版社2004年版，第275～302页。

程度的表征称为"但书",是犯罪构成要件的当然组成部分。现代刑法的通例是任何国家在对付严重反社会行为和一般反社会行为时,权力分工要明确,犯罪的成立应当具有定量因素。[1]而微罪处理的模式应当是不同的,犯罪构成中的悔罪情节,对于悔罪在定罪阶段的意义不言而喻。犯罪的标准是犯罪构成,按照这个理论,与量刑和行刑阶段相比,悔罪情节在定罪阶段是否起作用?效果如何?

一、犯罪与犯罪构成

如果将犯罪一般概念从犯罪构成体系抽象化的角度理解的话,犯罪构成体系的共同要求即可以称为"不处罚不当罚行为"的量的要求,而能否将这种量的要求,从不成文的、价值的判断变为成文的、事实符合性的判断则是其不同的地方,但是"但书"中对量的内容是没有进行转化的,其判断层面还是停留在超法规的价值面上,其中可以进行处罚的违法性、社会相当性、实质违法性等与大陆法系犯罪体系基本无异。我国《刑法》第 13 条明言规定:"一切危害国家主权、领土完整和安全,分裂国家、颠覆人民民主专政的政权和推翻社会主义制度……以及其他危害社会的行为,依照法律应当受刑罚处罚的,都是犯罪,但是情节显著轻微危害不大的,不认为是犯罪。"但书里"情节显著轻微并且危害不大的"的内容,引出了传统犯罪概念的三大特征。但这种对于文字的简单总结,因为其视域界限的明确缺少,所以,社会危害性便被称作它的本质特征,而社会危害性的本质表现则为刑事违法性,它处在要被决定的位置,而应受刑罚处罚性也变为可有可无,这样的情况,让犯罪概念与罪刑法定的冲突受到了大众的怀疑。[2]"无视刑事立法和刑事司法不同研究角度的区别,不仅将犯罪的本质特征作为刑事立法设罪的根据,也将犯罪的本质特征作为刑事司法定罪的标准。"[3]这其中的方法论根源,正是因为犯罪概念中社会危害性与刑事违法性、罪刑法定原则的关系纠缠不清导致的。对于出罪这样广泛存在而又至关重要的行为,国内学界为什么会有

---

[1] 参见王政勋:"定量因素在犯罪成立条件中的地位——兼论犯罪构成理论的完善",载《政法论坛》2007 年第 4 期。

[2] 参见樊文:"罪刑法定与社会危害性的冲突——兼析新刑法第 13 条关于犯罪的概念",载《法律科学》1998 年第 1 期。

[3] 夏勇:"犯罪本质特征新论",载《法学研究》2001 年第 6 期。

如此争论呢？不同观点的出现，恰恰表明了现在有关罪与非罪判断标准的不统一。在刑法理论界，主要有三种观点来进行罪与非罪的判断：在这之中的第一个观点就是针对刑法的界定，这一观点将刑法作为一条基本的准绳，认为刑法在判定犯罪的过程中，有着重要的作用，在进行分析的过程中，可以利用犯罪构成理论。第二种观点针对犯罪的本质问题进行了分析，该观点认为在分辨某一犯罪嫌疑人的行为是否具有社会危害性的时候，需要对三个方面的问题进行如下的分析，首先应该分析行为对社会主义在发展过程中是否产生推动效果，其次需要对我国的综合国力进行综合评价，全面地判定是否产生提升效果，还有在全国人民的生活过程中应当关注人民的生活品质有没有提升。这其中第三个观点融合前两种观点。在这三个观点当中的最后一个观点详细地说明了如果需要对行为人所实施的行为产生的犯罪效果进行评价的话，需要将我们之前所提到的三个方面进行汇总，从而科学且准确地判断行为人产生的犯罪行为是否具有一定的社会危害性。只有二者相结合才能更加合理有效地判断出一个行为是否真正构成了犯罪行为。

二、但书是悔罪在定罪阶段的法律源据

我国《刑法》第13条规定："一切危害国家主权、领土完整和安全，分裂国家，颠覆人民民主专政的政权和推翻社会主义制度，破坏社会秩序和经济秩序，侵犯国有财产或者劳动群众集体所有的财产，侵犯公民私人所有的财产，侵犯公民的人身权利、民主权利和其他权利，以及其他危害社会的行为，依照法律应当受刑罚处罚的，都是犯罪，但是情节显著轻微危害不大的，不认为是犯罪。"这里的犯罪概念是指结合了社会危害性与刑事违法性、实质内容与形式的科学概念，这一犯罪概念与前文提及的"可罚的违法性理论"有相似之处，但又在此基础上引入了定量因素。我国刑法通过但书规定，在人类的认识过程中，将定量因素等加入到对犯罪的界定中，这是人类发展的巨大进步，世界刑法的这一场创新，将人类的认识带领到了新的时代之中，有着跨时代的重大意义，值得每一个人去铭记。严格限制刑法的适用范围，可以将那些虽然符合刑法分则条文的形式规定，却缺乏相应社会危害性的行为排除，这意味着如果行为人的犯罪行为造成了严重的社会危害，就需要使用刑罚进行处罚。"对于刑法中没有进行规定的行为，以形式和理性为根据将其

排除在犯罪之外；对于刑法规定的行为，以实质合理性为根据进行解释，将不值得追究刑事责任的行为排除在犯罪之外。"

其中"情节显著轻微危害不大的，不认为是犯罪"的"但书"规定，以行为不具备相当严重程度的社会危害性来否定犯罪的成立，有着积极的出罪功能，蕴涵宽严相济刑事政策的理念。对于一些情节轻微的违法行为，在形式违法性判断的前提下应当进行实质违法性判断，当然，对于那些没有造成巨大的社会危害，可是符合相关法律规定的行为，对于该行为的界定，司法机关可以根据刑法分则的相关条文，并结合《刑法》第13条犯罪概念的"但书"规定作出不起诉决定或者无罪判决。另外，对于在犯罪的过程中，犯罪行为人实施的犯罪行为如果产生了巨大的社会危害性，那么，可以根据该行为的危害程度来对犯罪行为人的人格进行分析，从而对犯罪行为人的人身危险性进行判定。如果一个犯罪行为人对自己的犯罪行为产生的社会危害性有着深深的忏悔行为，同时，在内心深处对自己的行为有着深深的厌恶，那么这就可以认为是主观恶性较小。在这之外，犯罪行为人的这一忏悔心态，也体现了犯罪行为人的人身危险性相对于最初的评定有着减弱的趋势。实施相同行为造成同样结果的犯罪行为人，悔罪者的社会危害性以及人身危险性明显比不悔罪者更小更低，所以对其从轻处罚是理所应当的。

刑事司法实践中，对《刑法》第13条犯罪概念中的"但书"蕴涵的"出罪化机能"的正确理解和适用，有利于实现刑罚轻缓化价值理念。对于一些情节轻微的违法行为，在形式违法性判断的前提下，应当进行实质违法性判断。就本书所要探讨的悔罪问题，若犯罪行为人在犯罪的形式违法性上被认定为情节轻微，同时其悔罪情节也被认定，那么其实质违法性（社会危害性）的程度弱化，司法机关可以根据刑法分则的相关条文，并结合《刑法》第13条犯罪概念的"但书"规定作出不起诉决定或者无罪判决。关于"但书"规定中的情节如何理解，理论上存在不同认识。有人认为，它是指犯罪构成的共同要件；也有人认为，它是指能决定行为社会危害程度的一切主客观方面的因素（包括犯罪构成要件）；还有人认为，它是指犯罪构成的共同要件以外的事实情况。本书赞同最后一种观点，《刑法》第13条"但书"规定中的情节，应属于定罪情节。它包括罪中情节，也包括罪前与罪后情节。

理解刑法中"但书"的规定，应当注意把握以下几点：首先，所谓"不认为是犯罪"是指犯罪行为人虽然实施了刑法规定禁止的行为，但是由于情节显著轻微,其社会危害性尚未达到应受刑罚处罚的程度,因此法律不认为是犯罪。这里的"不认为是犯罪",就是指"不构成犯罪",而不是"原本构成犯罪,只是不将其作为犯罪来处理"。其次,这里的"情节显著轻微危害不大",是指行为人实施的某一行为从形式上看,符合某一犯罪的特征,但其没有达到应受刑罚处罚的程度,因而不成立犯罪。再次,"情节显著轻微"和"危害不大"两个条件必须同时具备,才不认为是犯罪。在悔罪的定罪情节中,行为人实施的行为必须同时体现以上两个特征才能适用"但书"规定。换言之,悔罪者的行为触犯了刑法,但在实质上并未造成实际损害,情节较轻,没有造成社会危害,加之行为人的悔罪表现而被认为人身危险性不大,即使行为人对所实施的违法行为悔悟认罪,也可不追究刑事责任,作出不起诉或者无罪判决。以宫本英修、佐伯千仞和藤木英雄为代表的日本刑法学者,在实质违法性理论的基础上,进一步提出了"可罚的违法性理论"。该理论认为:"违法性是一个具有量和质的概念,只有量上达到一定的严重程度,并且在质上应当受到刑罚上的制裁时,才存在可罚的违法性。缺乏可罚的违法性,应该被区分为两种情形:一种是缺乏可罚的违法性就不符合构成要件;另一种是虽然符合构成要件,但是存在可罚的违法性阻却事由,使违法性停留在不可罚的程度。""可罚的违法性理论"究竟是构成要件论领域的问题还是违法性论领域的问题?对此,有两种不同观点。其中,藤木英雄主张以行为欠缺可罚的违法性否定构成要件符合性;佐伯千仞则认为,欠缺可罚的违法性阻却违法。一般认为,从构成要件的定型性和保障人权自由的基点考虑,从维护现行的构成要件符合性、违法性和有责性三要件的犯罪论体系来看,可罚的违法性问题,并非构成要件阶段考虑的问题,而是关于违法性的问题。

三、刑法中悔罪的情节因素

(一)悔罪前提是犯罪事实的成立

本书所谈的悔罪,前提是犯罪事实的成立。因为悔罪的罪必定是已然之罪,而不是未然之罪,不是臆想中的犯罪,也不是还未着手实施的犯罪。若犯罪行为在构想中仍未着手实施,或者在犯罪预备阶段,行动刚开始还未产生危害结果,当事人就已经心生悔意,放弃行动,这只能算是犯罪中止,而不是悔罪。

犯罪事实的成立是指行为本身违法,这就要涉及刑法理论中关于违法性的界定,其涵盖两方面理论,一是形式违法性,二是实质违法性。就形式违法性而言,其指代的是行为违反了刑事法律规范。实质违法性,指行为的法益侵害性或反社会性。形式违法性与实质违法性,并非两种不同的违法性,而是分别从外观、内容的不同侧面考察行为人违法所代表的本质。从刑法理论的角度来分析,若行为人之行为触犯刑法之规定,且能对自己行为所产生的危害有明确的认识,则必须要承担相应的刑事责任。从我国的刑法内容来看,对违法性认识,在法典中并未予以明确的认定,但对于行为之社会危害性却有明确的揭示。以《刑法》为例,其第14条中对故意犯罪予以明确的规定:"明知自己的行为会发生危害社会的结果,并且希望或者放任这种结果发生,因而构成犯罪的,是故意犯罪。"第15条中对过失犯罪予以了明确的规定:"应当预见自己的行为可能发生危害社会的结果,因为疏忽大意而没有预见,或者已经预见而轻信能够避免,以致发生这种结果的,是过失犯罪。"从社会危害性的角度而言,大陆法系对此的论述和我国的刑法在本质上是一致的。

就社会危害性而言,以上两种犯罪在认识程度上存在一定的差异。在故意犯罪中,行为人对自己行为的危害性有明晰的认识,但因出于某种目的而希望或放任危害结果发生。而就过失犯罪来说,行为人对相关行为的危害结果持抗拒心态,其危害结果在其意料之外。从这个角度来看,故意犯罪中行为人的违法意识较为明确,因而其悔罪空间相对较大,但过失犯罪,因危害结果出乎行为人意料之外,故并无事先悔罪之空间。两者相比而言,故意犯罪中的行为人,在危害结果发生之前,有更广阔的悔罪空间,但因其出于相关目的放弃机会,故其造成的社会危害性重于过失犯罪。因此从刑罚的角度看,故意犯罪之行为者应当承担相应的刑事责任,但过失犯罪之行为者只有在造成特定危害后果时,才承担起相应的刑事责任,是一种特殊情况。悔罪,这是一种情感表现,也是行为人的主观状态,故意犯罪和过失犯罪中都体现了行为人的主观状态,对悔罪与不悔罪行为的不同表现,刑法应该作出不同回应。

(二)悔罪是对违法性行为的悔过

任何犯罪行为,如果其在形式上符合违法性规定,一般而言,其实质违法性会相伴而生。但如果某行为符合实质违法性，但其在表现形式上不一定符合违法性规定。究其原因为"刑法并不能涵盖所有的违法类型，只规定其中最广泛之类型，即一些重大的、典型的违法行为，并明确予以相应的刑罚"。在违法性的判断上，根据罪刑法定原则指导下的犯罪构成要件论，首先应当作形式的违法性判断，若行为具备形式的违法性，则需进一步作实质的违法性的辨别，因该行为在形式上产生违法性，则代表其对相关的法律规范予以触犯，这并不能阐述法律秩序究竟"禁止什么、允许什么"。"而实质违法性则系在法律上例外地承认的阻却违法事由的关联上，判断构成要件该当行为于何种限度是违法、何种限度是合法之'整饬的原理'或'法解释之指导原理'。自此立场以观，实质违法性系对立于形式违法性，并非将其修正及变更，而更应是具有补充及确认其内容之任务。"经由实质的违法性判断后，若某种行为形式上违法，但实质上不违法，就不能说具有违法性。理由在于，立法语言本身的模糊性，使刑法规范确立的高度概括集约抽象的可罚行为类型，难免囊括一些质同量微的反社会行为或者涵盖一些其他部门法上的违法行为。

"从可罚的违法性论的角度看，其以刑法为着眼点，渗透谦抑主义思想，并结合规范违法说等见解，进而避免国家等执法机构在执行相关刑罚时出现滥用现象，进而针对具体事件，追求具体之妥当性理论。"此理论的根源为，通过相关不法行为之分析，分析其对相关对象产生的侵犯权益程度或对社会道德等方面的背离程度，若相关的行为不符合相关可罚性标准或程度，则应认定犯罪之不成立，进而来界定犯罪行为与不法行为间的区别。因刑法条文具备一定的抽象性和概况性，对于一些在形式上符合违法性要求，但实质上所产生的危害结果较为轻微，没必要通过刑法予以干预的行为，对此类的反社会行为，"可罚的违法性论"从违法的"量微"到"质异"上排除形式违法性，进而阻却犯罪的成立，收缩刑法的规制范围和刑罚的适用场合，正好实现了"出罪"功能。

（三）犯罪行为人辩解是否认定悔罪

在司法实践中，犯罪行为人对指控自己犯罪的相关事实等予以承认，并对自己行为的性质予以认同，有明显的悔改之意，在司法实践中可以纳入具有良好认罪态度，且有明确的悔罪表现之范畴。学界对此并无争议。但若犯罪行为人承认相关的犯罪事实等，但对对方指控的行为性质不予认同，对此是否判定犯罪行为人有悔罪表现却存在颇多争议，有学者持肯定态度，也有持反对态度，这也导致了在具体的司法实践中，出现颇多的争议和执法不一等现象。究其原因，在于学术界对此并未达成共识，且在法律上也无明确规定。因此，犯罪行为人辩解是否认定悔罪，也是我们必须探讨的问题之一。

1. 悔罪表现与犯罪行为人行使辩解权之间存在着形式上的冲突

从刑法理论的角度看，传统的观点认为，是否具有悔罪表现，在于犯罪行为人对自己所从事的犯罪事实能否予以承认，对其行为的不正当性等能否予以明确的认识，且认罪态度良好，希望重新做人。此对悔罪表现的界定，沿袭了传统，与坦白从宽、抗拒从严的思想有密切的联系。相关犯罪行为人否认自己的行为触犯刑法，不承认自己犯罪或认为指控之罪过重，即便同意承担刑罚，若直接认定成无悔罪表现，则显得有点偏颇。就犯罪行为人而言，辩解是法律赋予其应享有的权利，是对相关事实以及应承担责任等方面的辩解，并不能以此认定为无悔罪表现。但若证据确凿，相关犯罪行为人却否认所指控事实，则可以认定为无悔罪表现。但如果在承认相关犯罪事实等情况下，只针对行为性质等因素为自己进行辩护，以诉讼权利层面来看，这应是犯罪行为人应享有的最基本的权利。但此项权利的行使却有悖于传统悔罪的思想，这也就导致在诉讼中出现颇多争议，出现两难境地：若犯罪行为人想要被认定有悔罪表现则必须舍弃辩解权；如果行使辩解权利，则需承担无悔罪表现之后果。当今社会要求要保证人权，追求司法文明，若对悔罪外延以及内容不能予以新的界定，则此类冲突现象在司法实践中就不可避免，会给文明司法造成极大的困扰，这也会大大束缚犯罪行为人辩解权利的行使，不能体现司法中对人权的尊重和保护。

2. 悔罪表现与犯罪行为人行使辩解权之间没有根本上的冲突

公正可谓是司法的生命线，其中程序公正是实现此目标的重要条件之一，在各国的司法实践中，辩解权的行使是对犯罪行为人人权的尊重，是各国普遍遵守的法则之一，同时在我国的司法实践中也有明确的体现。从本质上看，辩解权的行使，是犯罪行为人基本权利的行使，这与悔罪并无本质上冲突。两种现象冲突，源于观念差异，当属一种误读。究其原因，在于人们对法律观念的理解，因人学识等存在差别，对之也产生不同理解。本书所持观点为，悔罪代表犯罪行为人对相关事实予以承认，辩解行为性质，应纳入悔罪之范畴。即便犯罪行为人行使辩解权利，对自己行为认定为正当防卫等，进而作无罪辩解，也不能轻易将此排除在悔罪范围之外。

人因各种因素之局限，认识存在一定的局限性，此特性既在未知事物领域得到体现，同样在已知事物领域发生，且在并未被人实际掌握领域也适用。因此就案件事实而言，事情已经发生，只是有些实际状况并未被人们所掌握，故此辩证法在此领域同样适用。悔罪代表犯罪行为人对自己从事犯罪行为予以承认。即便是法官在对案件事实的认识上尚且不能"丝毫无差"，更不用说法律知识浅薄的犯罪行为人。故犯罪行为人在事实承认时，若对相关事件细节有所遗忘，当属正当现象，法官并不能苛责要求其事无巨细，对所有事情的细枝末节都予以清晰明确的认识。

3. 悔罪表现与犯罪行为人行使辩解权是一个问题的两个方面

若犯罪行为人能对自己的犯罪事实产生悔罪表现，则该犯罪行为人常被认定为人身危险性不大。悔罪好像已经演变成犯罪行为人应尽的基本义务。但本书对此持有不同观点，认为此现象存在一定的误区，是人们认识的偏颇。悔罪表现是犯罪行为人应享有的基本权利之一，目的在于以"悔罪"征求宽大处理，将之纳入犯罪行为人有悔改之意，请求从轻处罚之范畴。辩解权利的行使也是犯罪行为人在司法诉讼中应被予以尊重的一项基本权利，不应被剥夺，故其和悔罪表现在本质上并无冲突，当分属于问题之不同层面，即均在应享有的基本诉讼权利之列，两种并不排斥。从具体的司法实践来看，即便是犯罪行为人也应保证其能切实享受这两项基本权利，转变传统观念在此领域认识的偏颇，充分实现司法的真正之公平性。若犯罪行为人正当地行使辩解权利，我们轻易认定其为无悔罪表现，无疑是对犯罪行为人人权的变相剥夺。

第三节　悔罪之于定罪的作用

悔罪悔的是"已然之罪"，所以悔罪属于罪后情节。而刑法理论一般认为，定罪情节只限于罪中情节，而罪后情节出现在犯罪发生之后，本身脱离了犯罪构成要件，不可能属于定罪情节。所以原则上，罪后情节是作为量刑情节存在的，通过犯罪行为人的罪后行为影响犯罪行为的危害及其程度，表现其对自身犯罪的态度，体现其主观恶性的程度，从而影响具体量刑。那么悔罪对于定罪的作用何在，根据本书前文所述，悔罪情节在定罪阶段的作用在于出罪或降低刑罚等级。但犯罪轻重以及犯罪类别在其中影响幅度如何？这也是在司法实践中常常遇到的难题。

一、犯罪轻重的影响

关于犯罪轻重中悔罪情节的影响，有种见解为，以罪刑法定为着眼点，犯罪行为人相关行为已经符合犯罪之构成，应当构成犯罪，故应拒绝引用但书，理由为"相关行为对社会造成危害的程度，应以当下犯罪规范之相关要求予以判定，对社会危害程度并不是判定犯罪之标准，所以，凭借犯罪规范我们可以以之来衡量其社会危害程度，但不能反向推导"，"若凭借危害程度之大小，评定犯罪之程度，会对犯罪之构成以及刑法产生重大冲击，使其公正性大打折扣"。[1] 也有学者如张明楷教授则认为判断行为是否符合犯罪构成，必须以犯罪行为所造成的危害性为出发点，"犯罪之界定，并不是一个空洞概念，而是通过分析判定来揭示相关犯罪事实的本质""在司法中，判定犯罪构成之时，应着眼于犯罪本质，而非将之看成是空洞形式，应从其本质内容出发，分析其产生的危害性"。所以，若其行为和犯罪本质相左，则不能纳入犯罪之范畴。从犯罪行为特征的角度来看，刑事违法性是其本质特征之一，同理行为之社会危害性也是其必备特征之一，两者是有机统一关系，不应孤立分析和对待，若单依据刑事违法性来分析，对犯罪构成仍难全面予以评定，此时必须借助其造成的社会危害性予以判定。若相关行为满足刑法上相关规定，在表面上符合刑事违法性，但如果此行为并未造成较大的社会危害性，从刑法但书的角度看，可以排除犯罪之列，即相关行为并没有达到较大危害程度，故排除在犯罪构成之外。从法典的角度看，较多犯罪在此界限上并无明确界定，此种情况下，《刑法》第13条中，有关但书之规定可发挥作用，通过此可以予以界定。就但书规定而言，一方面包含对社会危害程度之揭示，另一方面对刑法"情节"又有明确的判定，应属于犯罪构成之范畴。在刑法分则中，对犯罪行为揭示时，出现较多的"情节严重或恶劣"等字眼，这和但书表示作用在本质上是一致的，是针对行为人主客观因素，在整体分析基

---

[1] 樊文："罪刑法定与社会危害性的冲突——兼析新刑法第13条关于犯罪的概念"，载《法律科学》1998年第1期。

础上对其产生危害程度予以一定的判定，它是区别于行政违法以及民事违法等领域的标尺和界限。

司法中"出罪"占据重要地位，但却也是争议颇多之处，国内学界为什么会有如此争论呢？不同观点的出现，也说明了当前在关于犯罪构成上相关标准没有达到完全统一。从刑法理论界的角度看，关于是否构成犯罪存在以下几种见解：①犯罪构成标准说。即判定相关行为构成犯罪的依据，应严格按照刑法之规定，根据犯罪构成之因素判定是否构成犯罪，也有人称之为刑法标准等。②社会危害性标准说。有人从社会危害性标准角度予以判定。其从犯罪本质着手，根据其行为造成的社会危害程度判定其是否有罪。若判定经济活动对社会产生的危害性，则看其行为是否有益于人们生活水平的提高，是否有益于综合国力的提升，是否有益于整体生产力的提升。③犯罪危害性与犯罪构成相统一的标准说。此观点融合上述两种标准，一方面依据三个有利，判定其造成社会危害的程度，另一方面也要着眼于法律特征，看其是否符合犯罪构成之要件，将两者进行有机统一，从而判定行为是否构成犯罪。还有的学者提出，只有相关行为满足犯罪构成之所有要件，才能将之定性为该类犯罪。从犯罪构成要素来看，它只是对犯罪标准等予以判定，但对量的规定并无揭示，即并不能揭示行为造成的社会危害程度。在评定行为人是否构成犯罪时，对犯罪的原则认定要作为评判的基本依据，这样才能在最大程度上保证其正确性。

"我国刑法中的犯罪构成，是指依照刑法的规定，决定某一行为的社会危害性及其程度，而为该行为构成犯罪或成立犯罪所必须具备的主观要件和客观要件的有机统一"[1]，从构成要件来看，犯罪构成涵盖以下几个方面内容：犯罪主体、犯罪客体等因素。从犯罪主体等角度看，刑法总则中予以一定的界定，其中第14条至第19条对之有明确阐述。在对单位犯罪以及共同犯罪等进行判定时，必须依据总则中第22条至第31条条文，而其他构成要件则需依据各分则条文判定。在此思路模式下形成的犯罪构成理念是否代表对犯罪概念进行了明确判定，答案是否定的。从通说的角度看《刑法》，其中第13条对犯罪的内涵进行了一定的阐述，从犯罪的构成要件来看，在总则以及分则中有明确清晰的论述，刑法中关于犯罪构成之论述只是对总则第13条进

---

[1] 赵秉志：《刑法新教程》，中国人民大学出版社2001年版，第80页。

行了详细化，但却没有涉及但书中的内容，将但书排除在犯罪构成之范畴外，这也造成了该理论在理解方面的缺陷，进而在定罪时造成颇多争议。从这个角度看，部分学者通过实际论述也推导出相同结论。本书从但书的职能入手，认为在分析犯罪构成要件时，将但书排除在外，这在定罪中难免出现一定的偏颇，从而形成了该理论之缺陷。从当下的犯罪构成来看，其和犯罪概念形成一种游离关系，并非对犯罪概念进行详细化阐述。犯罪诸多构成要件，在整体上折射出一定的社会危害性，而对其社会危害性的判定，则全部由形式违法性所决定。从这个角度看，犯罪构成并不能体现社会危害性，也不能体现应受惩罚性，只能彰显其形式之违法性，故当下刑法理论存在着先天性缺陷，而它所造成的副作用体现在以下两方面：第一，就刑法基础理论而言，动摇了我国刑法学界长期以来的基础理论。该理论缺陷直接摧毁了其存在的理论前提——犯罪构成不再是犯罪概念的具体化，也完全背离了建立犯罪构成理论的初衷——犯罪构成也不再是犯罪成立的充分必要条件，无力独立完成定罪的功能，无法合格地担当犯罪规格和标准的角色。基于此现象，针对传统理论中犯罪构成以及其概念是一致的观点，部分学者提出了质疑，提出应以实际现象为出发点，不能仅依赖于观念来臆想事物的真相，传统理念在此领域中的缺陷，给实际的司法造成了较多困惑，只有革新才能使其具有新的生命和活力。还有部分学者持以下观点："长期的刑事司法实践有力地表明，将犯罪构成要件的符合性作为犯罪成立的唯一依据的做法，不仅在理论上不合理，而且在实践中也根本不可能行得通。"[1]第二，在定罪中，因刑法将但书拒之门外，这就造成了犯罪构成功能的偏颇，即仅体现为积极入罪之功能，而在消极出罪这项功能上，则出现巨大的欠缺，故对微罪缺乏有力的判定，使其陷入两难境地：退则对理论根基产生动摇，但进却和法律相违背，造成在此领域的缺陷。

二、从犯罪构成看但书的出罪功能

对犯罪概念的阐述，不仅犯罪构成充当着重要角色，但书也发挥着重要职能。在具体的司法实践中，尤其是出罪方面，但书发挥着怎样的作用？以及在犯罪构成的具体要件中，怎样做到具体化？这也是本章研究的问题。首

---

[1] 田宏杰：《中国刑法现代化研究》，中国方正出版社2000年版，第359页。

先，就犯罪构成要件而言，在兼顾其基本体系（犯罪主体等四要件）的前提下，用但书推翻犯罪成立，此做法是否保留？如果奉行定罪的唯一依据是犯罪构成，则不应该另设其他标准，进而干扰犯罪之判定。"犯罪概念应摆放在总体高度，让其对犯罪构成进行必要的指导，但要明确此指导不是作为出罪的新标准，而是融入到具体的犯罪构成要件中，在具体内容的判定上进行指导。"[1]所以，部分学者对此理论提出革新的观点，认为可以进行适当改造，即在保留原来构成要件的条件下，将但书以及期待可能性等因素融入进来，作为出罪的消极条件，辅助犯罪之判定。也有学者在判定中融入了情节要求，即在满足相关犯罪构成要件之基础上，对相关犯罪行为进行情节的判断，客观评定"大和小"，从程度上辅助认定，并将之定性为《刑法》第13条之基本要求，一方面在仅限定性不限定量之个罪领域中有一定的应用，另一方面在对部分定量因素进行特定的要件化等的罪责中，同样适用，但这并不表示满足此要求就符合刑责之要求，对犯罪的判定，其行为构成的情节要求仍是其判定的充分条件或限制条件。

第一，确立但书是定量因素的综合概述，这是以上观点之基础。从上面论述可以看出，本书认为但书立足于对刑事违法性之辨别，对相关犯罪行为之社会危害性产生一定的阻却作用。即在犯罪概念中，在所有的犯罪事实中，但书均具有阻碍其社会危害性发生之作用，而并不局限于情节轻微之行为中。如果以情节显著轻微，对社会造成的危害较小，来推定某行为之正当性，阻却犯罪构成也可。从但书的实质功能看，其目的在于把没达到规定的社会危害程度，以及因程度较轻没必要用刑罚处罚之行为排除在犯罪这一范畴之外。其中"情节显著轻微"，以及"危害不大"等论述，表现该行为具备一定程度的危害性，在实际上会对相关合法权益带来一定程度的损害。俄罗斯学者对此有过这样的论述，某些行为虽被排除在犯罪范畴之外，但其在本质上仍属于对刑法的违反，它对某些合法权益产生了一定损害。[2]但从实际生活领域中被允许之危险等角度思量，虽此行为在客观上损害了部分合法权益，但并没有产生犯罪概念中论述的社会危害性，符合社会容忍之程度，甚至对社

---

[1] 刘之雄："论犯罪构成的情节要求"，载《法学评论》2003年第1期。
[2] 参见［俄］伊诺加莫娃·海格：《俄罗斯联邦刑法（总论）》，黄芳、刘阳、冯坤译，中国人民大学出版社2010年版，第102页。

会发展还将产生一定的有益作用。从此角度看，但书所扮演的是正当行为以及一些虽违法但情节轻微之行为，以及不具有期待可能性之行为等的属概念之角色。

　　第二，以但书为着眼点，对于正当行为以及轻微违法行为等，应将之纳入消极判断之范畴。但书的此种判定，一方面与否定式的阐述相吻合，同时也和刑事违法性在本质上是一致的。虽然从情节要求的角度看，情节常常作为普适性要求，作用于犯罪构成，在要件定量化之作用下，若相关行为在形式上符合具体罪状之要求，则符合可罚之情节要求，真正受限于特别评价的情节，数量上还是极少数的。从要件定量化的角度来看，其实际应用会对情节要求产生一定的影响，即缩小其适用的范围，另外还可以有效遏制自由裁量权的运用。从此角度来看，在微罪领域中，以悔罪为着眼点，其出罪功能之辨别和规则是相吻合的。

　　第三，从正当行为职能看，其具备阻却违法之功能；从期待可能性职能看，其具备阻却责任之功能；而轻微违法功能是什么呢？德日刑法理论中的可罚违法性将轻微违法情形进行类比，可见轻微违法也是阻却违法。从轻微违法职能看，其具备阻却违法之功能，才能与正当行为等归属于相同的层面，进而组成完整的消极条件，满足犯罪构成之要求。"从可罚的违法理论角度来看，其最基本职能在于作用于犯罪构成要件，对其该当性产生一定的限制作用。在可罚违法性判定上，应着眼于被害轻微等角度，若相关行为并无达到可罚性程度，在犯罪构成之判定上，应排除其该当性。"[1]因此，同可执行的犯罪相同的确定关系（轻微违法）可按相同性质来描述罪行，原因是把能够确定的事件等同于这类相似的案件的话，这一方面也验证了现实违法事件的论述。"把犯罪的定量因素纳入犯罪成立条件体系，使其和正当行为、期待可能性理论相辅相成，对形式上具备犯罪构成的行为进一步进行价值判断、实质判断，从而彻底改变传统犯罪构成理论的缺陷，使平面化转变为立体化、层次化，使缺乏出罪机制、存在有罪推定嫌疑的缺点得到根本克服，使定量因素、正当行为、期待可能性等理论在犯罪成立条件体系中得到安身立命之地因而使该理论获得强大的解释力，实现刑法保障人权的机能。"[2]

---

[1] 王政勋：《犯罪论比较研究》，法律出版社2009年版。
[2] 王政勋：《犯罪论比较研究》，法律出版社2009年版。

从这个角度切入,但书对于定罪阶段的作用在于:第一,从表面的分析研究转向由本质入手,避免传统意义上的定性思维;第二,把定性思维、正常活动、未来预估行为成功的加到犯罪理论中去,实现这方面的多元化;第三,将以上所有可能性当成不必要因素,以达成某种现实意义上的完善型司法体系。不可以单单为了符合法学方面的一些固有的原则,就以偏概全而忽略了某些问题的本质,以上的条件都是缺一不可的,虽然有些方面可能不会造成大的社会影响,"如果没有侵害法律保护的利益,即使具备法律规定的其他条件,行为同样不构成犯罪,这是意大利刑法学界和司法实践的共识"。在把握反社会行为是否"入罪"的界限上,必须进行形式违法性基础上的实质违法性判断,根据形式违法性与实质违法性相结合的违法性理论,关于一些不太符合各项刑法方面管理规定的约束行为,不管有没有对社会造成大且严重的损失,都无法在刑法没有触及的方面运用刑法来对此类行为进行约束;然而,对于符合形式违法性的行为,再作实质违法性判断,又实现阻却其"入罪"的机能。

三、犯罪类别的影响

英国的罗杰·吉里教授曾说过:"犯罪概念包含着既有重叠却又截然不同的两方面意义:一方面的意义是指人的行为活动,另一方面的意义是指官方的评价,或称附着于人的行为活动的犯罪标签。因此,针对同样的人的行为活动,官方的评价完全可能因时而异,很难形成一个让我们能够用于辨别任何具体行为是否犯罪的定义。当立法机关或者法院对一个特定形式的行为贴上或者除去犯罪标签时,仅仅是改变了行为的法律地位,而没有改变行为本身。只要想基于行为定义犯罪,就意味着既要关注该行为被加予犯罪地位的情形,也要关注该行为不被加予犯罪地位的情形。"[1]我们之所以讨论刑法中的悔罪问题,究其原因,是因为决定犯罪本质的绝不只限于社会危害性,除此之外,还有需要考虑的因素就是应受刑罚性。应受刑罚性因素"已经不是我国刑法教科书通说所认为的那样,是在实质上由社会危害性最终决定、在形式上以刑事违法性作为前提的一个犯罪法律特征,而是独立于社会危害性并从反向对应社会危害性且与社会危害性共同决定某种行为是否在刑法上

---

[1] [英]罗杰·吉里:《刑法基础》,武汉大学出版社2004年版,第1页。

'犯罪化'与'非犯罪化'的因素"[1]。

罪后情节原则上属于量刑情节，但不能因此就否定悔罪作为罪后情节对定罪的影响，实际上，"犯罪的案前行为和案后行为当一些特定的情况发生时，可能在一定程度上对犯罪造成影响，进一步用在犯罪性质的确定上"，而这些个"特定因素"即是某种在犯罪与未犯罪的边缘上的行为。[2]这里就涉及到犯罪类别中悔罪情节的影响，悔罪情节在不同犯罪类别中是否可以作为"出罪"适用？可以由法律明确规定，也可由法官自由裁量，但假若悔罪情节作为"入罪"情节适用的，必须有法律明确规定，法官对此没有自由裁量权。当然，悔罪情节更多是在上文提到的这种情况下适用。最高人民法院和最高人民检察院在《关于办理盗窃刑事案件适用法律若干问题的解释》第7条规定："盗窃公私财物数额较大，行为人认罪、悔罪，退赃、退赔，且具有下列情形之一的，情节轻微的，可以不起诉或者免予刑事处罚……"虽然根据《刑法》第13条规定"情节显著轻微危害不大的，不认为是犯罪"，但如果严格按照主客观相统一的定罪原则，当盗窃行为已构成犯罪的情况下，罪后的投案自首、坦白及退赔退赃行为，是不能影响定罪的，即可以免其刑而不能免其罪。最高人民法院、最高人民检察院《关于办理组织、利用邪教组织破坏法律实施等刑事案件适用法律若干问题的解释》第9条第1款规定："……但行为人能够真诚悔罪，明确表示退出邪教组织、不再从事邪教活动的，可以不起诉或者免予刑事处罚。其中，行为人系受蒙蔽、胁迫参加邪教组织的，可以不作为犯罪处理。"可见在办理有关邪教案件时，犯罪行为人的悔罪表现可以成为"出罪"情节，而其悔罪表现就是罪后犯罪行为人的"明确表示退出邪教组织、不再从事邪教活动"或其它悔罪情节。将悔罪情节作为"出罪"情节对待与当今刑法理论主张的"谦抑性、宽容性和轻缓性"是一致的。但是，悔罪情节对于定罪量刑的影响只有依附于犯罪行为的社会危害性和犯罪行为人的主观悔罪程度才能显示，如果过于夸大社会危害性或者人身危险性的任何一方，都会导致悔罪情节的不当适用，从而影响刑法公正。

---

[1] 夏勇：《和谐社会目标下"犯罪化"与"非犯罪化"的标准》，法律出版社2016年版，第240页。

[2] 参见高铭暄：《刑法问题研究》，法律出版社1994年版，第159页。

第五章 量刑阶段的悔罪问题

目前世界各国的刑法都认同犯罪事实和犯罪行为人两个因素对于量刑的影响,犯罪事实体现刑罚的报应根据,犯罪行为人因素则反映了刑罚的预防根据。"刑罚的根据亦即证明刑罚的正当性的理由(the Justification of Punishment)何在,构成刑罚理论的拱心石,对它的解答,不但决定着对刑法有关的所有问题的回答,而且决定着整个刑事实践活动的运行。然而,刑罚的根据又是从未且至今仍未形成一致认识的一个问题。就此,不同的哲学家、政治学家与法学家们作出了形形色色的解答,形成了众说纷纭的学说,最终导致了报应论(Retribution)与功利论(Utility)的世代对垒。"[1]量刑活动作为刑罚适用的基本活动,直接关系到刑罚目的的实现与犯罪行为人的人权保护。若刑罚裁量有所不当,则无异于对犯罪行为人接受公正裁判权利的侵害,将致使社会正义的最后一道防线也随之瓦解。而量刑的根据也就是刑罚的根据,因此,这种"世代对垒"也在量刑过程中体现出来。

第一节 影响量刑的悔罪情节

对于悔罪的情节拓展和量刑目标之间的不同关系的掌控,最终是要为引导悔罪的实现、准确去判定如何定罪而服务的,这不光可以有效地保证犯罪行为人的权利及受害人的权利,也是规范量刑实施、实现罪行改造的根本目的所在。这一方面最为根本的条款对于悔罪的适用是怎么实现的?悔罪在相关的规定中是如何实现的?以及悔罪是怎么在具体的案件中发挥作用的?这

---

[1] 邱兴隆:《关于惩罚的哲学 刑罚根据论》,法律出版社2000年版,第1页。

一系列问题都有待我们去斟酌与探究。

一、悔罪在我国刑法文件中的体现

前文对此已经作了描述,悔罪在我国其实只是作为一种酌定量刑情节来定性的。所谓酌定量刑情节,是指法律未明文规定,从审判实践中总结出来的,对决定行为的社会危害性程度和行为人的反社会性大小有一定影响并由法官酌情考虑的客观情况。[1]因此,在我国的刑事法律及相关的司法解释中,很难找到对于悔罪的规定或者阐述,其更多的是出现在相关的司法会议文件或者指导性意见中。

2007年,最高人民法院发布的《关于为构建社会主义和谐社会提供司法保障的若干意见》第18条规定:"当宽则宽,最大限度地减少社会对立面。重视依法适用非监禁刑罚,对轻微犯罪等,主观恶性、人身危险性不大,有悔改表现,被告人认罪悔罪取得被害人谅解的,尽可能地给他们改过自新的机会,依法从轻、减轻处罚……对于因婚姻家庭、邻里纠纷等民间矛盾激化引发的案件,因被害方的过错行为引发的案件,案发后真诚悔罪并积极赔偿被害人损失的案件,应慎用死刑立即执行。"2010年,最高人民法院发布的《关于贯彻宽严相济刑事政策的若干意见》第4条规定:"……对于犯罪性质尚不严重,情节较轻和社会危害性较小的犯罪,以及被告人认罪、悔罪,从宽处罚更有利于社会和谐稳定的,依法可以从宽处理。"同时,该意见在第20、21、23条分别对未成年人、老年人等特殊的犯罪行为人作了悔罪从宽处罚的规定,如第21条规定:"对于老年人犯罪,要充分考虑其犯罪的动机、目的、情节、后果以及悔罪表现等,并结合其人身危险性和再犯可能性,酌情予以从宽处罚。"2011年,最高人民法院、最高人民检察院、公安部、司法部联合发布的《关于对判处管制、宣告缓刑的犯罪分子适用禁止令有关问题的规定(试行)》第2条规定:"人民法院宣告禁止令,应当根据犯罪分子的犯罪原因、犯罪性质、犯罪手段、犯罪后的悔罪表现、个人一贯表现等情况,充分考虑与犯罪分子所犯罪行的关联程度,有针对性地决定禁止其在管制执行期间、缓刑考验期限内'从事特定活动,进入特定区域、场所,接触特定的人'的一项或者几项内容。"根据上述文件,我们可以看出悔罪在司法实务

---

[1] 参见宋建华:"酌定量刑情节研究",兰州大学2005年硕士学位论文。

中对量刑有着重要的影响，但是其更多的是与犯罪的动机、赔偿情况、犯罪的性质等综合起来考量，其本身并没有确定独立影响量刑的地位，这在 2017 年最高人民法院修订后的《关于常见犯罪的量刑指导意见》（以下简称《量刑指导意见》）中体现得更为明显。在该份旨在推动量刑规范化改革的《量刑指导意见》中，仅在第 3 部分常见量刑情节的适用，就有 6 处提到"悔罪"或者"悔罪表现"，对悔罪这一量刑情节不可谓不重视。

第一，第 3 部分第 1 条规定："对于未成年人犯罪，应当综合考虑未成年人对犯罪的认识能为、实施犯罪行为的动机和目的、犯罪时的年龄、是否初犯、偶犯、悔罪表现、个人成长经历和一贯表现等情况，予以从宽处罚……"该条款共规定了未成年人自身状况、犯罪动机与目的、悔罪表现及犯罪行为人一贯表现等四个彼此独立的量刑情节，要求法官在裁判时综合考量，其中未成年人自身状况应当是考量的重点。

第二，该部分第 4 条规定："对于自首情节，综合考虑自首的动机、时间、方式、罪行轻重、如实供述罪行的程度及悔罪表现等情况，可以减少基准刑的 40%以下……"本条款中主要规定了在犯罪行为人自首的情况下法官在量刑时应考虑犯罪人的悔罪表现，悔罪表现在本条中依然只是作为自首情节的参考而存在，如若用公式表示即是"自首+悔罪表现→可减少基准刑的 40%以下"。

第三，该部分第 5 条规定："对于坦白情节，综合考虑如实供述罪行的阶段、程度、罪行轻重以及悔罪程度等情况，确定从宽的幅度。①如实供述自己罪行的，可以减少基准刑的 20%以下……"该条款规定的重点是坦白，同样悔罪亦是作为对坦白情节的补充，如若用公式表示即是"坦白+悔罪表现→可以减少基准刑的 20%下"。

第四，该部分第 6 条规定："对于当庭自愿认罪的，根据犯罪的性质、罪行的轻重、认罪程度及悔罪表现等情况，可以减少基准刑的 10%以下。依法认定自首、坦白的除外。"客观上讲，当庭自愿认罪是当事人在庭审阶段悔罪的表现形式，但因其时间节点较特殊、公开性更强，因而对整个司法过程具有更为重要的意义，所本条可以归纳为："当庭自愿认罪+前期悔罪→可以减少基准刑的 10%以下"。

第五，该部分第 9 条规定："对于积极赔偿被害人经济损失并取得谅解的，综合考虑犯罪性质、赔偿数额、赔偿能力以及认罪、悔罪程度等情况，可以减少基准刑的40%以下……"该条文主要强调了取得被害人谅解对量刑的影响，但亦应参考犯罪行为人的悔罪态度，归纳公式为："取得被害人谅解+认罪悔罪→可以减少基准刑的40%以下"。在相关指导量刑的会议文件与指导性意见中，多次提到要考虑犯罪行为人的悔罪情况，表明悔罪可以影响量刑得到了广泛的认可。但或许是基于悔罪是一种侧重于主观心态的量刑情节，对其难以准确地证明和把握，实务适用过程中易引起争论，所以在以上文件中并未给予悔罪独立影响量刑的地位，只是将其作为相关情节的参照加以规定。亦即，对悔罪情节的适用应当参照犯罪行为人是否有自首、坦白、立功、赔偿被害人损失、取得被害人谅解等可以在客观上准确判断的情节，而且针对不同的参照情节规定了不同的从轻、减轻适用标准。诚然，现在实务中准确适用悔罪情节还有一定的困难，但不能因此停滞不前，与自首、立功、赔偿被害人损失等量刑情节不同，悔罪是唯一一种侧重于对犯罪行为人主观心态评价的罪后量刑情节，是判断犯罪行为人再犯可能与特殊预防必要性大小的重要情节，因此悔罪应当在实务中作为一种独立的量刑情节适用，对此在立法中我们应当进一步完善。

二、国外及我国台湾地区法律中对悔罪量刑情节的规定

悔罪在我国是一种酌定量刑情节，只在一些立法、司法机关发布的指导性文件中有所体现，在刑事法律及相关司法解释中并无明确的规定。但是由于文化背景的不同，各国（地区）法律在立法精神与条文规定之间存在显著的差别，因而对悔罪的定位和规定有着显著的不同。

《罗马尼亚刑法典》第90条关于司法减轻情节规定："以下为司法减轻情节……③行为人犯罪后，通过向主管机关自首、审判过程中发自内心的承认罪责、协助发现或逮捕共犯，表现出的悔罪态度。"[1]《俄罗斯联邦刑法典》第75条关于因积极悔过而免除刑事责任条款第1项规定："初次实施轻罪和中等严重犯罪的人，如果在犯罪之后主动自首，协助揭露犯罪，赔偿所造成的损失或以其他方式弥补犯罪所造成的损害，从而因积极悔过而不再具有社会危害性，则可以被免除刑事责任。"[2]同时，《葡萄牙刑法典》第72条刑

---

[1]《罗马尼亚刑法典》，王秀梅、丘陵译，中国人民公安大学出版社2007年版，第73页。
[2]《俄罗斯联邦刑法典》，黄道秀译，北京大学出版社2008年版，第30页。

罚的特别减轻条款中提到："①除法律明文规定应当特别减轻刑罚的情况外，如果在犯罪之前、犯罪之后或者犯罪之时存在明显减轻行为违法性、行为人责任或者刑罚的必要性的情节，法院也应当予以特别减轻刑罚。②在前款的适用中，尤其应当考虑下列情节：……行为人实施显示其真诚悔悟的行为，特别是对所造成的损害尽其所能进行弥补的。"在以上三国的刑法典中，都出现了悔罪语义的字眼，都将其作为减轻刑罚的重要情节，甚至规定了积极悔过可以免除刑事责任，但是需要强调，以上三国刑法典中规定的悔罪应属于广义层面的悔罪，即包括自首、坦白、立功、赔偿被害人损失，当然亦包括犯罪行为人真诚悔过、向被害人赔礼道歉，因为以上三国刑法典对悔罪表现形式的规定采用了列举式的规定，悔过、向被害人赔礼道歉等作为悔罪最基本表现形式，虽然在刑法典中未明文列举，但作为最基本的意思所在，其当然包含在以上三国刑法典的悔罪规定当中，所以在上述三国刑法典中，都认可本书语义的悔罪作为从轻处罚的情节存在。

与以上三国刑法典的规定不同的是，《德国刑法典》与我国台湾地区"刑法"中并没有明确的"悔罪"字眼，而是使用的"犯罪后的态度"这一具有高度概括性的词语，但是根据相关学者的分析，悔罪当然包含在犯罪后的态度之中，是影响量刑的重要因素。《德国刑法典》第46条关于量刑的基本原则规定："①行为人的罪责是量刑的基础，量刑时应考虑刑罚对行为人将来的社会生活所产生的影响。②法院在量刑时，应权衡对行为人有利和不利的情况。特别应注意下列事项：……行为后的态度，尤其是行为人为了补救损害所作的努力。"[1]我国台湾地区"刑法"第57条对科刑时应审酌的事项规定："科刑时应以行为人之责任为基础，并审酌一切情状，尤应注意下列事项，为科刑轻重之标准：……十、犯罪后之态度。"[2]虽然德国及我国台湾地区"刑法"仅使用了"犯罪后的态度"这一概括性术语，但根据相关学者对条文及实务案例的解读，悔罪是"犯罪后的态度"的重要组成部分。如在《德国刑法教科书》中表述："在《刑法典》的总则和分则中，许多地方将减轻处罚与不法或罪责比一般情况轻的倾向联系在一起。这是基于总则中的一般的考虑或者基

---

[1]《德国刑法典》，徐久生、庄敏华译，中国方正出版社2002年版，第17页。
[2] 苏铭翔：《刑法》，书泉出版社2011年版，第115页。

于分则中犯罪构成要件所持有的理由,如在行为产生结果后的真诚悔悟。"[1]在我国台湾地区,根据林培仁先生的观点,"刑法"第57条第10款所称犯罪后之态度,"本属主观事项,包括行为人犯罪后有无悔悟等情形,由之足以测知其人刑罚适应性之强弱"[2]。由此得知,在《德国刑法典》与我国台湾地区"刑法"中,真诚悔悟是行为产生结果后表明犯罪行为人罪后态度的重要内容,对量刑有着重要的影响,如果犯罪行为人罪后能够真诚悔悟,对其即可适用从轻处罚的规定。从这一点上可以得出相关的结论,在世界范围内的诸多国家(地区)中对于这一方面的说明都已经很明显地强调了悔罪这一概念,甚至它们在法律文件中对于出现此类情况该如何去应对都有着明确的说明。但是纵观俄罗斯、罗马尼亚、葡萄牙、德国刑法典及我国台湾地区"刑法",它们对悔罪在量刑过程中具体作用机制的规定并不完全相同。如《俄罗斯刑法典》规定积极悔过为轻微犯罪或者等严重犯罪免除刑事责任的条件,而《罗马尼亚刑法典》与《葡萄牙刑法典》则将犯罪行为人悔罪作为减轻刑罚的情节而适用。《德国刑法典》与我国台湾地区"刑法"对悔罪在量刑中的具体适用方向并未明确列明,仅将其说明为是法官应当在量刑时酌情考虑的情节,但根据相关学者的表述及司法实务案例,悔罪在《德国刑法典》与我国台湾地区"刑法"中应是作为从轻量刑情节而存在,即对于悔罪情况良好的犯罪行为人,应在法定刑的范围内从轻处罚。由此可知,虽然多数国家(地区)都肯定悔罪可影响量刑,但对于其影响量刑的具体机制还存在分歧,从这一点来说,如果我国在未来立法中要将悔罪写入刑法规范,我们对此应当有明确的定位,即悔罪到底应作为免责情节、减轻刑罚情节抑或从轻处罚情节而存在。

第二节 悔罪影响量刑的方向

"以情节对量刑产生的轻重性质为标准,可以将量刑情节分为从宽情节和从严情节。"[3]前者是指对犯罪行为人的量刑具有积极作用的情节,包括减

---

[1] [德]汉斯·海因里希·耶塞克、托马斯·魏根特:《德国刑法教科书总论》,徐久生译,中国法制出版社2001年版,第1072页。

[2] 林培仁:《刑法总则实务》,元照出版社2011年版,第538页。

[3] 张明楷:《刑法学》,法律出版社2011年版,第503页。

轻处罚情节和从轻处罚情节等，而后者则为犯罪行为人带来消极的影响，主要是指从重处罚情节。前文已述，犯罪行为人实施犯罪行为后无外乎良性与恶性两种罪后表现，具体到悔罪情节则可以细化为积极悔罪与拒不悔罪两种悔罪态度。

一、积极悔罪态度对量刑的影响

作案人如果真的主动承认罪行，那么这个作案人对于社会的危害性就比较小，可以适当地予以从轻量刑，如果可以认定其以后对社会的危害比较小，那么在判处刑罚的时候可以以此为出发点，适当地作一些重新评定，这也是一个很重要的考虑方面。但是，在"责任刑"以下判处刑罚包括在法定刑限度内的从轻处罚与突破法定刑下限的减轻处罚模式。那么对于悔罪态度良好的犯罪行为人是适用从轻处罚还是减轻处罚或者二者兼可呢？

根据我国刑法的规定，减轻处罚可以分为一般减轻和特殊减轻两种。一般减轻是指根据刑法明确规定的适用条件对犯罪行为人减轻处罚，如犯罪预备、自首、立功等。我国刑法并没有将悔罪规定为减轻处罚的情节之一，因此法官在量刑过程中不能对悔罪适用一般减轻处罚的规定。特殊减轻是指我国《刑法》第63条第2款之规定，即对于不具备减轻处罚条件但有特殊情况的案件，经最高人民法院核准可以对犯罪行为人减轻处罚。那么何为案件的特殊情况？张明楷教授认为案件的特殊情况一方面应当是对国家利益有需要的情况，其次也包括对案件量刑产生重大影响的其他情况，如犯罪行为的社会危害性和犯罪行为人的人身危险性较小，对犯罪行为人判处法定最低刑仍然过重，那么为了实现罪刑相适应的基本原则，也可以将其归类为案件的特殊情况。[1] 犯罪行为人悔罪态度良好，表明其人身危险性较小，但是否足以在法定刑以下减轻其刑罚呢？对此本书持否定态度，对于严重的犯罪行为，犯罪行为的社会危害性和犯罪行为人的主观恶性较大，是影响最终刑罚的主要因素，而悔罪只是影响预防刑量刑因素的一种，其对整体刑罚量的影响有限，所以即便犯罪行为人悔罪态度较好，也不足以突破法定刑下限对其减轻处罚。而对于轻微的刑事犯罪，虽然犯罪行为社会危害性和犯罪行为人的主观恶性较小，但轻微刑事犯罪本来的刑罚量就很轻，加之悔罪对最终刑罚量

---

[1] 参见张明楷："'许霆案'减轻处罚的思考"，载《法律适用》2008年第9期。

的影响幅度毕竟有限，如果因为犯罪行为人悔罪态度良好便经过繁琐的程序报请最高人民法院减轻处罚，无疑是对司法资源的一种浪费。所以本书相信，对于那些悔罪态度端正的罪犯在量刑过程中不应该给予减轻处罚的优待。对于那些属于法定刑范围内的犯罪，在其中没有比这个行为更重一些的相似性刑种以及刑期，我们称之为从轻处罚。[1]从轻处罚的实施范围是针对那些个体具有较小主观恶性、较小客观危害或者较小的必要预防的行为。依据从轻处罚的原则，有些犯罪行为人在面对惩罚时悔罪态度较为积极，对其采取从轻处罚不为过。然而，悔罪从轻处罚具有范围限制，具体的实施幅度应该依据事实，在本章将详细介绍悔罪的实施衡量准则和比例。

二、拒不悔罪态度对量刑的影响

对于那些拒不悔罪的犯罪行为人，应当依据法律规定决定是否从重处罚，对于这一说法的探讨将影响拒不悔罪的量刑。[2]本书坚持观点：以中国的刑事立法根本准则为依据，如果某一特定犯罪活动在法律规定中找不到相对应的从重处罚标准，则对犯罪个体从重处罚是不应该的。有的犯罪行为人悔罪态度不端正，可能是由于其存在较为严重的人身危险性，为了避免其造成严重后果，理应对其实施罪行从重处罚。然而，有些犯罪行为人拒绝悔罪，是否应该对其从重处理，还应该斟酌其从重的标准。

犯罪个体拒绝悔罪，就不应该对其进行从轻处罚的激励，但是对其从重处罚也是不宜的，例如：有些拒绝悔罪的犯罪行为人，我们可以根据归责性所制定的刑法点对其判处相对应的惩罚，没有必要打破归责性上限的壁垒，加重其行为惩罚。这里涉及到一个概念：归责性上限，其实施标准的最高限度指的是对"目的刑论"进行限定而致使的没有实施必要性的重刑。

总而言之，悔罪对量刑所造成的影响只能作用在从轻量刑的情节中，实施标准应该是犯罪行为人是否存在悔罪情节，对量刑从重或从轻处罚不会造成影响。

---

[1] 参见陈兴良：《刑法哲学》，中国政法大学出版社1997年版，第631页。
[2] 不同于宽处罚包括从轻处罚与减轻处罚，在从严处罚情节中，加重处罚的概念是不存在的，根据点的理论，责任主义所确定的刑罚上限是包含在法定刑以内的，如若我们对行为人确定的刑罚超越了法定刑的上限，不仅是对点的理论的违背，同时也与当下的刑法人权理论不相符合。

三、悔罪影响量刑的比例确定

罪刑相称原则是量刑比例的来源，相比较而言，量刑比例更具有微观性，然而其行为又与罪刑相称原则存在包含的关系，由此可见，罪刑相称原则与量刑比例既相关联又有区别。[1]在量刑过程中，量刑比例可以为宣告刑以及基准刑二者提供媒介，可以说量刑比例是宣告量刑计量的衡量尺。《量刑指导意见》中明确指出，量刑实施需要化繁为简，将不具体的量刑过程转化为简单明了的数学公式，这样不仅可以简化量刑过程，还可以使得量刑比例更为规整。这便是在通常的量刑情节中采用详细的量刑百分比的原因。然而，公式化的量刑过程虽然具有直观性，但是如果对量刑过程进行完全精确的数字形式表达，则是不宜的，因为法官在量刑时需要一些裁量范围。这是法官所具备的自由裁量权力，为了尽可能达到量刑的公平正义，需要针对这种自由裁量权进行限定。因此，《量刑指导意见》还指出，对于还没有成年的犯罪个体、坦白、自首或获取被害人家属原谅这些情节，如果未成年犯罪行为人有悔罪表现，则可以根据具体情况对其实施基准刑 10%～60%、40% 以上、20% 以下的量刑减少比例。由此可见《量刑指导意见》对悔罪量刑的单独性并没有进行明文限制。

前面所说的关于"量刑比例采用公式表达实现具体化但是却不能采纳精确数字"的方式，被赋予了实证研究的说服力，这是因为悔罪情节如果独立行使则不能对量刑产生真正的作用。[2]

对于悔罪量刑比例的确定，在《量刑指导意见》中有确切的说明，为了实现预防犯罪与惩罚犯罪的目的，量刑不仅仅要衡量被告人应承担刑事责任的轻重，还应该结合被告人所进行的犯罪活动本身的轻重。其中，确定预防刑基础的是人身危险性，其实施的过程离不开衡量犯罪个体所具备的主观恶性、社会危害性以及人身危险性，在这些因素中，对责任量刑造成较大影响的是主观恶性以及社会危害性。犯罪方式、犯罪数量以及犯罪金额等因素会对犯罪事实的社会危害性造成重要影响，而故意、违法性认识以及过失等要素则又是主观恶性的主要来源，悔罪、自首、赔偿损失以及立功等情节则会

---

[1] 参见姜涛："量刑比例：为司法公正保驾护航"，载《刑法论丛》2010 年第 4 期。
[2] 参见姜涛："量刑比例：为司法公正保驾护航"，载《刑法论丛》2010 年第 4 期。

对人身危险性造成重要影响。基于以上关联可以知道，量刑过程中其比例的制定应该为主观恶性、社会危害性以及人身危险性这个三角天平创造平衡点。本书认为，虽然悔罪量刑比例的确定应该根据《量刑指导意见》中的明文规定执行，但是规定不是僵硬的，它应当具有弹性：由于未成年犯罪行为人或者老年犯罪行为人的社会弱势性，应该为法官提供更大的自由裁量权，这是因为这些弱势群体相比较强势的社会群体（即成年人）而言，其再次实施犯罪的概率不大，这是由于他们在承担犯罪评估以及实施犯罪后的自我心理调整能力不强。相反，对于那些社会强势群体应该给法官提供较小的自由裁量权力，因为成年人心理较为成熟，在思考逻辑以及犯罪后的心理调节和对犯罪情节辩解的能力比较强，再次危害社会的概率较大。

最后，应该对悔罪量刑进行横向斟酌其补偿被害人亏损、立功、自首等的轻重，这是对悔罪量刑比例的指向和地位的分析。本书坚持以下观点：悔罪的量刑比例应该根据犯罪行为人的社会属性而进行弹性扩缩，成年犯罪行为人的悔罪量刑比例的减少限定为20％以下，而对于未成年以及老年犯罪行为人则为30％以下。这一规定不是一成不变的，它可以伴随量刑方法以及刑法理论的进一步完善而日渐准确。

第三节　悔罪在量刑情节竞合情况下的适用

一般情况下，量刑情节竞合有以下两种：逆向量刑情节竞合以及同向量刑情节竞合。首先，量刑情节竞合的概念为："在同一刑事案件中，有2个或者2个以上的量刑情节。"[1]其次，对于两种量刑情节竞合的解释为：逆向量刑情节竞合指的是两种处刑情节（从宽情节和从轻情节）同时存在于处刑的过程中，其中从轻情节竞合、免除情节竞合、减轻情节竞合以及从轻、减轻和免除情节存在相互竞争融合的情况；同向情节竞合是指存在2个或2个以上的从严情节。从以上现象可以得出，在量刑过程中，情况较为复杂，单一性的量刑情节较为稀有。然而，如果在判定宣告刑的关键时刻，悔罪的单个量刑情节在其中出现，其最后的判定依据应该是悔罪所占的量刑百分比的减少情况。综上所述，在处刑的实施进程中，悔罪的适用范围只限定在依据处

---

[1]　陈兴良：《刑法哲学》，中国政法大学出版社1997年版，第635页。

刑情节调节基准刑而判定宣告刑过程。本节进行了悔罪在处刑情节竞合的情况下关于宣告刑裁定过程中犯罪构成情况以及悔罪二者之外的处刑情节竞合的探索。接下来，本书具体探讨了悔罪与从严处刑情节竞合以及悔罪与从宽处刑情节竞合这两个问题相关的若干内容。

一、悔罪与从宽量刑情节竞合的适用

从宽量刑情节有以下分类：从轻、减轻与免除刑罚量刑情节。首先，应该处理的是悔罪与许多从轻量刑情节出现竞合的情况。根据《量刑指导意见》，要想裁定最终的从轻处刑比例，需要对单个量刑情节的详细问题探讨分析。有些学者认为可以对这些单独的量刑情节进行直接相加减，也就是所谓的"同向相加减"原则，这是针对在同一个案件中出现若干个量刑情节的情况下如何处理的方式。这种方式也不是万能的，有如下疑惑：存在若干个从轻情节的量刑比例是否可以打破法定刑的底线？换句话来讲，就是多个从轻情节是否有条件转变为减轻情节？其次，免除量刑情节可以应用于免除犯罪行为人的刑罚量刑，但是这种情况是有实施条件的：需要同时满足同一案件中同一时间存在悔罪与免除量刑情节。因为这样对悔罪和其他的减轻、从轻处罚量刑情节便可以不用进行斟酌。话虽如此，但是悔罪与相关联的从轻、减轻情节在个案中并不是没有任何存在意义，其存在内涵取决于免除处罚情节将悔罪以及减轻、从轻量刑情节囊括在其中，这不仅仅是内容的涵盖，同时也是意义的吸收。然而，事实上，《量刑指导意见》则限定了确定宣告刑的调节方式，其渠道是以否定说的理论为基础。量刑情节的调节应该在基准刑的法定刑限制下，限定只有从轻处罚情节的情况下，打破法定刑的底线是不适宜的。对于这一说法，本书支持《量刑指导意见》的规定，法官在量刑时应该遵循以法定刑为基准刑和宣告刑的根基，在《刑法》第63条的明文规定下，经由最高人民法院的核准，法官可以有弹性地判定刑罚，其弹性活动范围应该限制在刑罚所确定的壁垒内。最后，如果存在悔罪与多个减轻、从轻情节竞合的情况，可以考虑以下处理方式：在《量刑指导意见》的理论支撑下实施的，分为以下两种阶段进行处理：宣告刑确定阶段，如果满足确定刑罚在宣告刑之下且与减轻处罚情节存在罪刑相对应，其结果可以判定为宣告刑。那么问题又来了，由于从轻情节与减轻情节存在竞合关系，那么，如果

这两种情节同时都出现的情形下，从轻情节与减轻情节的可使用性有什么出场顺序呢？对于这个问题，很多学者进行了探讨。有的学者认为，减轻情节比从轻情节更为重要，应该放在优先考虑的地位，因为如果反过来则可能会致使从轻情节的处罚没有任何存在的意义。[1]但在本书，我们认为在量刑进行中，首先要斟酌量刑的从轻情节。因为"从轻"是指在法定刑范围内比没有从轻情节的刑罚轻一些，最终仍被认为处于法定刑的范围之内，这可以降低惩罚的选择刑罚的幅度，防范突破法定刑的处罚范围，如果适用减刑情节下的法定刑的处罚限额，超出了减罪情节的范围，量刑过程中的减罪情节没有意义。因此，当减轻情节和从轻情节相互竞争的情形出现时，我们首先应用悔罪和从轻情节的量刑基准确定调整惩罚比例，确定惩罚点数是否在法定刑范围内，刑罚是基于在适用减刑情节的判刑比例下，如果刑法确实将从轻刑比例确定为低于法定刑罚下限，处罚情况则以减刑情节比例为基准。当然，根据具体情况，如果法官认为判决的处罚不准确，可以根据《量刑指导意见》在20%的限制内调整或提交司法委员会讨论。

二、悔罪与从严量刑情节竞合的适用

"在相同案件中，存在2个或者2个以上的从轻或从严情节，进而造成适用上的冲突，这便是量刑情节的矛盾，也称之为逆向量刑情节。"[2]对悔罪从严情节与悔罪从宽情节的内容探讨应该从理论出发，也就是整体综合判断说、分别综合判断说、相对抵消说、优势情节适用说、绝对抵消说以及抵扣和排斥结合说等。[3]《量刑指导意见》的规定体现出，在中国，量刑实施过程中应该采纳的是抵消与排斥结合说，[4]也就是应用"逆向相减"的方式加减不同量刑情节的详细处刑百分比，目的是在基准刑的基础上判定最后量刑比例在宣告刑中的多少。例如：故意杀人案中，如果犯罪行为人具有在公众场合造成较为严重的犯罪影响、具有良好的悔罪态度以及犯罪前科这三个量刑情节，对其量刑比例的处理如下：对有犯罪前科以及公众场合影响严重的情况，

---

[1] 参见蒋明：《量刑情节研究》，中国方正出版社2004年版，第221页。
[2] 蒋明：《量刑情节研究》，中国方正出版社2004年版，第222页。
[3] 参见蒋明：《量刑情节研究》，中国方正出版社2004年版，第225~227页。
[4] 该说认为，当冲突的两情节的量刑系数相对等时，可互相抵消；非对等时，将相抵后剩余部分作为适用结果。参见蒋明：《量刑情节研究》，中国方正出版社2004年版，第227页。

分别给予基准刑 10% 和 20% 的量刑增加比例，然而根据其具备较为端正的悔罪态度，给予其基准刑 10% 的量刑减少比例。最后得出对犯罪行为人实施基准刑 20% 的量刑增加比例。这一规定，得到了有些学者的反对，他们认为不能对量刑情节进行如此简单的相互抵消，这是因为不同的案例具有其特殊性，即便是同一案例，不同量刑情节的外延和内涵也有差异，不是简单的等量关系。这些学者的反对有一定的依据，再次回到前面所涉及的故意杀人案中，同时存在悔罪与累犯这两个较为严重的情节，说明该犯罪行为人的社会危害性比较严重，其主观恶性也不可小觑。这是责任刑的主要判定依据，如果对前面三个危害严重性差别较大的情节进行草率的数量相加减，从而造成相抵消的结果是不理智的。本书着重指出，犯罪个体的主观恶性、社会危害性以及人身危险性应该在基准刑的判定中作详细斟酌，简单的"责任刑"以及"预防刑"实施在量刑情节的制定中是不科学的，也不符合公平公正的原则，所以在量刑过程中，有针对性地应用"逆向相减"对量刑中的悔罪以及从严量刑情节竞合的探讨颇具意义。

CHAPTER6 第六章

行刑阶段的悔罪问题

累进处遇制是将裁决宣告的刑期分为几个阶段，依照犯罪行为人改变的幅度，其改变梯度应该遵循逐级递增、由下往上慢慢减缓其处境，以激励犯罪行为人重新做人，使他顺利生活在社会的行刑体制中。累进的案件只适用于传统的监狱，涵盖的内容有如下三个方面：首先，是走出监狱，其渠道是获取假释，进入社会服务获得更多限度的自由；其次，要获得较低的警戒级别，以获得更多的自由；最后，犯罪行为人得到改过并因改善生活而改善良知。当前世界各国监狱都或多或少地采用了这一改造制度。

我国刑法上在行刑阶段规定了一系列的累进处遇制度，在这些制度当中，缓刑制度、减刑制度和假释制度等刑法规定比较生动地体现了刑法悔罪激励的趋势。在这些制度中，关于悔罪的规范性文件已较之前有进一步完善，2011年2月25日《中华人民共和国刑法修正案（八）》[以下简称《刑法修正案（八）》]出台，最高人民法院2012年7月1日起实施《关于办理减刑、假释案件具体应用法律若干问题的规定》，以及2014年8月1日最高人民检察院发布《人民检察院办理减刑、假释案件规定》，并在专项检察院行动中向全国检察机关发布通知，让他们积极开展减刑、假释、暂予监外执行相关问题研讨。由此，我们可以看出悔罪的刑法研究已经从理论走向具体司法实践。

第一节 影响行刑的悔罪情节

人在进行任何一种活动的过程中始终有其目的的驱使，刑罚个别化则强调根据犯罪行为人个人情况的不同处以不同的刑罚，体现了刑罚目的中的效率原则。为了实现这个社会防卫的目的,就要将刑罚个别化原则实施到完整的刑罚运行过程中。在立法上,不能单纯地以犯罪行为的状态作为犯罪分类的唯一标准,而应当加入对犯罪行为人的分类,从而能够根据犯罪行为人的社会危害性和人身危险性的大小裁定是否增减其刑罚。在悔罪制度研究中,对于犯罪行为人悔罪表现的确认,就是对其现实社会危害性及潜在人身危险性的一次判断过程。目前,我国刑法对于悔罪表现的确定过于宽泛,必须从立法上予以系统的确认,并设立能满足对犯罪行为人分类需要的刑罚体系结构,从而使审判者能准确地酌定犯罪行为人的具体情形而进行裁量。在定罪量刑上,司法人员只有在对犯罪行为人社会危害性和人身危险性进行考量的基础上,才能实现刑罚个别化的个别预防(即特殊预防)。在行刑上,对犯罪行为人进行个别分类也有利于取得更好的刑罚效果。针对不同的犯罪行为人,刑罚个别化可根据其悔罪的具体情况来定罪、量刑、行刑,使刑罚更加合理,也更易为犯罪行为人在心理上所认同,从而更好地接受处罚,从根本上悔罪自新,弱化或消除其社会危害及人身危险。可见,坚守刑罚个别化可以规避罪与刑绝对的相适用,规避了纯粹的因果,实现刑罚的个别预防目的。刑罚个别化在刑罚理论体系中的价值不言而喻,在悔罪的刑法研究中,刑罚个别化原则有着其他理论不可替代的作用,具体表现在两个方面:第一,刑罚个别化使得司法机关对于悔罪者的定罪量刑可以通过对其犯罪情节、悔罪表现等各方面个人情况进行综合评判来确定。犯罪行为人的悔罪表现将成为司法过程中重要的考量标准,司法机关对于悔罪表现的确定将影响定罪量刑的结果,若确定具备悔罪情节,则说明犯罪个体的人身危险性和社会危害性不大,可以对其从宽处罚,可以帮助悔罪者成功返回社会。

一、悔罪情节的分类

在刑法的语境中,至高无上的是正义。在刑事司法实践中,法官裁量要酌情考虑犯罪行为人的悔罪或悔改表现,并据此对犯罪行为人所实施的犯罪行为从宽处罚;而拒绝认罪悔罪的情节则可能会给犯罪行为人带来最大限度的刑罚。刑罚报应论要求罚当其罪,根据犯罪行为人罪行轻重来确定刑罚的力度,而非依据犯罪行为人的主观态度来确定刑罚的尺度。在此,正义不需要考虑犯罪行为人是否具有悔罪表现。刑罚改造论则依据犯罪行为人的悔罪或悔改表现来确定其社会危害性及可改造程度，关注未然之势，因此需要考量犯罪行为人的悔罪表现形态。现行刑事法律制度也规定了对确有悔罪表现的犯罪行为人从宽处罚，从宽处罚包括了从轻、减轻或者免除刑罚；但是犯罪行为人罪后的认罪、悔罪态度，也从不同侧面反映着行为的社会危害性及犯罪行为人的人身危险性，这是酌定情节中需要考察的情形，是对法定情节必要的、有益的补充。

对于悔罪情节在行刑环节中的分类，我国刑法中仅规定了立功，范围太窄。本书经过研究后认为，悔罪情节在行刑环节应分为以下几种类型：

(1) 立功赎罪型。根据我国《刑法》第68条，立功包括揭露他人犯罪、供给重要线索、阻止他人犯罪、辅助司法机关逮捕其他犯罪嫌疑人。

立功作为中国刑法一种独特的刑罚制度，本质上是出于一种功利主义考量。根据我国《刑法》第68条，立功主要是指犯罪个体在犯罪之后揭露他人罪行，查证为真实情况的，或者供给关键线索帮助破解其他案件的行动。立功制度的提出缘由明显在于分解犯罪势力，为司法机关减少办案的困难，帮助节约司法资源，提高破解案件的成效并为其创造直观利益。立功行为在客观上有助于国家和社会，是一个激励犯罪行为人事后揭露他人罪行以实现自我救赎的制度。立功的最终本质不是国家和犯罪行为人所追求的功利主义，也不是司法机关获得案件线索的实用性。相反，它应该回到有功者的主观悔改的性质。立功的主体是犯罪行为人，立功应立于源头，注重立功的主观意识。这是因为立功制度具有很多特点，功利主义价值内涵从根本上扭曲了立功应该体现的本质。

(2) 返还款物型。犯罪行为人大多因为一些金钱而犯罪，这类犯罪行为人在犯罪后、带来犯罪收益之前，基于不同程度的认罪、悔罪意志将赃款、赃物归还给受害者，这被称为返还款物型。理论上有两种观点：有学者认为在这种情况下，应该因犯罪中止而受到惩罚。本书认为，赃款赃物归还给受害人，只属于对犯罪行为的忏悔，不应当认定为中止犯罪行为，应酌情处罚。有时这种悔改的社会危害性可能比犯罪暂停的还要小，因此可以适当扩大从宽的幅度。同本书观点一致的其他学者认为："如果犯罪行为已经完成，人们的行为自动恢复原状或主动赔偿损失，如盗窃财物到位，贪污者积极赔偿以前贪污的公款，由于犯罪已经完成，没有中止时间条件，这不属于犯罪中止而是犯罪的实现，但是，这可以作为从宽的惩罚酌情考虑。"[1]将被盗现金和货物归还给受害人后，犯罪行为人一直不愿意继续非法占有他人的财产，通过放弃犯罪收益行为来消除犯罪后果，尽管不是把赃款和赃物交给司法机构处理，但也可以解释为认罪悔罪的表达方式。

（3）积极退赃型。积极退赃是指犯罪行为人归案后，积极主动地把犯罪所取得的赃款、赃物退给司法机关，以挽回或减少国家和被害人的损失。在我国刑事政策中，历来有"退赃从宽"的主张。但是，近年来，有些法官淡化了"退赃从宽"的观念，对即使全部退还了赃款的犯罪行为人，照样处以重刑，甚至连酌情从轻的待遇也不给。故有的犯罪行为人反映，"退与不退一个样"。因此，把积极退赃行为视为悔罪的表现形态是完全必要的。

（4）挽回损失型。这种情况主要是指犯罪行为人犯罪后，积极配合司法机关挽回、减少犯罪所造成的损失，也包括对被害人的安抚和赔偿等行为。这种行为，也不失为是悔罪的表现形态之一。在法律上肯定这类行为的地位，将会有利于促进犯罪行为人向有利社会的方向转化。

二、悔罪情节的细化

《刑法修正案（八）》关于悔罪情节的修改使得我们必须对其进行细化研究，从新的维度重新进行司法判断，因为从立法的变化不难看出新的规定对悔罪情节认定的实质条件进行了较大的修改并增加了新的考量因素，特别是增加了对社区影响的考量，而这是一个全新而又陌生的内容，法官在具体的司法适用过程中究竟如何来进行新的考量与判断，在司法实务中到底该怎样准确全面进行理解，立法并没有进一步的具体阐明，因而我们有必要就悔罪情节的细化内容展开学术上的探讨。

（一）对"犯罪情节较轻"的理解

何为犯罪情节，在认定犯罪情节时具体应该考虑哪些因素，法律并没有明确的规定，学界对此问题也有不同的看法。一般而言犯罪情节是指能够准确而又全面体现犯罪行为人的犯罪行为以及行为所造成的客观危害以及在行为的过程中表现出的犯罪行为人主观恶性。由此可见，那些与犯罪本身无关

---

[1] 赵长青："建议刑法规定不同层次的悔罪形态"，载《检察日报》2006年1月2日，第3版。

的东西，像犯罪后的坦白、自首等悔罪情节，其性质从法律上看属于犯罪后的表现，因而与犯罪情节本身无关。有学者认为，犯罪情节较轻，可表现为犯罪行为的手段、造成的结果、社会影响等较轻。本书认为不需在判断犯罪情节时另行考虑行为的社会影响。这样既有较为明确的标准来判断犯罪情节是否较轻，也不会给法官在判断时增添额外的负担；既可提高判断犯罪情节较轻的技术性，也可防止因考虑社会影响而给判断犯罪情节是否较轻带来不确定性。有学者曾提出了一些在悔罪认定时应考虑的犯罪情节，如防卫过当、紧急避险过当、预备犯等，这一观点笔者深以为然。因为犯罪的未完成形态，表明了犯罪没有达到犯罪行为人的理想预期，也没有实现刑法分则罪状所描述的全部构成要件要素，这就能够充分说明行为没有产生刑法分则条文完整实现会产生的法益侵害性，法秩序也没有受到完整的破坏，犯罪情节便可确认为"较轻"。同样，虽然防卫行为过当了、避险行为过当了，但在防卫与避险过程中产生的损害，与一般的常态犯罪不可同日而语。因为前者虽然对法益也产生了损害，但犯罪行为人毕竟是在特殊的情境下造成的法益侵害，其内心的罪恶与谴责的必要性都大大打个折扣，在司法处罚上也必然要与一般的常态犯罪严格区别。换言之，这些特殊情形下发生的危害行为属于情节较轻的行为。法律把"犯罪情节较轻"规定为一个独立的考察要件，那么对犯罪情节的考察目的则主要是保证法律秩序的稳定以及法律的正义性，即只有在犯罪行为人犯罪的客观危害较小且其主观恶性较小时，对其适用悔罪才不会破坏法律秩序的稳定、导致公众对法律正义的怀疑。

（二）对"有悔罪表现"的理解

如果犯罪行为人有悔罪表现，通常便是其已经认识到自己的行为是错误的，是对他人、集体、国家产生损害的行为。如果犯罪行为人能够认识到上述内容，也就从侧面反映出其有基本的道德良知，有通常的正义与是非观念，那么他们的人身危险性便大大不同于没有这些值得法律肯定的认知与反省的人。对于这种人身危险性的降低，法律应该作出积极的响应，换言之，法律应该对这样的认知与反省进行鼓励与肯定，应该在具体量刑时有所体现，即可以将这种情形行为视为有悔罪表现。对有无悔罪表现的判断，应该采取形式的标准，采取宽容的态度，即只要犯罪人有悔罪的外在行为，即可认定其有悔罪表现，而不必深究其真实的内心态度，既合理扩大了从宽处罚适用的考量因素也降低了司法操作的成本。

(三) 对"没有再犯罪的危险"的理解

"没有再犯罪的危险"只是通过科学的预测方法,尽可能准确地预估犯罪行为人的再犯罪可能性。因为对于一个人未来的行为模式虽然我们可以综合各种情况进行初步的预判,但没有一种方法可以肯定地确定一个人未来的行为轨迹。很多时候行为人自己都不知道自己下一秒会做什么。大量的实证研究也表明,人类的行为并不总是受到理性的控制与驱动,其行为的发展方向会受到各种无法提前预知的新的变量的影响与控制,对于未来的不确定性,是无法通过对现有状况的考察正确无误地预知。所以我们对有无犯罪的危险也是无法做到绝对准确判断的。虽然无法做到百分之百地肯定,但是,我们还是相信通过"人类行为学"的科学指导,我们可以把握一个大致的趋势,在这一趋势的指导下,对行为人的未来行为模式做科学的预判。特别要指出的是,我们在判断有无再犯罪的危险时,要坚决摒弃"犯罪人类学"的天生犯罪人的理论观点,不能依据天生犯罪人的观点来判断犯罪行为人是否有再犯罪的危险。因为这种观点无法得到我国实践与刑事政策的支持,而且很多新的实证研究都表明了这种观点的不可靠性。这种把人"一棍子打死""从小看到老"的观点也不利于我国刑法的科学发展,不利于我国司法的良性运行,也会对我国刑事政策的贯彻落实产生实质的损害。

《刑法修正案(八)》将之前的"适用缓刑确实不致再危害社会"修改为"没有再犯罪的危险",这样的修改有助于降低法官适用缓刑的风险与顾虑,因为如果坚持之前的"危害社会"的判断标准,将大大增加法官发生判断错误的风险,因为在具体的社会生活过程中,特别是在我国各个领域都在发生巨大变化,法律规范也在不断修改完善,人们的法律意识还在不断完善提高的大背景下,人们的所有行为很难保证都不与法律产生或多或少的冲突,很难保证自己的行为完全符合所有法律的要求。如果坚持"危害社会"标准,法官可能产生消极的思维倾向,进而排斥缓刑的合理适用,从而抑制缓刑发挥应有的功能。采取"犯罪行为"的标准,则大大降低了法官的预判风险,毕竟大部分人都很少实施犯罪这一有严重社会危害性的行为,法官可以比较放心地进行有无再犯罪可能的判断,从而卸下心理负担,使缓刑制度真正发挥其应有的良性作用与社会功能。

(四) 对"对所居住社区没有重大不良影响"的理解

该项规定是《刑法修正案（八）》新增加的内容，也与本次修正案所规定的缓刑社区矫正制度遥相呼应。这是一个从来没有过的法律规定，是从西方发达国家的司法实践中借鉴过来的，在以往的司法适用中法官从来没有进行过此项内容的考察，换言之，法官在法律适用实践中从来不知何为社区影响，更不知道该如何判断对社区影响的有无与大小。法律并没有就此问题进行更细致的规定，司法解释也没有对此问题进行司法适用方面的详细规定，这项考察规定使法官完全不知到底该如何下手。这项规定里面一些概念与实践本身就难以界定。

首先，何为社区，这便是一个难以准确进行司法判断的难题。我国虽然有着丰富的市民生活，但因为各种原因，我国的社区并不像一些早早就践行社区矫正的国家一样有着比较发达的系统与网络。正是有这样特殊的情况与现实，所以就有少数学者认为这项新的制度设计并不符合我国的实际，盲目引进并不会对我国缓刑制度的发展带来有益的实践效果，相反还可能产生水土不服的现象，不但不能使缓刑制度良性运行，还会给我国的司法实践带来减损的不利后果。在我国还没有产生发达社区网络的背景下，这项制度有可能对犯罪行为人的合法权益带来制度安排上的不合理的损害。更为重要的是我国农村与城市差别较大，而农村人口很多都外出打工，有些甚至居无定所，处在社区的真空地带，法官又该如何判断其社区影响性呢？但更多的学者为我国能够吸收引入此项制度表示赞同。笔者通过一些实证调查结合对国外社区制度的研究，也认为我国有必要在社区矫正方面有所作为，有必要通过新的制度安排推进我国社区的良性发展，通过新的制度安排能动地让我国社区生活向着更加民主、自治的方向发展。

其次，在具体的司法过程中，我们该如何判断对社区的影响呢？这是一个在具体操作过程中非常难以把握的实践难题。要想准确判断对社区的影响，笔者认为从科学的角度看就需要进行实际调查，可是我国的司法状况是不可能有足够的力量去完成这一浩大工作的。而且正如前文所述，我国的社区发展还很滞后与不均衡，有些地方甚至处于真空状态，法官即便有能力、有时间进行调查，但怎样保证调查结果的可靠性？所以现实的做法只能结合我国的实际来展开。既然法律明确要求要进行社区影响的考量，我们便不能罔顾法律的明确规定，但因为实际操作中的各种困难与问题，笔者认为可行的做法是就一些可以方便查清的情况先进行调查，比如犯罪行为人的婚姻状况、工作情况、邻里关系等。对于需要更深入细致的调查，如果有能力展开当然最好不过，如果无法进一步展开，不妨暂时搁置，等我国的社区发展完善以后再行考量。

第二节 悔罪与缓刑考验

"缓刑是当代刑罚制度的宠儿。"缓刑在刑事政策中被称之为除刑罚和保安处分之外的第三支柱，并被视为一种具有多元作用的独立性的刑法反应手段。缓刑不但集合了刑罚社会化、人道化、个别化，更是顺应了当今社会人类文明进步的潮流以及刑罚发展的大趋势。从世界范围来看，缓刑的适用仍十分普及。在我国，缓刑制度处于不断完善之中，适用对象还在继续扩大，适用条件逐渐放宽。2011年全国人大常委会通过的《刑法修正案（八）》对缓刑规定作了较大的调整，这是国家重视缓刑在立法上的体现。在刑事司法领域中，司法机关也日益重视悔罪与缓刑之间的关联，两院三部屡次发布相关司法解释，规范缓刑的相关适用。

一、缓刑的内涵与内容

刑罚的暂缓执行简称为缓刑，指的是触犯了法律的犯罪行为人，尽管通过法定程序已经确定为犯罪，而且理应受到刑罚的相应处罚，但先行宣告定罪，暂不执行所判处的刑罚。由司法机关规定的特殊调查机构对犯罪行为人进行一定时间范围内的考察，并根据犯罪行为人在这一阶段的具体行为，依法决议应不应该采取具体刑罚的一种制度。对犯罪行为人实行缓刑，这是一种宽容行为。那么就会产生两个问题：第一个问题，这种宽容行为是否合理？第二个问题，这种宽容到底应该保持在什么样的限度和范围之内？教育刑理论给这种"宽容"，即缓刑制度的合理性提供了理论上的支持，这是刑事社会学派学者所主张的一种理论。德国刑法学家李斯特最早提出，刑罚的目的及其正当性根据是"法益保护"和"社会防卫"，在这基础之上刑罚的另一个目标是通过刑罚达到对犯罪行为人进行教育和改造的目的，打消犯罪行为人所存在的对社会造成危险的可能性,才能让他们回到正常的民众日常生活当中。他特地阐明的是,对于犯罪的预防,最重要的其实不是去预防那些身边有可能会犯罪的人,而是那些有过犯罪行为,并且接受过刑罚处罚,但是思想并没有得到改正而可能再次犯罪的人。详细的刑罚标准,应该是要保证能够消除犯罪行为人潜在的危险性、对社会的危害心理,以保证这类犯罪行为人能够以安全的姿态重返社会,而不会对社会再次造成危害。刑罚的目的不仅是告诫、恐吓一般人,更应该是能令犯罪行为人本身得到净化,并且可以起到预防犯罪的作用。国家和社会对于许多犯罪的产生确实负有不可推卸的责任,对犯罪行为人的教育和改造是一个政府和社会负责任的具体表现。那种将过错和责任完全归咎于生存环境恶劣甚至在走投无路的情况下犯罪的犯罪行为人本身的做法,是一个政府无能和社会变态的表现。而国家和社会对犯罪承担责任的具体表现之一,就是对犯罪行为人进行教育和改造,使之重归社会,而对其中部分犯罪行为人予以缓刑的宽大处理则是内容之一。

二、悔罪在缓刑适用实质条件中的规定

缓刑的适用实质条件,是在1997年《刑法》第72条中规定的,该条款中提到的缓刑的适用条件是,根据犯罪行为人犯罪的具体情节和获刑后的忏悔表现,适用缓刑后能确保其在今后的个人及社会活动中不会再对他人或社会造成危害。而在2011年实施的《刑法修正案(八)》中则对缓刑的适用实质条件进行了修改,一共规定了四项基本条件,其中前三项条件与1997年《刑法》相比而言,内容基本保持一致,只不过细化和明确了具体条件,将"犯罪情节"修改为"犯罪情节较轻",将"悔罪表现"修改为"有悔罪表现",将"适用缓刑确实不致再危害社会"修改为"没有再犯罪的危险"。而第四项是新增的条件,它关注了犯罪行为人所居住的社区,确保其在宣告缓刑后不会对所居住社区产生重大的不良影响,这表明了立法者对社会秩序和公众安宁感的关注。同时,修正后的条款更是强调了这四项基本条件必须同时符合,确保在执行缓刑时,其使用的合理性与公正性。

在此,我们主要讨论与悔罪有关的条款内容。所谓有悔罪表现,在目前的法律条款中,并没有特别清晰的概念,但在司法实践中,一般有以下两个标准,一是认罪,二是忏悔,犯罪行为人在犯罪后,能够通过积极的行为来

认罪以及表现自己的悔过之意，则称其有悔罪表现。对于这类犯罪行为人，通常可以认定其人身危险性、社会危害性较小，没有再犯罪的危险，因此可以考虑适用缓刑。我国的刑法中，对缓刑的适用条件和适用范围进行了很严格的界定，如：对于罪犯所判的刑罚较轻，例如拘役或者较短的有期徒刑；罪犯的犯罪情节较轻，没有造成重大的社会危害，并且有明确的忏悔行为；如果对这类罪犯进行暂缓执行处罚，不会对社会秩序、公众安宁造成重大不良影响。犯罪行为人如果在一定的考验期间内能够遵守相应的条件，则原有的判罚便不再执行。从刑罚的相关规定中可以看到，并不是所有犯罪情节较轻的人都能够适用缓刑，一个较为重要的条件就是有悔罪表现。对于悔罪表现的定义并没有特别清晰的概念，例如，犯罪行为人在犯罪后能积极退赃，坦白交代罪行，在羁押期间遵守各项规章制度，在审判过程中，对自己的犯罪行为及犯罪思想有深刻的剖析和认识，等等，都能够称其为有悔罪表现。但衡量标准执法人员不易掌握，这就给办案人员很大的自由裁量权。因此，这一主观判断就可能导致部分犯罪行为人在归案后认真悔过，但在释放后，又继续进行犯罪活动。针对上述情况，我国刑法还进行了明确的规定，在缓刑期间，如果其违反相关法律法规、触犯法律、进行违法犯罪活动或者违反了有关缓刑的监督管理规定的，情节较为严重的需要撤销缓刑，并且按照原判刑罚执行，情节更加严重则可能从重判罚。这就是因为办案人员在对犯罪行为人的悔罪情况进行判断时，有一定的主观因素，并且犯罪行为人对自己错误的认识也是片面的、局限的、不彻底的，属于通常人们所讲的不彻底悔罪类型，对于这一情况，必须要执行原判刑罚，同时撤销缓刑。

三、缓刑适用程序

目前，除了在立法上对缓刑进一步细化明确细则，出台指导方案等，各地在缓刑适用程序方面也有一些新的举措，这些举措对于悔罪在缓刑中的适用具有十分重要的参考作用，归纳一下主要包括以下方面：

（1）社会调查制度。也被称为人格调查制度，指的是为了让法院在对被告人进行审理的过程中，能够对其个人情况、成长经历、心理因素等作出科学分析，而进行的量刑前的调查报告。但目前，这一制度仍然处于摸索阶段，对于由谁承担社会调查职责、调查哪些内容、怎样进行调查、调查结果的运用等问题都尚无定论。

（2）缓刑听证制度。听证是司法公开化的重要措施，主要适用于执行、申诉审查、国家赔偿确认、减刑假释审理等法律没有作出具体司法化程序的案件审理过程。缓刑案件审理虽然归属于刑事审判程序，但在决定是否宣告缓刑环节缺乏公开性，因此，一些法院将听证制度引入缓刑案件的审理之中。但目前，司法实践对缓刑听证的做法还不统一，需要对听证的必要性和可行性作充分论证，对具体程序进行科学合理的设计。

（3）暂缓判决制度。在业已实践过的案件中，这项制度多数适用于未成年人案件。是指在刑事案件审理过程中，对已经构成犯罪并符合一定条件的未成年被告人，暂不判处刑罚，由法院设定考察期，让被告人回到社会上继续原有的生活学习工作，对其进行考察帮教，期满后，再根据原犯罪事实和情节，结合被告人在考察期间有无悔罪表现以及帮教效果予以判决。与实施这一制度极为相似的是检察机关试行的暂缓起诉制度，但是这一制度由于没有法律依据，已于 2004 年 7 月 2 日被最高人民检察院叫停，法院试行的暂缓判决制度也因为缺乏足够的法律依据而陷入尴尬境地。

第三节　悔罪与减刑前提

一、减刑的内涵与内容

减刑，这一概念，可以理解为对于那些犯罪行为人，被判处了各项刑罚如管制、拘役、有期徒刑、无期徒刑等，在受刑的过程中，因为适当的行为或合适的理由从而减轻原有判罚的一种制度。可被减刑的行为包括认真遵守监狱内的相关规定、积极进行学习、接受教育、认真改造，同时有认罪悔过的行为，或者有检举犯罪行为等立功表现等。减刑的具体情况例如，犯罪行为人若原本的判罚为无期徒刑，则可以根据上述减刑条件，减为 15 年有期徒刑；若犯罪行为人原本的判罚为 8 年有期徒刑，有以上符合减刑的行为或满足上述条件的，可以减少到 7 年有期徒刑。当然，若在缓刑的考验期内有突出的忏悔行为的，可以考虑缩短缓刑的考验期间。这可参照《刑法》第 78 条规定。减刑有以下两种不同的情况：一种是可以减刑，这类情况通常对应较轻的悔罪行为；另一种是应当减刑，这类情况一般是犯罪行为人有重大立功表现。可以说，减刑是指人民法院裁定犯罪行为人具备条件可以减刑，其具备条件有认真遵守监规，接受教育改造，确有悔改表现，或者有立功表现。其中，确有悔改表现有四种情形：第一，犯罪者能够认真遵守法律；第二，认真遵守监狱的相关规定；第三，受刑期间能够认真接受教育，努力学习，对于政治、科技、文化、生产、技术等各方面能主动学习；第四，能够积极主动地参加服刑期间规定的劳动任务，完成各项任务，不拖泥带水。而应当减刑则包括以下几种情况：第一，通过举报或个人行为阻止了他人或其他组织所进行的重大犯罪活动；第二，检举经查证属实的监狱内或监狱外的重大犯罪活动；等等。从这两类减刑的情况来看，可以减刑的犯罪行为人，表现为已经认罪，并且认真悔过，能够积极地改造自己，已经对自己的犯罪行为有了深刻的认识以及不再犯罪的决心，对于这类内心向善的犯罪行为人，应该给予宽大处理。而应当减刑的犯罪行为人，不但自己已经悔改，更是积极投身到打击犯罪的队伍中，为打击恶势力作出了自己的贡献，这一点是值得社会和公众肯定的，更应该得到刑法的支持和鼓励，所以更应该得到宽大处理。

二、悔罪在减刑认定中的情形

2012年，最高人民法院也对这种情况作出了更为详细的阐述，其主要内容为，服刑期间的犯罪行为人如果严格执行监规，没有违法乱纪行为，能够重新认识到自己的过失并且表现出忏悔的，抑或作出立功行为的，可以根据其具体情况予以减刑，若上述立功行为意义重大，则必当予以减刑。同时，最高人民法院之规定阐述了认定犯罪行为人是否悔改的量化标准，主要包括下述几个参考方向：首先是犯罪行为人能否及时意识到自己的罪行；其次需要考核的是犯罪行为人在押期间是否有其他违法行为或者扰乱监狱秩序的行为，以及犯罪行为人在接受改造时的具体表现；再次是改造教育的完成程度，包含文化方面，思想认知方面等；最后需要考核的则是其在押期间是否按照规定履行了其应当承担的劳动义务。当完成上述考核并且确认无误后，则认为犯罪行为人具备悔改表现，此时应当对下述内容进行处理。

（一）刑罚执行机关的定量性考核

为了提高悔罪减刑认定的可操作性，我国的刑罚执行机关在定量化上进行了探索，有助于减刑案件审理机关判定犯罪行为人是否确有悔改表现。但是因为最高人民法院在 2012 年《规定》及有关司法解释中均未作出规定，所以，多数人民法院对定量化认定结果持有谨慎的态度。虽然刑罚执行机关对悔罪减刑的定量化认定尚存不足之处，但这种定量化认定机制提高了"确有悔改表现"的认定操作效果，有助于减刑案件审理机关更好地判定，因此，本书认为，定量化探索的方向是正确的，需要多借鉴国内外先进制度，更好地制定国内统一的、可行的定量化认定办法。

最高人民检察院在 2014 年召开了一场新闻发布会，在发布会中发布了《人民检察院办理减刑、假释案件规定》，该文件对减刑和假释类的案件进行了更为细致的规定，同时此次新闻发布会也对全国各地的检察机关对这类案件调查的有关进展进行了通报。该规定中提出了六种减刑或者假释的案件，检察机关必须进行严谨及严密的考察及确定。第一种，申请减刑或者假释的，犯罪行为人具有重大的犯罪行为、在社会上造成了重大影响或社会关注度高的情况，例如重大职务犯罪，金融诈骗犯罪，具有黑社会性质的犯罪，严重暴力恐怖犯罪，等等，必须进行调查核实。第二种，由于犯罪行为人具有立功或者重大立功表现，提出申请减刑的情况。第三种，若犯罪行为人可能的减刑的幅度较大、假释的时间长、起始时间早、间隔时间短或实际执行期较短的。第四种，如果考核计分较高，有疑点存在于鉴定材料、奖惩记录中或专项奖励较多的这种情况。第五种，犯罪行为人收到了其他人的控告或者举报，检察机关应当严密调查核实。第六种，其他情况。检察机关具体调查核实的方法，有以下几种：调阅复制有关材料、重新组织诊断鉴别、进行文证鉴定、召开座谈会、个别询问，以及派员列席执行机关提请减刑、假释评审会议。

（二）犯罪行为人的申诉

犯罪行为人有申诉的权利，这是法律赋予的。如果犯罪行为人提出了想要申诉的请求，那么就要依法保护犯罪行为人申诉的权利。但是，在司法实践中，有些犯罪行为人在刑罚执行中拒不认罪悔罪，反复申诉，纠缠于诉讼程序之中；另外有部分犯罪行为人承认自己所犯罪行并且对之悔过，但是认为量刑偏重，提出申诉要求改判。在具体刑罚执行过程中，这两种情形是具有一定迷惑性的，需要经过刑罚执行人员在一定时间内的仔细判定才能鉴别。对于没有悔罪表现的犯罪行为人，不应当予以减刑。

(三) 财产执行与民事赔偿

根据调查，监狱内犯罪行为人被判处财产刑与承担民事赔偿的，有很大的比例并未执行或履行。由于将犯罪行为人减刑与财产刑执行、附带民事赔偿义务履行的联系程度不同，其减刑的机会不同，所以，我们应当用审慎的态度去考量减刑与财产刑执行、附带民事赔偿义务履行之间的关系。若不考虑犯罪行为人本身的经济能力，单纯以财产刑执行或赔偿履行情况为减刑标准，势必有损减刑的功能，不但不能用以激励犯罪行为人的改造，同时有损于财产刑执行与附带民事赔偿义务履行的社会价值。2012年《规定》对财产刑执行与民事赔偿履行情况进行了相关规定，并且明确指出了两种不同情况及后果。第一种是犯罪行为人在财产刑执行和给予民事赔偿的过程中，有认真悔改，认罪悔罪的表现，并且积极作为的，那么可以依法在减刑或者假释的过程中，考虑从宽判断。另一种是如果犯罪行为人有执行财产刑与履行民事赔偿的能力，但是拒不执行，不知悔改，那么在减刑或假释时，应当从严处理，从严判断。从此解释中可见，只要积极执行或履行的犯罪行为人，就可以认定为有认罪悔罪表现，这一点比较简易可辨；但是对于不执行、不履行的情况，就要进行区分，看其是否具有执行、履行能力，这在实际操作中需要经过背景调查、社区走访等不同方法加以确认，综合其实际表现加以判定。

第四节 悔罪与假释前提

一、假释的内涵与内容

假释，是指对于被判处有期徒刑、无期徒刑的部分犯罪行为人，在执行一定刑罚之后，确有悔改表现，不致再危害社会，附条件予以提前释放的制度。附条件，是指被假释的犯罪行为人，如果遵守一定条件，就认为原判刑罚已经执行完毕；如果没有遵守一定条件，就收监执行原判刑罚乃至数罪并罚。假释只适用于在刑罚执行期间，认真遵守监规，接受教育改造，确有悔改表现，提前释放后不致再危害社会的犯罪行为人。这是适用假释的一个最重要条件。认真遵守监规，是指一贯遵守罪犯改造行为规范，遵守监狱管理规范；接受教育改造，是指积极参加政治、文化、技术学习，积极参加劳动，完成劳动任务；确有悔改表现，是指认罪服法、悔罪自新。不管是认真遵守监规，接受教育改造，还是确有悔改表现，这都体现了犯罪行为人悔罪的态度，都是犯罪行为人甘愿悔罪的显性或隐性表现形式。刑法的人道性是刑法存在的基础，是刑法报应性规定的前提，任何与之相冲突的规定都不具有合理性，其构成报应性规定之成为真正的刑罚理性的保障，即只有符合人道性规定的报应性规定才是刑罚的理性规定。对于这些被判处有期徒刑、无期徒刑但又有改过意向的犯罪行为人，给予宽大处遇当然是刑法人道性的一种必然选择。

二、悔罪在假释适用中的评估

在现代刑事司法领域，假释无疑是促进犯罪行为人重返社会的重要制度。假释不仅能够帮助犯罪行为人适应社会，而且能够降低因监禁而产生的各种支出。随着我国社会快速发展，监狱在押犯数量增加，负效应不断显露：很多在押犯因为长期被监禁，出狱后不能适应社会生活；由于在押犯数量增加，需要不断完善监管设施，不断增加监禁支出。在这种背景下，假释受到广泛关注，价值日益凸显。但是，我国的假释适用始终处于低位徘徊水平，与实际需求差距较大，造成这种情况的原因很多，对于假释后犯罪行为人再犯罪的评估缺失应当是最重要的原因之一。

我国长期以来使用定性方式评估犯罪行为人出狱后再犯罪及再危害社会的风险，也就是根据其服刑时间与服刑期的悔罪表现综合加以判断。由于定性评估的固有特点，对其再犯罪的危险程度描述无法达到非常清晰准确的标准，很难达到可操作的水平，因而法院不敢大胆裁定假释，社会对假释的公正性也有质疑。而定量化再犯罪危险评估的出现为解决假释使用中的困惑找到出路。2011年《刑法修正案（八）》已经将犯罪行为人再犯罪的危险评估引入我国刑法，因此，在假释适用中引入定量化的评估手段将对悔罪假释的审理判定起到至关重要的作用。

结 语

在我国刑法中，多个方面的内容都涉及到了犯罪行为人悔罪激励制度，表面看来这些制度是由不同的法律、法规及司法解释等规定的，它们是相互独立的，然而透过现象看本质，站在全局的高度看问题就能够发现这些制度之间是有一定内在联系的，它们共同构成了一个关于潜在的犯罪行为人悔罪激励的体系。现在，学术界将研究重点放在了对具体激励制度的研究上，梳理了不同的激励制度并分别进行了总结归纳，然而相对于对单个制度的深入研究，却很少对不同制度进行横向对比。但是，要想正确认识各种激励制度的核心思想以及它们之间的联系与差异，进而对刑法体系进行完善，必须以系统地研究犯罪行为人悔罪激励体系为前提。我国传统思想文化提倡宽厚、仁爱，同时，我国的刑法也提倡谦抑原则，在刑事政策方面讲究宽严结合，正是基于此提出了犯罪行为人悔罪激励制度。此外，犯罪行为人悔罪激励体系对于刑罚目的的实现、司法成本的控制及诉讼效率的提高等方面都有积极的影响。从宏观角度系统地研究不同的激励制度之间的内在关系及差异，一方面能够从立法角度对相关规定进行统一，从而对刑法体系进行进一步完善；另一方面，能够对司法实践活动进行规范与指导，有利于犯罪行为人合法权益的有效维护，实现社会的长治久安。1949年新中国成立后，我国的治国理念在不断变化以适应时代发展的要求，同时犯罪对策观也发生了相应的变化，从最初的镇压、打击，到后来的控制发展到当前的以治理为主的观念。十八届三中全会提出要对社会治理体制、治理方式等进行创新与完善，要以法律为依据、从根源上进行综合性的、系统性的治理。犯罪是社会治理的重要内容之一，对其自然也应该按照全会精神进行治理。犯罪治理对策观指出，在治理犯罪时应以正确认识犯罪现象为前提，在此基础上再确定相应的治理目标，然后协调组织各方相关人员开展刑事司法活动，此外要注意治理各种不良的社会现象，以免引发各类犯罪。然而，现行《刑法》的主要内容依然是打击犯罪活动、惩罚犯罪行为人等，这种犯罪对策观已经不符合时代、社会的发展要求，因此十分有必要对《刑法》进行全面性的修订，以建立更符合实际需求的犯罪对策观。

关于刑事一体化，储槐植教授指出应打破学科的限制、将不同学科联系起来综合运用解决实际问题。当今刑法发展的一大趋势就是刑事政策化，它也是研究刑法的有效途径。刑事政策简单来讲就是有关对付犯罪的一系列相关政策，它一方面能够对刑事立法进行指导，另一方面它还必须与刑法保持一致，属于刑法体系的内容之一。刑事政策在解决刑法问题时除了需要犯罪学的相关知识外，还用到了社会学、哲学、政治学以及经济学等领域的知识与理念，是刑事一体化的集中体现，它既能使刑法更具生命力，也能优化刑法的运用过程。

我国的刑事政策主要经历了镇压与宽大相结合、惩办与宽大相结合及宽严相济等三个阶段，而关于宽大政策的一个重要体现就是犯罪行为人悔罪激励体系，这一体系在不同时期的内容与当时的刑事政策是基本一致的，同时也随着刑事政策的变化而逐步完善。我国于2010年、2011年先后颁布了《人民法院量刑指导意见（试行）》《刑法修正案（八）》，前者详细规定了现行的多种激励制度的适用情况，后者从立法角度对坦白从宽进行了明确规定，这两个例子都很好地体现了犯罪行为人悔罪激励体系在逐步完善。本书为了更好地研究犯罪行为人悔罪激励体系，收集并查阅了大量的相关文献、资料，从中可以看出现在有关这一课题的研究主要是针对个别激励制度的具体研究。就犯罪行为人悔罪激励体系中存在的某些问题，学术界尚未达成一致意见，而针对这一体系的系统性研究更是少之又少。本书首先就我国当前刑事立法中有关的悔罪制度结构进行了梳理，然后用分析研究法科学地界定了犯罪行为人悔罪激励体系，深入地研究了这一体系所包含的各组成部分；与此同时还详细考察了立法与司法活动中对犯罪行为人的激励情况，并在此基础上对比分析了不同激励制度间的关系以及激励事由与激励项目的对应性。进一步从宏观层面对犯罪行为人悔罪激励体系进行全面研究，通过发现其中存在的问题与不足之处，进而提出相关的建议对相关立法进行进一步完善，并对相关司法实践活动进行科学指导。

一、悔罪激励项目的立法考察

激励项目是构成犯罪行为人悔罪激励体系的一个重要因素，它能够保障犯罪行为人受到与其悔罪表现相一致的刑罚裁量，从而达到激励犯罪行为人悔罪的目的。犯罪行为人激励项目的基本含义是指对于有悔罪表现的犯罪行为人给予从宽量刑的具体规定，具体包含项目的效力等级与层级两方面的内容。

（一）激励项目的效力等级

所谓激励项目效力等级是指在法官实施自由裁量权时对其进行约束的力度大小。就激励犯罪行为人悔罪而言，我国现行《刑法》规定对于犯罪行为人从宽量刑包括应当型及可以型两种从宽激励政策。这两种激励形式基本能够适用于全部激励事由，应当型从宽激励是针对法官对犯罪行为人从宽量刑的一种强制性规定，也就是说法官无权针对犯罪行为人实施自由裁量；反之，可以型从宽激励是指是否对犯罪行为人从宽量刑法律没有明确规定，而是由法官根据具体情况通过行使自由裁量权进行裁定。就本质而言，以上两种激励形式都是出于约束法官的自由裁量权而提出的，从约束力角度来讲，应当型的效力等级要高于可以型。所以说，应当型从宽激励与可以型从宽激励实质上就是有关犯罪行为人激励项目效力等级的相关规定，从激励项目规范角度来讲这一规定属于第一层次。就我国现行的《刑法》及司法解释中涉及到的激励项目规范而言是以可以型为主，应当型相对要少得多，其中一个典型例子就是关于犯罪中止规定了应当减轻或免除处罚的内容。

（二）激励项目的层级

激励项目的第二层次的规范就是有关层级的设置。激励项目层级主要指的是以犯罪行为人的悔罪程度为基本依据，对其量刑时给予的相应的从宽幅度。我国现行《刑法》对于激励项目规定了三个层级，依次是"从轻"、"减轻"及"免除"。层级最低的是"从轻"，它对于激励结果的影响十分有限，只能在法律规定的量刑幅度内适度从宽；而"减轻"则能够在法律规定的量刑幅度外从宽量刑，降低刑罚的等级，它对于激励结果的影响相对要大得多；而最高层级则是"免除"，这一规定能够达到免除刑罚的程度，因此从宽的程度最高。同时，每种激励项目因激励层级的差异又可以分为不同幅度的激励，例如"可以从轻"、"应当从轻或者减轻"及"应当减轻"等。通过分析以上激励项目不难看出，犯罪行为人悔罪激励体系中的不同幅度的司法激励分布呈现出阶梯状的变化。激励项目之间的层级是非常鲜明的，但是犯罪行为人激励事由也能够影响到层级的设置。为此，本书专门针对现行的较为重要的几种激励制度进行深入研究，分析对比了其激励事由与激励项目层级之间的关系，这样能够更好地了解它们之间的内在逻辑性。给予犯罪行为人的从宽激励幅度因激励事由的不同而不同，同时即使是同一激励事由因为具体情节的不同，激励从宽幅度也会有所不同。之所以会存在这种差异主要是受犯罪行为人在悔罪时表现出的主观恶性及人身危险性降低程度两方面影响。激励事由不同所体现出的主客观内容也是不尽相同的，相应地激励项目的层级也有所不同。比如说，我国刑法中就有关于自首与立功等内容的具体规定，也就是说这些激励事由是有明确的法律规定的。从理论角度讲，一般而言自首、立功等法定激励事由具有优先适用权，同时它们的效力等级也高于其他酌定激励事由的效力。尽管如此，也不是说法定激励事由的重要性更高，反而某些情形更能反映犯罪行为人当时的意志状态，比如说犯罪行为人在实施犯罪行为后又积极救助被害人等情况，此时犯罪行为人意志的转变是非常明显的，无需再明确规定。[1]所以说，多方面的因素都会影响到给予犯罪行为人的激励项目的幅度。司法实践活动中，通常会依据激励事由给予犯罪行为人不同的激励幅度，然而很难从理论上统一规定给予犯罪行为人的激励幅度，所以在实施具体激励时，可以考虑以下三个方面的因素：首先，要看犯罪行为人的悔罪表现，悔罪表现能够很好地表现出其心理状态，换个角度来说就是犯罪行为人悔罪程度与其人身危险性降低程度之间存在正向关系，这就意味着其悔罪程度越高，人身危险性降低得越大，激励从宽的幅度也就越大；其次，要考虑激励事由对于降低社会危害性的影响程度，激励从宽程度应与降低社会危害性程度保持一致；最后，要考虑对于国家司法资源节约的因素，也就是说犯罪行为人获得的激励从宽与其通过自身行为节约的司法资源多少成正比关系。分析上述内容能够明显看到，在立法者建立的犯罪行为人悔罪激励体系中，激励项目的层级与激励事由存在对应关系，两者基本是一

---

〔1〕 参见王利荣："案外情节与人身危险性"，载《现代法学》2006年第4期。

致的，但是，针对犯罪行为人的激励项目在具体的实践活动中还存在很多适用上的问题，因此需要进行调整与完善，以便能够更好地适用于刑事司法实践活动。

二、悔罪激励项目的司法完善

（一）统一犯罪行为人悔罪激励项目的认定标准

犯罪行为人悔罪激励制度当中，可以型从宽幅度的激励有自首、坦白以及认罪和立功等。由法官对犯罪行为人的主观恶性和悔罪表现进行判定，通过法官的主观判断，来决定能否对犯罪行为人从宽处理以及确定从宽幅度。针对自首的情况，我国《刑法》当中有明确规定，如犯罪行为人是主动向有权机关投案自首的，可适当减轻或者免除对其的处罚。在主动坦白方面，我国《刑法》也有明确规定，如果犯罪行为人主动坦白，则可以对其从轻处罚。在刑事诉讼的过程中，被告人如果可以主动认罪，同样可以争取到从轻处罚。在对自首、坦白及认罪制度进行对比后可以看出，事实上在我国当前的司法解释及立法当中，对上述悔罪行为作出的相应规定都不够具体。这样的弹性规定对法律指引作用的发挥造成了严重的负面影响，这种笼统、模糊的制度，会导致司法实践上出现这样的现象：犯罪行为人在犯罪之后主动归案与被动归案，可能会得相同的"从轻处罚"激励，这种情况打击了犯罪行为人在犯罪之后主动归案的积极性，降低了他们主动归案几率，在实施犯罪行为之后，犯罪行为人会在认罪和逃跑之间犹豫，无法果断下定决心主动归案，在他们的意识中，被动认罪和主动认罪可能不会有任何的区别，所以很多犯罪行为人心存侥幸，最终选择继续逃跑或隐匿起来，司法实践中出现"自首吃亏"的尴尬情况，使犯罪行为人左右权衡，难以作出主动归案决定。正是因为在对于犯罪行为人主动归案的具体情况和具体减刑程度没有明确而统一的规定，所以，在司法实践中就产生了"无法可依"的尴尬窘境，最终的决定权交到法官手中，法官的权力较大，其主观思想对犯罪行为人的判刑结果也产生了较大的影响。正所谓"权力过大很可能会出现滥用权力的情况"，这样的放权行为埋下了很大的安全隐患，弹性、概括、不够具体的制度，也会引发权力寻租等腐败问题的产生。在犯罪行为人看来，模糊不清的弹性激励制度无法保证自身在主动认罪之后会得到适当、明确的量刑回报，由此也就对是否主动认罪摇摆不定，犯罪行为人不能及早归案、认罪，对于司法会产生较大的负面影响，比如消耗司法资源、降低诉讼效率。由此看来，这种概括性的模糊制度应当及时进行规范调整，有权机关应当及时出台相应的立法和司法解释作为悔罪激励制度的补充。

在应用犯罪行为人悔罪激励制度，展开犯罪行为人量刑处罚的过程中，除了要考虑到各种激励制度之间的差异性，还要考虑到统一制度下，由于案件的不同而产生的差异。通过犯罪行为人悔罪的行为对这一问题展开探讨：在具体的司法实践中，犯罪行为人悔罪后，司法人员应当根据具体的案件全面考虑，结合犯罪行为人的悔罪时间、悔罪动机以及悔罪方式，来判定对犯罪行为人进行何种程度的量刑激励，这样才能够使悔罪激励制度有一定差异性。犯罪行为人悔罪的时间早晚和其悔罪程度以及对司法资源的节省程度紧密相关，所以，犯罪行为人越早悔罪，应当给予其越多的刑罚激励。不过，如果是在某一悔罪激励制度的基础上，来判定不同案件的量刑激励程度时，不仅要考虑到悔罪所处的诉讼阶段，还可能会考虑悔罪的方式以及犯罪行为人的悔罪动机。我们通过自首动机这一问题展开探讨：自首动机不一定要出于悔罪的原因，但最终会对有自首悔罪表现的犯罪行为人作出怎样的量刑激励却和犯罪行为人是否悔罪和其悔罪程度有直接关系。一般来说，会去自首的犯罪行为人基本上都是初犯或是偶犯，这类犯罪行为人的人身危险性和主观恶性相对不高，一般在犯罪之后，他们都有较大的心理压力，多数会选择投案自首，这也是出于悔罪的心理。这种情况下应当进行从宽处理，因为其与犯罪行为人悔罪激励制度当中的激励要求完全符合。但对其的激励程度与其悔罪程度是成正比的，也就是说犯罪行为人的悔罪程度越高，所能获得的量刑激励就越多，所以，在具体的从宽处罚决定中，还要对其罪行大小和悔罪程度进行判断，从而判定从宽幅度。但并非主动投案的犯罪行为人都是因为对自身行为的忏悔和对被害人的愧疚而投案的，还有仅是因为功利目的才投案自首的，这样的自首行为不是出于悔罪动机，即便它同样节约了司法资源，但是却很难消除犯罪行为人思想当中的反社会意识，对于这种情况，法官应当全面考虑，通过其外在表现来作出对其的激励决定和判定激励幅度，正确行使自由裁量权。具体来讲，法官需要对犯罪行为人的自首时间进行明确界定。自首行为即便在同一诉讼期内也存在时间上的差别，有些犯罪行为人在对其进行追捕的过程中才投案自首，而有些犯罪行为人是在其犯罪实施未被发现便投案自首，犯罪行为人的自首时间可以反映其主观恶性及人身危险性程度，所以，对自首的犯罪行为人作出刑罚激励时，需要综合考虑这方面的因素。

在对个别激励制度进行分析探讨之后，本书认为，应当积极采取适当的方式来避免这种司法尴尬的情况出现，比如在对犯罪行为人的悔罪激励判定标准进行统一时，不仅要对刑法进行修订补充，还应当通过司法解释进一步明确。具体来讲，我国首次作出量刑上的详细规定见于最高人民法院发布的《人民法院量刑指导意见（试行）》，这一指导意见当中具体规定了自首、坦白、立功以及退赃、赔偿方面的从宽量刑标准，为司法工作者的司法实践带来了较大的便利，犯罪行为人能够获得从宽处理以及可以得到怎样的从宽处理，都有法可依。对于实现我国犯罪行为人悔罪激励制度的规范化和统一化来说，《人民法院量刑指导意见（试行）》的出台起到了非常重要的推动作用。针对不同犯罪行为人，激励制度也应当有一定的差异性，这一点通过司法解释实现了具体化，从而真正得到体现，真正实现激励制度初衷与刑事政策上的差异对待现实化。我们在工作当中需要积极总结经验，通过周密的思考和慎重的考虑，总结出对于不同的犯罪行为人、不同的犯罪情况，应当对其进行何种程度和比例的激励。所以，犯罪行为人悔罪激励制度当中需要补充比较具体和具有差异的规则，从而使犯罪行为人悔罪激励的判定标准更加科学和完善。

（二）协调、细化犯罪行为人悔罪激励项目的层级

"从轻"、"减轻"和"免除"是刑法当中对犯罪行为人悔罪激励项目的具体划分，从宽效力呈依次递减的趋势。实际上，犯罪行为人悔罪激励项目的层级应当按照由低到高的顺序进行排列，但从当前的三个层级来看，这样的激励层级虽然连续，在"减轻"和"免除"这两个激励层级之间却出现了断裂，未能进行科学地衔接。对于减轻情节的效力，《刑法修正案（八）》当中作出了明确的规定"限于法定量刑幅度的下一量刑幅度"，不过许多罪名多涉及到多个量刑幅度，这种情况会造成免除效力与减轻效力产生较大的差距，在涉及多个量刑幅度罪名，可以进行犯罪行为人悔罪激励时，很难体现出循序渐进的关系，这就会造成激励制度的失衡。这种情况下，想要判断一个激励到底是有减轻效力还是有免除效力，便可能会制约司法实践操作，由此可见，这样的层级划分有失科学性，存在一定的隐患。在以上三种等级激

励项目的划分存在缺陷的情况下，司法机关就难以根据激励事由展开与犯罪行为人具体行为相符合的从宽回报。所以本书认为，在类似于"从轻或者免除处罚"这种一个激励项目涉及到多层幅度的情况下，应当跳出量刑幅度的限制，使层级的连续性得到保证，突破限制，直到免除处罚。这样的解决方式就在"从轻"、"减轻"以及"免除"处罚这三者之间构架了持续、明确的效力阶梯，相互之间没有断档出现，适当衔接，有一定的完整性和科学性，并且这样的方式也和"减轻""免除"处罚间的连续性和渐变性高度符合。

当前的立法者也意识到激励项目层级之间的不连贯问题，为了弥补，立法者又设计了一种模糊处理的方法，对多数激励事由都设置了超过两种的层级激励，也就是说，针对同一激励事由，刑法设置了"从轻"、"减轻"以及"免除"处罚等多个层级的激励项目。具体来讲，这种多幅度激励制度一般有"减轻"或"免除"，"从轻"或"减轻"，"从轻"、"减轻"或"免除"的多种方式。但是这种激励制度为幅度和大小都有区别的层级，怎样使其和同一激励事由当中的各种情形合理对应，这一点并没有严格的界定，问题的决定权又落到了法官身上，由此便进一步加大了法官的自由裁量权。"从轻或减轻"激励在这些多幅度激励当中可以当作连续的效力范围，但是"减轻或免除"则仍旧涉及到两种性质、间距都有较大区别的效力等级。这样的激励规定层级不明确，很难科学地展开激励事由的效力区分。同一激励事由的效力会产生区别，比如甲属于特别自首，乙是自愿投案的，明确交代了犯罪行为，而丙则是在亲人的逼迫下投案并交代犯罪行为，这几种都是自首行为，但在判断从宽量刑时，却会得到不同的判定结果。

通过这样的激励项目设置方式，法官是最终作出判定的关键因素，由此可见司法实践的激励标准不够科学完善会对激励结果造成严重影响。想要避免这种情况出现，本书认为应当从两个方面进行分析：首先是从法律条文方面，激励事由的内容，可以划分成"从轻"、"减轻"和"免除"处罚这三级激励；另外就是减少多个激励层级当中的激励事由。值得注意的是，第一种方式对同一激励事由比较适用，比如上述例子中的自首行为，同为自首，但具体情况却不一样，所以需要进行多个等级的划分，也应当有多个层级的激励来对应；第二种方式主要适用于激励事由单一的情况，可以对法官的自由裁量权展开限制，又使得法律条文的科学实用性得到提升，一定程度上避免量刑失衡的情况出现。

具体来说,建议从操作上取消减轻处罚激励,可以理解为,使减轻与从轻处罚合二为一,形成从轻激励。之所以要对犯罪行为人的激励项目展开细化,为的是保证层级效力的连续性。不过从当前来看,受到减轻处罚量刑幅度的制约,免除处罚与其产生了断档。从本质上来看,二者并没有本质上的区别,差别也只是因为层级效力不同,二者效力上有很强的连贯性,一定要将其分开的话,可能会出现新的弊端,并且通过分析国外立法情况可以发现,国外的处罚激励中也没有从轻、减轻的区别,仅是对减轻处罚作出了规定,以确保效力的具体性和连贯性。我国同样可以借鉴这种方式,将从轻和减轻合并起来,但要注意的是,针对合并后的从轻处罚,要对其层级效力再次判定,可以突破法定量刑幅度的限制,达到最低的量刑幅度,和免刑处罚有一定的协调性。这种情况下,从轻效力的幅度变大,会不会导致法官的自由裁量权也同步加大,这方面应当在第一个方法的基础上进行思考。也就是说,在对犯罪行为人悔罪激励体系进行设计时,应当对犯罪行为人的激励认定规范作出统一,展开各个激励情形的明确划分,只有使各个激励事由所对应的效率范围得到明确,才可以避免法官根据一个从轻的激励项目而展开随意裁量。所以,本书希望构建的犯罪行为人悔罪激励体系是根据特定的标准,使激励事由和激励项目相吻合,协调一致,有较高的统一性和连续性。

我国刑事立法当中的犯罪行为人悔罪激励体系已经初步形成,只是其中还有较多的不足之处。从 70 年代末的刑法到现阶段的刑法,尤其是先后出台并生效的 10 个刑法修正案,对我国犯罪行为人悔罪激励体系作出了补充。不过在展开系统的分析后,本书站在犯罪行为人悔罪激励和该激励体系概念的角度,对犯罪行为人悔罪激励体系所涉及到的因素展开探究,对犯罪行为人激励事由范围和激励项目设定进行判定,并阐述了我国犯罪行为人悔罪激励体系中的问题所在,同时提出了针对性的改善建议。一是从分析犯罪行为人悔罪激励事由的角度出发,要先使酌定激励法定化,对犯罪行为人悔罪激励事由进行补充,在自首、坦白及立功等法定激励事由的司法实践当中,应当对此种悔罪行为有足够的重视度;其次就是特定激励普遍化,将激励事由的适用范围进行扩充,从而发挥出更大的价值;最后就是分散激励集中化,具体来讲,就是对分散到法规及司法解释当中的激励制度作出严格的规定,从而使犯罪行为人的合法权益得到保障,也进一步提升审判效率。二是从激励项目设置的角度分析,当前我国犯罪行为人悔罪激励制度当中的激励项目不够具体,这种宽泛的激励项目设置会造成司法官员权力寻租等腐败的情况出现。另外在犯罪行为人主动作出悔罪表现的情况下,难以保障其享受到合理的激励,从而对犯罪行为人的特殊预防产生了负面影响,而对普通公民的预防效果也难以实现。所以本书提出了统一犯罪行为人激励项目的认定方式,同时还提出了应当从两个角度展开犯罪行为人激励项目层级设置的补充。这些提议或许可以对司法实践产生一定的激励作用,同时也可能会推动犯罪行为人悔罪激励体系方面的理论研究。由于篇幅的限制和个人知识水平有限,文中的问题论证和提议还有较大的改进空间,但是这些缺憾和不完善也是促进本书持续研究的动力,在本书的基础上,笔者会对该方面问题持续关注,并进行更加深入的探究。

APPENDIX
附　录

附　表　涉及悔罪的刑法法律法规

(资料来源：中国知网法律知识资源总库)[1]

效力级别	标题	发布机关	发布日期	时效性
法律 (5部)	中华人民共和国刑法修正案（九）	全国人民代表大会常务委员会	2015-08-29	现行有效
	中华人民共和国刑事诉讼法	全国人民代表大会	2012-03-14	已被修正
	中华人民共和国刑法修正案（八）	全国人民代表大会常务委员会	2011-02-25	现行有效
	中华人民共和国刑法	全国人民代表大会	1997-03-14	已被修正
	中华人民共和国刑法	全国人民代表大会	1979-07-06	已被修正

---

〔1〕　在中国知网（CKNI）法律知识资源总库案例库，输入"内容特征"为"全文"，含有"悔罪"词频，检索"案件范围"为"刑事诉讼案件"的案例。出来的结果是，涉及的有5部法律，4部有关法律问题的决定，2部行政法规及规范性文件，5部地方性法规及文件，9部部门规章及文件，37部地方政府规章及文件，65个司法解释及文件，4部团体规定，40部地方司法文件。目前现行有效的有131个，已被修订的1个，已被修正的5个，已失效的33个，部分失效的1个。由此可见，"悔罪"在刑事法律法规中的地位十分重要，但对其的规定却散落在刑法总则、分则甚至其他法规、司法解释中，零落不成体系。

续表

效力级别	标题	发布机关	发布日期	时效性
有关法律问题的决定（4部）	全国人民代表大会常务委员会关于修改《中华人民共和国刑事诉讼法》的决定	全国人民代表大会常务委员会	2018-10-26	现行有效
	全国人民代表大会关于修改《中华人民共和国刑事诉讼法》的决定	全国人民代表大会	2012-03-14	现行有效
	全国人民代表大会常务委员会关于宽大处理和安置城市残余反革命分子的决定	全国人民代表大会常务委员会	1956-11-16	已失效
	中华人民共和国全国人民代表大会常务委员会关于处理在押日本侵略中国战争中战争犯罪分子的决定	全国人民代表大会常务委员会	1956-04-25	已失效
行政法规及规范性文件（2部）	中华人民共和国关于《儿童权利公约》执行情况的第三、四次合并报告	中华人民共和国		现行有效
	中华人民共和国执行《禁止酷刑和其他残忍、不人道或有辱人格的待遇或处罚公约》的第六次报告	中华人民共和国		现行有效
地方性法规及文件（5部）	宁夏回族自治区预防未成年人犯罪条例	宁夏回族自治区全国人民代表大会（含常务委员会）	2015-03-31	现行有效
	宁夏回族自治区预防未成年人犯罪条例	宁夏回族自治区全国人民代表大会（含常务委员会）	2008-09-19	已被修正
	湖南省实施《中华人民共和国预防未成年人犯罪》办法	湖南省全国人民代表大会（含常务委员会）	2004-09-28	现行有效
	安徽省全国人民代表大会常务委员会关于修改《安徽省劳动教养实施条例》第十条的决定	安徽省全国人民代表大会（含常务委员会）	1995-06-22	已失效
	安徽省劳动教养条例	安徽省全国人民代表大会（含常务委员会）	1995-04-24	已失效

续表

效力级别	标题	发布机关	发布日期	时效性
部门规章及文件（9部）	公安机关办理刑事案件程序规定	公安部	2012-12-13	已被修订
	司法部关于印发《司法行政机关社区矫正工作暂行办法》的通知	司法部	2004-05-09	现行有效
	监狱服刑人员行为规范	司法部	2004-03-19	现行有效
	监狱教育改造工作规定	司法部	2003-06-13	现行有效
	建设部关于转发最高人民检察院《关于在西部大开发重点建设项目中开展职务犯罪预防工作的实施意见》的通知	建设部	2002-11-20	现行有效
	公安部关于印发《公安机关办理未成年人违法犯罪案件的规定》的通知	公安部	1995-10-23	部分失效
	罪犯改造行为规范	司法部	1990-11-06	已失效
	司法部关于印发《司法部关于计分考核奖罚罪犯的规定》的通知	司法部	1990-08-31	已失效
	劳动人事部关于被判处有期徒刑的退休人员的退休待遇问题的答复	劳动人事部	1983-03-09	现行有效
地方政府规章及文件（37部）	珠海经济特区社区矫正工作办法	珠海市人民政府	2016-05-17	现行有效
	福建省司法厅办公室关于印发福建省司法厅关工委2015年工作要点的通知	福建省司法厅办公室	2015-04-07	现行有效

续表

效力级别	标题	发布机关	发布日期	时效性
地方政府规章及文件（37部）	关于印发当事人和解的公诉案件适用人民调解的若干规定的通知	上海市高级人民法院 上海市人民检察院 上海市公安局 上海市司法局	2014-10-16	现行有效
	南阳市官庄工区管理委员会关于印发《关于开展社区矫正工作的意见》的通知	南阳市官庄工区管理委员会	2014-03-21	现行有效
	湖南省农业厅办公室关于学习贯彻《最高人民法院、最高人民检察院关于办理危害食品安全刑事案件适用法律若干问题的解释》的通知	湖南省农业厅	2013-06-24	现行有效
	重庆市涪陵区蔺市镇人民政府关于转发《最高人民法院、最高人民检察院关于办理危害食品安全刑事案件适用法律若干问题的解释》的通知	重庆市涪陵区蔺市镇人民政府	2013-05-31	现行有效
	云南省食品药品监督管理局关于认真学习最高人民法院、最高人民检察院关于办理危害食品安全刑事案件适用法律若干问题司法解释通知	云南省食品药品监督管理局	2013-05-08	现行有效
	湖南省公安厅关于印发《湖南省公安机关办理家庭暴力案件工作规定》的通知	湖南省公安厅	2013-04-09	现行有效
	苍溪县运山镇人民政府关于印发《2013年社区矫正工作实施方案》的通知	广元市苍溪县运山镇人民政府	2013-03-19	现行有效
	关于印发《高坪镇关于全面推进和创新社区矫正工作的实施意见》的通知	遂宁市蓬溪县高坪镇人民政府	2013-03-15	现行有效
	中共古丈县委办公室、古丈县人民政府办公室关于印发《古丈县社会管理创新项目规划（2012－2015年）》的通知	中共湘西土家族苗族自治州古丈县委办公室 湘西土家族苗族自治州古丈县人民政府办公室	2012-09-17	现行有效

续表

效力级别	标题	发布机关	发布日期	时效性
地方政府规章及文件（37部）	市司法局关于发布开展社区矫正工作若干规定的通知	上海市司法局	2012-08-03	现行有效
	关于印发《最高人民法院、最高人民检察院、公安部、司法部〈社区矫正实施办法〉》的通知	银川市司法局	2012-01-10	已失效
	关于转发县委政法委员、县人民法院、县人民检察院、县公安局、县司法局《关于在全县试行社区矫正工作的实施意见》的通知	三明市宁化县司法局	2011-08-26	现行有效
	关于建立唐镇预防和减少社区服刑与刑释解教人员重新违法犯罪预警处理机制的实施方案	上海市浦东新区唐镇人民政府	2011-07-29	现行有效
	夏蔚镇人民政府关于夏蔚镇社区矫正工作实施意见	临川市沂水县夏蔚镇人民政府	2011-05-03	现行有效
	2011年社区矫正工作安排意见	绵阳市培城区城郊乡人民政府	2011-03-31	现行有效
	中共铁东区委办公室、铁东区人民政府办公室关于转发区委政法委、区司法局《铁东区试行社区矫正工作实施方案》的通知	中共四平市铁东区委办公室 四平市铁东区人民政府办公室	2010-04-30	现行有效
	转发州司法局《关于全面试行社区矫正工作实施意见》的通知	黄南藏族自治州人民政府办公室	2010-04-29	现行有效
	榆树市人民政府办公室关于转发市委政法委、市司法局《关于在全市试行社区矫正工作实施意见》的通知	榆树市人民政府办公室	2010-04-06	现行有效
	中共大名县委办公室、大名县人民政府办公室关于印发《关于在全县试行社区矫正工作的实施意见》的通知	中共邯郸市大名县委办公室 邯郸市大名县人民政府办公室	2010-03-09	现行有效

续表

效力级别	标题	发布机关	发布日期	时效性
地方政府规章及文件（37部）	黄南藏族自治州人民政府办公室关于印发《黄南州社区矫正试点工作实施方案》的通知	黄南藏族自治州人民政府	2009-06-05	现行有效
	关于印发《青海省社区矫正对象教育工作规定（试行）》的通知	青海省司法厅	2009-06-03	现行有效
	青海省社区矫正工作领导小组办公室关于印发《青海市社区矫正工作流程（试行）》的通知	青海省社区矫正工作领导小组办公室	2009-06-03	现行有效
	关于印发《2009年洛江区社区矫正试点工作意见》的通知	泉州市洛江区司法局	2009	已失效
	关于印发《湖南省司法行政机关社区矫正工作实施细则（暂行）》的通知	湖南省司法厅	2008-09-26	现行有效
	关于印发《江苏省社区矫正工作办法》的通知	江苏省司法厅	2008-01-09	现行有效
	六安市政府法制办公室关于开展作风教育活动月的实施方案	六安市人民政府法制办公室	2007-06-05	已失效
	关于在全市系统领导班子及领导干部集中开展作风教育月活动的通知	安庆市食品药品监督局	2007-05-28	已失效
	中共湘潭市委办公室、湘潭市人民政府办公室关于印发《湘潭市社会矛盾纠纷调解对接联动工作实施办法》的通知	湘潭市人民政府	2007-04-16	现行有效
	上海市司法局、上海市公安局关于印发《上海市社区服刑人员分类矫正规定》的通知	上海市司法局 上海市公安局	2007-01-19	现行有效

续表

效力级别	标题	发布机关	发布日期	时效性
地方政府规章及文件（37部）	中共四川省委办公室、四川省人民政府办公厅关于转发省高级人民法院、省人民检察院、省公安厅、省司法厅《关于开展社区矫正试点工作方案》和《关于开展社区矫正工作实施意见》的通知	中共四川省委办公室；四川省人民政府办公厅	2006-02-05	现行有效
	社区服刑人员心理矫正工作暂行办法	上海市社区矫正工作办公室	2005-03-14	现行有效
	关于发布《上海市社区服刑人员分类矫正暂行规定》的通知	上海市司法局	2005-01-14	已失效
	上海监狱推进假释工作的实施办法	上海市监狱管理局	2003-10-20	现行有效
	山东省监狱管理局关于在全省监狱系统深化狱务公开工作的实施意见	山东省监狱管理局	2001-10-18	现行有效
	广州市人民政府关于查禁打出卖淫嫖娼等"七害"违法犯罪活动的通告	广州市人民政府	1989-12-01	现行有效
司法解释及文件（65部）	最高人民法院、最高人民检察院关于办理组织、利用邪教组织破坏法律实施等刑事案件适用法律若干问题的解释	最高人民法院 最高人民检察院	2017-01-25	现行有效
	最高人民法院、最高人民检察院关于办理环境污染刑事案件适用法律若干问题	最高人民法院 最高人民检察院	2016-12-23	现行有效
	最高人民法院关于办理减刑、假释案件具体应用法律的规定	最高人民法院	2016-11-14	现行有效
	最高人民法院关于发布第13批指导性案例的通知	最高人民法院	2016-06-30	现行有效

续表

效力级别	标题	发布机关	发布日期	时效性
司法解释及文件（65部）	最高人民法院、最高人民检察院关于办理贪污贿赂刑事案件适用法律若干问题的解释	最高人民法院 最高人民检察院	2016-04-18	现行有效
	最高人民法院关于审理毒品犯罪案件法律若干问题的解释	最高人民法院	2016-04-06	现行有效
	关于印发《人民检察院办理羁押必要性审查案件规定（试行）》的通知	最高人民检察院	2016-01-22	现行有效
	最高人民法院关于印发《关于审理抢劫刑事案件适用法律若干问题的指导意见》的通知	最高人民法院	2016-01-06	现行有效
	最高人民法院、最高人民检察院关于办理妨害文物管理等刑事案件适用法律若干问题的解释	最高人民法院 最高人民检察院	2015-12-30	现行有效
	最高人民检察院关于印发最高人民检察院第六批指导性案例的通知	最高人民检察院	2015-07-03	现行有效
	最高人民法院关于审理掩饰、隐瞒犯罪所得、犯罪收益所得刑事案件适用法律若干问题的解释	最高人民法院	2015-05-29	现行有效
	最高人民法院、最高人民检察院、公安部、司法部印发《关于依法办理家庭暴力犯罪案件的意见》的通知	最高人民法院 最高人民检察院 公安部 司法部	2015-03-02	现行有效
	最高人民法院关于发布第八批指导性案例的通知	最高人民法院	2014-12-18	现行有效
	关于办理暴力恐怖和宗教极端刑事案件适用法律若干问题的意见	最高人民法院 最高人民检察院 公安部	2014-09-09	已失效

续表

效力级别	标题	发布机关	发布日期	时效性
司法解释及文件（65部）	最高人民检察院关于印发《人民检察院办理未成年人刑事案件的规定》的通知	最高人民检察院	2013-12-27	现行有效
	最高人民法院、最高人民检察院、公安部关于办理醉酒驾驶机动车刑事案件适用法律若干问题的意见	最高人民法院 最高人民检察院 公安部	2013-12-18	现行有效
	最高人民法院、最高人民检察院关于办理抢夺刑事案件适用法律若干问题的解释	最高人民法院 最高人民检察院	2013-11-11	现行有效
	最高人民法院、最高人民检察院关于办理寻衅滋事刑事案件适用法律若干问题的解释	最高人民法院 最高人民检察院	2013-07-15	现行有效
	最高人民法院、最高人民检察院关于办理危害食品安全刑事案件适用法律若干问题的解释	最高人民法院 最高人民检察院	2013-05-02	现行有效
	最高人民法院、最高人民检察院关于办理敲诈勒索刑事案件适用法律若干问题的解释	最高人民法院 最高人民检察院	2013-04-23	现行有效
	最高人民法院、最高人民检察院关于办理盗窃刑事案件适用法律若干问题的解释	最高人民法院 最高人民检察院	2013-04-02	现行有效
	最高人民法院关于常见犯罪的量刑指导意见	最高人民法院	2013-12-23	已被修正
	最高人民法院关于适用《中华人民共和国刑事诉讼法》的解释	最高人民法院	2012-12-20	现行有效
	人民检察院刑事诉讼规则（试行）	最高人民检察院	2012-11-22	已失效
	最高人民法院关于印发全国法院优秀调解案例的通知	最高人民法院	2012-03-31	现行有效

续表

效力级别	标题	发布机关	发布日期	时效性
司法解释及文件（65部）	最高人民法院关于办理减刑、假释案件具体应用法律若干问题的规定	最高人民法院	2012-01-17	已失效
	最高人民法院、最高人民检察院、公安部、司法部关于印发《社区矫正实施办法》的通知	最高人民法院 最高人民检察院 公安部 司法部	2012-01-10	已失效
	最高人民法院关于发布第一批指导性案例的通知	最高人民法院	2011-12-20	现行有效
	最高人民法院、最高人民检察院、公安部、司法部印发《关于对判处管制、宣告缓刑的犯罪分子适用禁止令有关问题的规定（试行）》的通知	最高人民法院 最高人民检察院 公安部 司法部	2011-04-28	现行有效
	最高人民法院、最高人民检察院关于办理诈骗刑事案件具体应用法律若干问题的解释	最高人民法院 最高人民检察院	2011-03-01	现行有效
	最高人民法院印发《关于充分发挥刑事审判职能作用深入推进社会矛盾化解的若干意见》的通知	最高人民法院	2010-12-31	现行有效
	关于进一步建立和完善办理未成年人刑事案件配套工作体系的若干意见	中央综治委预防青少年违法犯罪工作领导小组 最高人民法院 最高人民检察院 公安部 司法部 共青团中央	2010-08-28	现行有效
	最高人民法院印发《关于贯彻宽严相济刑事政策的若干意见》的通知	最高人民法院	2010-02-08	现行有效

续表

效力级别	标题	发布机关	发布日期	时效性
司法解释及文件（65部）	最高人民法院关于印发醉酒驾车犯罪法律适用问题指导意见及相关典型案例的通知	最高人民法院	2009-09-11	现行有效
	最高人民法院、最高人民检察院、公安部、司法部关于在全国试行社区矫正工作的意见	最高人民法院 最高人民检察院 公安部 司法部	2009-09-02	现行有效
	最高人民法院、最高人民检察院关于办理侵犯知识产权刑事案件具体应用法律若干问题的解释（二）	最高人民法院 最高人民检察院	2007-04-05	现行有效
	最高人民法院印发《最高人民法院关于为构建社会主义和谐社会提供司法保障的若干意见》的通知	最高人民法院	2007-01-15	现行有效
	最高人民检察院关于印发《最高人民检察院关于在检察工作中贯彻宽严相济刑事司法政策的若干意见》的通知	最高人民检察院	2007-01-15	现行有效
	最高人民检察院关于印发《最高人民检察院办理未成年人刑事案件的规定》的通知	最高人民检察院	2013-12-27	现行有效
	最高人民法院关于审理未成年人刑事案件具体应用法律若干问题的解释	最高人民法院	2006-01-11	现行有效
	最高人民法院、最高人民检察院关于办理妨害预防、控制突发传染病疫情等灾害的刑事案件具体应用法律若干问题	最高人民法院 最高人民检察院	2003-05-14	现行有效

续表

效力级别	标题	发布机关	发布日期	时效性
司法解释及文件（65部）	最高人民检察院关于印发《关于在西部大开发重点建设项目中开展职务犯罪预防工作的实施意见》的通知	最高人民检察院	2002-10-21	现行有效
	最高人民检察院关于印发《人民检察院办理未成年人刑事案件的规定》的通知	最高人民检察院	2002-04-22	已失效
	最高人民法院、最高人民检察院关于办理组织和利用邪教组织犯罪案件具体应用法律若干问题的解释（二）	最高人民法院	2001-06-04	已失效
	最高人民法院关于适用财产刑若干问题的规定	最高人民法院	2000-12-13	现行有效
	最高人民检察院关于加强预防职务犯罪工作的意见	最高人民检察院	1999-01-29	已失效
	最高人民检察院法律政策研究室关于对数罪并罚决定执行刑期为三年以下有期徒刑的犯罪分子能否适用缓刑问题的复函	最高人民检察院	1998-09-17	现行有效
	最高人民法院关于办理减刑、假释案件具体应用法律若干问题的规定	最高人民法院	1997-10-29	已失效
	关于被判处徒刑宣告缓刑仍留原单位工作的罪犯在缓刑考验期能否调动工作的批复	最高人民检察院	1997-01-20	已失效
	最高人民法院印发《关于执行〈中华人民共和国刑事诉讼法〉若干问题的解释（试行）》的通知	最高人民法院	1996-12-20	已失效
	最高人民法院关于办理未成年人刑事案件适用法律的若干问题的解释	最高人民法院	1995-05-02	已失效

续表

效力级别	标题	发布机关	发布日期	时效性
司法解释及文件（65部）	最高人民法院印发《关于办理假释案件几个问题的意见（试行）》的通知	最高人民法院	1993-04-10	已失效
	最高人民检察院关于认真开展未成年人犯罪案件检查工作的通知	最高人民检察院	1992-09-22	现行有效
	最高人民法院研究室关于缓刑考验期满三年内又犯应判处有期徒刑以上刑罚之罪的是否构成累犯问题的电话答复	最高人民法院	1989-10-25	已失效
	最高人民法院关于配合和协助1989年税收财务物价大检查的通知	最高人民法院	1989-09-16	现行有效
	最高人民法院、最高人民检察院关于贪污受贿投机倒把等犯罪分子必须在限期内自首坦白的通告	最高人民法院 最高人民检察院	1989-08-15	现行有效
	最高人民法院关于印发《全国法院减刑、假释工作座谈会纪要》的通知	最高人民法院	1989-02-14	已失效
	最高人民法院、最高人民检察院、公安部关于被判刑劳改的罪犯在交付执行时应附送结案登记表，在执行期间的变动情况应通知有关单位的通知	最高人民法院 公安部 最高人民检察院	1980-08-26	已失效
	最高人民检察院关于印发人民检察院刑事检察工作试行细则	最高人民检察院	1980-07-21	已失效
	最高人民法院、公安部关于犯罪死亡、逃跑、调动、假释应告知原判法院的通知	最高人民法院 公安部	1963-03-13	现行有效

续表

效力级别	标题	发布机关	发布日期	时效性
司法解释及文件（65部）	最高人民法院关于由死缓减为无期徒刑再由无期徒刑减为有期徒刑应如何计算问题的复函	最高人民法院	1956-05-14	现行有效
	最高人民法院关于对判处有期徒刑缓刑执行机关管制的贪污犯管制期满后应如何处理问题的函	最高人民法院	1954-11-05	现行有效
	最高人民法院、司法部关于"改判"与"减刑"的法律解释问题的函	最高人民法院 司法部	1954-09-30	已失效
	最高人民法院关于缓刑问题的复函	最高人民法院	1953-12-26	现行有效
	最高人民法院西北分院关于减刑问题的批复	最高人民法院西北分院	1953-05-22	现行有效
团体规定（4部）	中共中央政法委关于严格规范减刑、假释、暂予监外执行切实防止司法腐败的意见	中共中央政法委	2014-01-21	现行有效
	关于印发《淮北市建委"加强制度建设、坚持廉政勤政、促进科学发展"主题教育活动实施方案》的通知	中共淮北市建设委员会	2008-06-23	现行有效
	淮北市建委开展作风教育月活动实施方案	中共淮北市建设委员会	2007-05-30	已失效
	中共河北省委政法委员会关于政法机关为完善社会主义市场经济体制创造良好环境的决定	中共河北省委政法委员会	2004-01-02	现行有效

续表

效力级别	标题	发布机关	发布日期	时效性
地方司法文件（40部）	江苏省人民检察院、江苏省司法厅关于印发《江苏省监狱老病残罪犯管理办法》的通知	江苏省人民检察院、江苏省司法厅	2015-12-31	现行有效
	贵州省高级人民法院办公室关于指定轻刑快审改革试点法院的通知	贵州省高级人民法院办公室	2015-03-04	现行有效
	贵州省高级人民法院关于印发《贵州省高级人民法院贯彻〈最高人民法院关于常见犯罪的量刑指导意见〉实施细则》的通知	贵州省高级人民法院	2014-07-03	现行有效
	北京市高级人民法院关于印发《北京市高级人民法院"关于常见犯罪的量刑指导意见"实施细则》的通知	北京市高级人民法院	2014-06-12	现行有效
	湖南省高级人民法院关于印发《湖南省高级人民法院关于关于贯彻〈最高人民法院关于常见犯罪的量刑指导意见〉的实施细则》的通知	湖南省高级人民法院	2014-05-27	现行有效
	四川省高级人民法院、四川省人民检察院、四川省公安厅、四川省司法厅关于印发《四川省社区矫正实施细则（试行）》的通知	四川省高级人民法院 四川省人民检察院 四川省公安厅 四川省司法厅	2014-05-16	现行有效
	陕西省高级人民法院《关于常见犯罪的量刑指导意见》实施细则	陕西省高级人民法院	2014-03-11	现行有效
	安徽省高级人民法院关于印发安徽省高级人民法院《关于常见犯罪的量刑指导意见》实施细则的通知	安徽省高级人民法院	2014-09-26	已失效

续表

效力级别	标题	发布机关	发布日期	时效性
地方司法文件（40部）	天津市高级人民法院关于审理环境污染刑事案件有关问题的意见	天津市高级人民法院	2015-05-29	现行有效
	关于印发《浙江省社区矫正人员考核奖惩办法（试行）》的通知	浙江省高级人民法院 浙江省人民检察院 浙江省公安厅 浙江省司法厅	2013-10-14	现行有效
	浙江省高级人民法院、浙江省人民检察院、浙江省公安厅、浙江省司法厅关于印发《浙江省社区矫正实施细则（试行）》的通知	浙江省高级人民法院 浙江省人民检察院 浙江省公安厅 浙江省司法厅	2012-09-13	现行有效
	北京市关于进一步建立和完善办理未成年人刑事案件配套工作体系的若干意见	首都社会管理综合治理委员会办公室 首都社会综合治理委员会预防青少年违法犯罪专项组 北京市高级人民法院 北京市人民检察院 北京市公安局 北京市司法局 共青团北京市委员会	2012-08-27	现行有效
	北京市高级人民法院、北京市人民检察院、北京市公安局、北京市司法局关于印发《北京市社区矫正实施细则》的通知	北京市高级人民法院 北京市人民检察院 北京市公安局 北京市司法局	2012-05-21	现行有效
	转发最高人民法院、最高人民检察院、公安部、司法部关于印发《社区矫正实施办法》的通知	上饶市中级人民法院 上饶市人民检察院 上饶市公安局 上饶市司法局	2012-04-16	现行有效

续表

效力级别	标题	发布机关	发布日期	时效性
地方司法文件（40部）	北京市高级人民法院、北京市人民检察院、北京市公安局、北京市司法局关于印发《关于盗窃等六种侵犯财产犯罪处罚标准的若干规定》的通知	北京市高级人民法院 北京市人民检察院 北京市公安局 北京市司法局	2011-12-31	已失效
	北京市高级人民法院关于贯彻执行《关于盗窃等六种侵犯财产犯罪处罚标准的若干规定》的通知	北京市高级人民法院	2011-12-30	现行有效
	新疆维吾尔自治区公安厅、新疆维吾尔自治区高级人民法院、新疆维吾尔自治区人民检察院、新疆维吾尔自治区司法厅关于敦促在逃人员投案自首的通告	新疆维吾尔自治区公安厅 新疆维吾尔自治区高级人民法院 新疆维吾尔自治区人民检察院 新疆维吾尔自治区司法	2011-09-22	现行有效
	关于印发《浙江省社区矫正审前社会调查实施办法（试行）》的通知	浙江省高级人民法院 浙江省人民检察院 浙江省公安厅 浙江省司法厅	2011-08-09	现行有效
	关于印发《江苏省监狱老病残罪犯管理办法》的通知	江苏省人民检察院 江苏省司法厅	2010-12-14	已失效
	陕西省社会治安综合治理委员会办公室、陕西省高级人民法院、陕西省人民检察院、陕西省公安厅、陕西省司法厅关于建立人民调解司法调解行政调解衔接联动机制的实施意见	陕西省社会治安综合治理委员会办公室 陕西省高级人民法院 陕西省人民检察院 陕西省公安厅 陕西省司法厅	2010-04-07	现行有效

续表

效力级别	标题	发布机关	发布日期	时效性
地方司法文件（40部）	关于贯彻最高人民法院、最高人民检察院公安部、司法部《关于在全国试行社区矫正工作的意见》的实施意见	上海市高级人民法院 上海市人民检察院 上海市公安局 上海市司法局	2010-01-28	现行有效
	关于充分发挥审判职能加强对农村留守儿童合法权益的保护的通知	安徽省高级人民法院	2009-12-31	现行有效
	北京市高级人民法院、北京市人民检察院、北京市公安厅、北京市司法局关于印发《关于对集中代为执行余刑一年以下罪犯减刑、假释工作的规定》的通知	北京市高级人民法院 北京市人民检察院 北京市公安局 北京市司法局	2009-09-01	现行有效
	浙江省高级人民法院、浙江省人民检察院、浙江省公安厅、浙江省司法厅关于认定立功具体适用法律问题的若干意见	浙江省高级人民法院 浙江省人民检察院 浙江省公安局 浙江省司法厅	2009-05-31	现行有效
	关于贯彻宽严相济刑事司法政策若干问题的意见	宁波市中级人民法院 宁波市人民检察院 宁波市公安局	2008-07-28	现行有效
	安徽省高级人民法院、安徽省人民检察院、安徽省司法厅、安徽省公安厅关于印发《安徽省社区矫正对象分等级分阶段管理教育暂行办法》的通知	安徽省高级人民法院 安徽省人民检察院 安徽省司法厅 安徽省公安厅	2007-12-17	现行有效
	北京市高级人民法院、北京市人民检察院、北京市公安局、北京市司法局、北京市监狱管理局关于印发《〈关于对监所罪犯假释工作的规定〉第二次修改决定》的通知	北京市高级人民法院 北京市人民检察院 北京市公安局 北京市司法局 北京市监狱管理局	2007-06-01	现行有效

续表

效力级别	标题	发布机关	发布日期	时效性
地方司法文件（40部）	安徽省高级人民法院关于执行《最高人民法院关于办理减刑、假释案件具体应用法律若干问题的规定》实施细则	安徽省高级人民法院	2005-05-23	现行有效
	上海市高级人民法院、上海市人民检察院、上海市司法局关于试行《关于办理减刑、假释案件实施细则（修订）》的通知	上海市高级人民法院 上海市人民检察院 上海市司法局	2005-03-22	现行有效
	上海市高级人民法院关于试行《上海法院量刑指南——毒品犯罪之一》的通知	上海市高级人民法院	2005-03-08	现行有效
	上海市高级人民法院、上海市人民检察院、上海市公安局、上海市司法局关于印发《关于对在押人员自首、检举立功适用法律的意见（试行）》的通知	上海市高级人民法院 上海市人民检察院 上海市公安局 上海市司法局	2004-12-28	现行有效
	安徽省蚌埠市龙子湖区人民法院量刑指导规则（试行）	安徽省蚌埠市龙子湖区人民法院	2004-09-23	现行有效
	浙江省高级人民法院、省人民检察院、省公安厅关于当前办理轻伤犯罪案件适用法律若干问题的意见	浙江省高级人民法院 浙江省人民检察院 浙江省公安厅	2004-05-24	现行有效
	上海市高级人民法院、上海市人民检察院、上海市司法局关于办理减刑、假释案件实施细则（试行）	上海市高级人民法院 上海市人民检察院 上海市司法局	2003-12-19	现行有效
	重庆市高级人民法院、重庆市人民检察院、重庆市公安局、重庆市司法局《关于办理罪犯减刑假释案件的实施办法（试行）》	重庆市高级人民法院 重庆市人民检察院 重庆市公安局 重庆市司法局	2003-06-30	现行有效

续表

效力级别	标题	发布机关	发布日期	时效性
地方司法文件（40部）	上海市高级人民法院《上海法院参与社区矫正工作的若干意见》	上海市高级人民法院	2003-05-28	现行有效
	北京市高级人民法院、北京市人民检察院、北京市公安局关于八种侵犯财产犯罪数额认定标准的通知	北京市高级人民法院 北京市人民检察院 北京市公安局	1998-06-22	已失效
	黑龙江省高级人民法院《关于常见犯罪的量刑指导意见》实施细则	黑龙江省高级人民法院	2015-07-02	现行有效
	关于服务我市拓市场调结构促销费增优势惠民生的实施意见（试行）	宁波市中级人民法院	2010-01-20	现行有效
	天津市办理减刑、假释案件规程（试行）	天津市高级人民法院 天津市人民检察院 天津市公安局 天津市司法局	2013年	现行有效

参考文献

一、著作

[1] [澳] J·J·C. 斯马特、[英] B. 威廉斯:《功利主义:赞成与反对》,牟斌译,中国社会科学出版社1992年版。

[2] [德] 恩斯特·卡西尔:《人论》,甘阳译,上海译文出版社2004年版。

[3] [德] 汉斯·海因里希·耶塞克、托马斯·魏根特:《德国刑法教科书——总论》,徐久生译,中国法制出版社2001年版。

[4] [德] 康德:《法的形而上学原理——权利的科学》,沈叔平译,商务印书馆1991年版。

[5] [德] 李斯特:《德国刑法教科书》,徐久生译,法律出版社2006年版。

[6] [古希腊] 亚里士多德:《尼各马科伦理学》,苗力田译,中国社会科学出版社1990年版。

[7] [美] E. 博登海默:《法理学——法哲学及其方法》,邓正来、姬敬武译,华夏出版社1987年版。

[8] [美] 富勒:《法律的道德性》,郑戈译,商务印书馆2007年版。

[9] [美] 简·卢文格:《自我的发展》,韦子木译,浙江教育出版社1998年版。

[10] [美] 默里·斯坦因:《日性良知与月性良知——论道德、合法性和正义感的心理基础》,喻阳译,东方出版社1998年版。

[11] [日] 大谷实:《刑法总论》,黎宏译,法律出版社2003年版。

[12] [日] 森本益之等:《刑事政策学》,戴波等译,中国人民公安大学出版社2004年版。

[13] [意] 贝卡里亚:《论犯罪与刑罚》,黄风译,中国大百科全书出版社1993年版。

[14] [意] 恩里科·菲利:《实证派犯罪学》,郭建安译,中国政法大学出版社1987年版。

[15] [意] 加罗法洛:《犯罪学》,耿伟、王新译,中国大百科全书出版社1996年版。

[16] [英] 边沁:《道德与立法原理导论》,时殷弘译,商务印书馆2006年版。

［17］［英］韦恩·莫里森：《法理学——从古希腊到后现代》，李桂林等译，武汉大学出版社2003年版。
［18］［英］休谟：《人性论》，关文运译，商务印书馆2005年版。
［19］［英］亚当·斯密：《道德情操论》，蒋自强等译，商务印书馆2007年版。
［20］蔡墩铭：《刑法基本理论研究》，汉林出版社1980年版。
［21］陈光中：《刑事诉讼法实施问题研究》，中国法制出版社2000年版。
［22］陈兴良：《本体刑法学》，商务印书馆2005年版。
［23］陈兴良：《刑法的价值构造》，中国人民大学出版社1998年版。
［24］陈兴良：《刑法的启蒙》，法律出版社2007年版。
［25］陈兴良：《刑法哲学》，中国政法大学出版社2004年版。
［26］陈兴良：《走向哲学的刑法学》，法律出版社1999年版。
［27］陈正云：《刑法的精神》，中国方正出版社1999年版。
［28］陈忠林：《意大利刑法纲要》，中国人民大学出版社1999年版。
［29］储槐植：《美国刑法》，北京大学出版社2005年版。
［30］［日］大冢仁：《刑法概说（总论）》，冯军译，中国人民大学出版社2003年版。
［31］甘雨沛、杨春冼、张文主编：《犯罪与刑罚新论》，北京大学出版社1991年版。
［32］高铭暄、马克昌主编：《刑法学》，北京大学出版社2000年版。
［33］黄风译：《最新意大利刑法典》，法律出版社2007年版。
［34］李海东主编：《日本刑事法学者（上）》，法律出版社1995年版。
［35］梁根林：《刑事制裁：方式与选择》，法律出版社2006年版。
［36］鲁兰：《牧野英一刑事法思想研究》，中国方正出版社1999年版。
［37］马克昌主编：《近代西方刑法学说史略》，中国检察出版社2004年版。
［38］马克昌主编：《刑罚通论》，武汉大学出版社1999年版。
［39］马克昌主编：《刑罚通论》，武汉大学出版社1995年版。
［40］苗有水：《保安处分与中国刑法发展》，中国方正出版社2001年版。
［41］邱兴隆、杨凯主编：《刑法总论研究》，中国检察出版社2004年版。
［42］曲新久：《刑法的精神与范畴》，中国政法大学出版社2003年版。
［43］阮齐林：《刑法学》，中国政法大学出版社2008年版。
［44］汪明亮：《审判中的智慧　多维视野中的定罪量刑问题》，法律出版社2006年版。
［45］王牧：《犯罪学》，吉林大学出版社1992年版。
［46］王勇：《定罪导论》，中国人民公安大学出版社1990年版。
［47］夏勇：《定罪与犯罪构成》，中国人民公安大学出版社2009年版。
［48］夏勇：《和谐社会目标下"犯罪化"与"非犯罪化"的标准》，法律出版社2016年版。

[49] 谢望原：《刑罚价值论》，中国检察出版社 1999 年版。

[50] 徐久生、庄敬华译：《德国刑法典》，中国方正出版社 2004 年版。

[51] 徐久生：《保安处分新论》，中国方正出版社 2006 年版。

[52] 翟中东：《刑法中的人格问题研究》，中国法制出版社 2003 年版。

[53] 张明楷：《犯罪论的基本问题》，法律出版社 2017 年版。

[54] 张明楷：《犯罪论原理》，武汉大学出版社 1991 年版。

[55] 张明楷：《刑法的基本立场》，中国法制出版社 2002 年版。

[56] 张明楷：《刑法学》，法律出版社 2007 年版。

[57] 张文、刘艳红、甘怡群：《人格刑法导论》，法律出版社 2005 年版。

[58] 张旭主编：《英美刑法论要》，清华大学出版社 2006 年版。

[59] 张智辉：《刑法理性论》，北京大学出版社 2006 年版。

[60] 赵秉志：《刑法基本理论专题研究》，法律出版社 2005 年版。

[61] E. J. Bond, *Ethics and Human Well-being*, Wiley-Blackwell, 1996.

[62] [英] J·C. 史密斯、B. 霍根：《英国刑法》，李贵方等译，法律出版社 2000 年版。

[63] Strawson. P·F, *Freedom and Resentment and Other Essays*, Bow Historical Book, 1974.

[64] Arnold H. Loeny, *Criminal Law*, 法律出版社 2004 年版。

[65] Christopher J. Emmins, *A Practical Approach to Criminal Procedure*, Financial Training Company Limited, 1985.

[66] Daniel Glaser, *The Effctiveness of a Prison and Parole System*, The Bobbs-Merrill Company, 1964.

[67] Jonathan Herring, *Criminal Law*, Palgrare Macmilan.

二、论文

[1] 蔡道通："犯罪构成理论是如何形成的：一种'政策'的分析视角——兼论犯罪论体系改造的基本路径"，载《江苏社会科学》2008 年第 1 期。

[2] 陈瑞华："刑事诉讼的私力合作模式——刑事和解在中国的兴起"，载《中国法学》2006 年第 5 期。

[3] 陈兴良："社会危害性理论：进一步的批判性清理"，载《中国法学》2006 年第 4 期。

[4] 陈忠林："从外在形式到内在价值的追求——论罪刑法定原则蕴含的价值冲突及我国刑法应有的立法选择"，载《现代法学》1997 年第 1 期。

[5] 储槐植、张永红："刑法第 13 条但书与刑法结构——以系统论为视角"，载《法学家》2002 年第 6 期。

[6] 储槐植："再说刑事一体化"，载《法学》2004 年第 3 期。

[7] 冯卫国、储槐植："刑事一体化视野中的社区矫正"，载《吉林大学社会科学学报》

2005 年第 2 期。
- [8] 郭泽强："刑法主观主义与中国刑法"，载《中国刑事法杂志》2005 年第 2 期。
- [9] 韩轶："刑罚裁量视野中的人身危险性论纲"，载《法律科学：西北政法大学学报》2001 年第 6 期。
- [10] 胡东平："论定罪中的人格因素"，载《人民检察》2007 年第 23 期。
- [11] 胡学相："论我国刑法中量刑原则的重构"，载《法学评论》2005 年第 1 期。
- [12] 黄华生："两极化刑事政策之批判"，载《法律科学：西北政法大学学报》2008 年第 6 期。
- [13] 黄京平、左袖阳："刑事和解借鉴之分析"，载《当代法学》2008 年第 1 期。
- [14] 康均心、张荆："社区矫正中的危险控制理论"，载《武汉公安干部学院学报》2007 年第 1 期。
- [15] 康树华："新社会防卫论评析"，载《贵州社会科学》1992 年第 2 期。
- [16] 李洁、王勇："中国犯罪构成理论构建的理论体系与价值前提"，载《吉林大学社会科学学报》2008 年第 6 期。
- [17] 李洁："中日犯罪成立理论体系的特征比较研究"，载《法制与社会发展》1996 年第 5 期。
- [18] 李洁："罪刑法定之明确性要求的立法实现——围绕行为程度之立法规定方式问题"，载《法学评论》2002 年第 6 期。
- [19] 李世清："人身危险性在量刑中的思考"，载《河北法学》2006 年第 9 期。
- [20] 李晓明："刑事量刑自由裁量权及其规范"，载《人民检察》2008 年第 21 期。
- [21] 林亚刚、何荣功："论刑罚适度与人身危险性"，载《人民司法》2002 年第 11 期。
- [22] 刘朝阳："人身危险性研究的历史脉络"，载《复旦学报：社会科学版》2006 年第 3 期。
- [23] 刘宪权："论罪刑法定原则及其基本精神"，载《法学》2006 年第 12 期。
- [24] 马荣春、韩丽欣："论犯罪社会危害性评价机制的确立"，载《中国刑事法杂志》2007 年第 4 期。
- [25] 青锋："犯罪的社会危害性新论"，载《现代法学》1991 年第 3 期。
- [26] 屈学武："保安处分与中国刑法改革"，载《法学研究》，1996 年第 5 期。
- [27] 曲锋："从西方的保释制度看我国取保候审强制措施的运用"，载《北京人民警察学院学报》2004 年第 6 期。
- [28] 孙长永："比较法视野中的刑事强制措施"，载《法学研究》2005 年第 1 期。
- [29] 谭恩惠、李玲芳："我国社区矫正实施中的问题及对策"，载《中国人民公安大学学报：社会科学版》2008 年第 4 期。
- [30] 唐芳："恢复性司法的困境及其超越"，载《法律科学：西北政法学院学报》2006 年第 4 期。

[31] 王奎："论人身危险性的评价因素"，载《政治与法律》2007 年第 3 期。

[32] 王亚锋："刑事强制措施的立法完善"，载《云南大学学报：法学版》2007 年第 6 期。

[33] 王志强："刑事政策视野内刑罚轻重均衡实证研究"，载《中国刑事法杂志》2008 年第 5 期。

[34] 吴宗宪："恢复性司法述评"，载《江苏公安专科学校学报》2002 年第 3 期。

[35] 吴宗宪："论社区矫正中的危险控制"，载《中国司法》2005 年第 1 期。

[36] 鲜铁可："安塞尔新社会防卫思想研究"，载《中外法学》1994 年第 2 期。

[37] 鲜铁可："格拉马蒂卡及其'社会防卫原理'"，载《中国法学》1993 年第 4 期。

[38] 徐岱、王军明："恢复性司法的刑事政策价值及中国引入的模式"，载《河南师范大学学报：哲学社会科学版》2008 年第 1 期。

[39] 许永勤、陈天本："刑罚执行中的人身危险性研究"，载《中国人民公安大学学报：社会科学版》2006 年第 3 期。

[40] 严励："刑事政策外部环境的理性建构"，载《社会科学战线》2008 年第 7 期。

[41] 游伟、陆建红："人身危险性在我国刑法中的功能定位"，载《法学研究》2004 年第 4 期。

[42] 张峰："犯罪论中的客观主义与主观主义之反思"，载《山东社会科学》2004 年第 10 期。

[43] 张旭："犯罪学的西方理论与中国现实"，载《吉林大学社会科学学报》2008 年第 6 期。

[44] 赵秉志、赵书鸿："公众舆论与量刑政策：影响模式和参与机制"，载《法制与社会发展》2008 年第 6 期。

[45] 赵永红："人身危险性概念新论"，载《法律科学：西北政法学院学报》2000 年第 4 期。

[46] 赵永红："论人身危险性在刑法中的定位"，载《法学评论》2002 年第 2 期。

[47] 周光权："'危险个人'的确定与劳动教养立法"，载《法学》2001 年第 5 期。

[48] 周光权："刑法学的西方经验与中国现实"，载《政法论坛》2006 年第 2 期。

[49] 周光权："刑法客观主义和主观主义的融合"，载《江苏社会科学》2003 年第 2 期。

[50] Kathleen Gill, "The Moral Functions of an Apology", *The Philosophical Forum*, Vol. 31, 2000.

声　　明　　1. 版权所有，侵权必究。

　　　　　　2. 如有缺页、倒装问题，由出版社负责退换。

图书在版编目（CIP）数据

刑法中的悔罪问题研究/陈娜著.—北京：中国政法大学出版社，2019.9
ISBN 978-7-5620-9227-8

Ⅰ.①刑… Ⅱ.①陈… Ⅲ.①刑法－研究－中国 Ⅳ.①D924.04

中国版本图书馆 CIP 数据核字(2019)第 221702 号

出 版 者	中国政法大学出版社
地　　址	北京市海淀区西土城路 25 号
邮寄地址	北京 100088 信箱 8034 分箱　邮编 100088
网　　址	http://www.cuplpress.com (网络实名：中国政法大学出版社)
电　　话	010-58908285(总编室) 58908433 (编辑部) 58908334(邮购部)
承　　印	保定市中画美凯印刷有限公司
开　　本	720mm×960mm　1/16
印　　张	12.75
字　　数	200 千字
版　　次	2019 年 9 月第 1 版
印　　次	2019 年 9 月第 1 次印刷
定　　价	45.00 元